國家社會科學基金重大招標項目
國家社會科學基金冷門絕學研究專項

湖北省公益学术著作
Hubei Special Funds 出版专项资金
for Academic and Public-interest
Publications

清代書院文藝選刊

魯小俊 主編

致用書院文集

〔清〕謝章鋌 選編 白金傑 整理

長江出版傳媒 崇文書局

前　言

　　致用書院與鰲峰、鳳池、正誼并稱爲清代福建"四大書院"。其中致用書院雖創辦最晚，存在時間最短，却因人才輩出，得以與其他三所書院并駕，共同對近代福建政教界産生重要影響。

　　致用書院在創辦之初，就秉持明確的經世致用的理念。同治九年(1870)，江蘇寶應人王凱泰(1823—1875)由廣東布政使轉任福建巡撫兼福建學政，開始有志於振興閩學。彼時福建已有鰲峰、鳳池、正誼三所省級書院，依次創立於康熙四十六年(1707)、道光元年(1821)與同治六年(1867)，其中鰲峰、鳳池專爲生員與童生所設，正誼則專課舉人與貢生，三所書院的課目都以練習八股文爲主，以研究應制詩賦爲輔，堪稱省内的"文藪"與"功名摇籃"。然而時變世異，清廷自道光二十年(1840)鴉片戰爭之後，由所謂的"落日輝煌"陷入"日薄西山"，内憂外患之下，國内有識之士開始關注科舉之外的經濟實學。因此王凱泰有意於三家之外，另創一家非同於"徒守講章八比以弋功名"的書院，參酌浙江詁經精舍、廣東學海堂的規制方式，於"常科"之外，别具一格，致力於培養"經濟有用之才"。在《致用堂記》一文中，王凱泰闡釋了他的辦學宗旨：

　　　　閩中素稱海濱鄒魯，自龜山載道而南，大儒輩出。理學若朱文公，勳業若李忠定，直諫若李忠肅，蔚爲稱首，其他何可勝道？迨我朝如李文貞、蔡文勤諸公，經濟彪炳，聲施燦然，迹其發名、成業，要皆以經術飾吏治，益信文章政事之相爲表裏也。

多士幸生名邦，尚其紹鄉先生之遺風，而奮志修學，實事求是，體之日用行習之間，舉而措之家國天下之大，以期無負乎聖人作經之旨。若徒以詞章字句，爭一日之短長，則非不佞夙昔期望之本心，與今日創建斯堂之厚意也。

福建作爲朱熹講學之地，"閩學"悠久，名儒輩出，治學氛圍濃厚。王凱泰勉勵閩地學子，要以李光地、蔡世遠等前賢爲楷模，應當以"經術飾吏治"，"文章政事之相爲表裏"，"奮志修學"，"實事求是"，"體之日用行習之間，舉而措之家國天下之大"，等等，這都體現了王凱泰對"通經致用"的推崇。

清同治十年（1871），王凱泰創設"致用堂"，初始并無辦學場所，遂暫厝在巡撫府內。同治十二年（1873），王凱泰重修西湖書院，將致用堂移至書院內，并於本年冬日親自撰寫了《致用堂志略》。《致用堂志略》含圖記、文檄、經費、章程、規約、題名等六項，使致用堂運行有序。其中《章程》制定了年定用款、延請師長、遴調監院、嚴禁弊端、定準課期、分別賞罰、修明禮法、立扁刊文、嚴役胥馭等細則。如年定款項方面，規定了膏火銀（獎學金）制度，內課十人，每人每月給銀四兩；外課二十人，每人每月給銀三兩；附課三十人，不給銀。每月一課另有獎賞，第一名一兩，第二、三名各八錢，第四、五名各六錢，第六至第十名各四錢。延請師長方面，王凱泰強調"今致用堂專爲研究經史而設，擬定延請先達，通經博古，品正學純者"，因此聘請的三任山長林壽圖、鄭世恭、謝章鋌均爲博洽楷模。此外，其他省會書院都是一月兩課，而致用堂專考經史，每月只初八日一課，除每年二月請督撫兩院到院甄別外，其餘月課，均由山長評定等次，按例給賞。《規約》則開具了詳細的史學書目，"史則《史記》、兩《漢書》、《三國志》必當熟看，庶得唐人三史立科之意。其餘歷代各史，視材質功力有餘及之可也。此外《國語》、《國策》、《資治通鑒》、《通鑒紀事本末》、《御批通鑒輯覽》、《通鑒綱目三編》、邵二雲《續資治通鑒》、谷應泰《明史紀事本末》，均學者必讀之書，《史通》可明體例，《路史》《繹史》可資博聞，是亦其次，此皆史學之川渠也"，體現了對史學研究的重視。

除選址建堂、制定規章外，王凱泰還在學堂邊建了一座十三本梅花書屋。謝章鋌在《王文勤公祠補梅記》一文述及該書屋的來歷："公之所以種梅置書屋，則修其先德樓村殿撰故事也。梅俗稱花魁，而樓村大魁春榜，梅若爲之兆，公以是爲諸生祝耳。"樓村是王凱泰的五世伯祖、康熙四十二年（1703）狀元王式丹，王式丹的居所即名爲十三本梅花書屋。王凱泰在主政廣東時，曾在應元書院依舊式建了一座梅花書屋，嗣後不久，書院的肄業生梁耀樞便高中了同治十年（1871）辛未科狀元。王凱泰建此書屋，便有祈望諸生高中之意，可見其用心之切。

同治十三年（1874），因爲籌措到穩定經費，致用堂更名爲致用書院。書院招收省內優秀的舉貢生員，外府縣的可住宿。書院的圖書由督、撫與山長購買，并照會鰲峰、鳳池、正誼三所書院監院，准許致用書院的肄業生隨時借閱三院圖書，以廣見聞，也算較早實現省級文獻資源的共用了。此外，王凱泰在公務之餘，也會到書院中與諸生討論課業，同餐共飲。光緒元年（1875），王凱泰渡臺處理臺灣事務，積勞成疾，旋病故，詔贈太子少保，謚號文勤。次年，致用堂毀於水患。光緒四年（1878），福建布政使葆亨將書院遷至烏石山范承謨祠左，仍建十三本梅花書屋爲藏書樓。

致用書院先後聘任了林壽圖、鄭世恭、謝章鋌三位山長，前後掌院計三十年。三位山長俱爲當世名儒，且始終貫徹了致用書院的辦學宗旨，使書院人才輩出，蜚聲遐邇。

首任山長林壽圖（1821—1897），初名英奇，字穎叔、恭三，號歐齋，閩縣人，道光二十五年(1845)乙巳科進士。林壽圖曾任禮部、兵部給事中，浙江道監察御史，順天府尹，陝西、山西布政使，團練大臣。曾主講南京鐘山書院、福州鰲峰書院，貫通各學，詩文都足自名一家。在受聘主持致用書院期間(1874—1876)，久困八股文試帖窠臼的士流如久旱之遇甘霖，一時問學研究之風極盛。光緒二年(1876)春，林壽圖服除入京，遂卸任山長一職。

第二任山長鄭世恭(約1822—1878)，字虞臣，閩縣人，咸豐二年(1852)壬子科進士，殿試前十名，官戶部主事。請假歸閩後，曾被左宗棠聘爲鳳池書院山長十年，繼之又被王凱泰聘爲致用書院山長。自光緒二年(1876)至光緒十一年(1885)十年間，鄭世恭提出循序漸進的方法重溫舊學，治一書畢，再治一書，有疑難師生共同推敲，爲諸生打下堅實的基礎。後因正誼書院山長林鴻年病歿，鄭世恭遂移主正誼。

第三任山長謝章鋌(1820—1903)，字枚如，長樂人，光緒三年(1877)丁丑科進士。歷任南北書院講席，曾受江西陳寶琛之邀，任白鹿洞書院講席。自光緒十三年(1887)受聘爲致用書院山長，至光緒二十九年(1903)正月病歿於致用書院講舍，主掌致用書院十六年，是致用書院任期最久的一任山長。謝章鋌的學問極爲博洽，著述宏富。他在《致用書院文集序》中闡釋了自己的治學主張："講考據而執門戶，不可也；講性理而薄事功，尤不可也。""不以天下闊己任，非仁人也；不於倫理考性情，非志士也。"謝章鋌歿後，其高足陳寶璐曾代閱課藝一年。光緒三十一年(1905)，清廷廢科舉，致用書院并入全閩師範學堂簡易科。

致用書院有三位才高學贍的山長，又彙集省內俊彥，一些世家子弟如陳寶琛親弟陳寶璐，沈葆楨之孫沈翊清，林則徐侄孫林揚光，嚴復的蒙師黃宗彝之子黃增，名儒陳壽祺之孫陳元禧，林壽

圖之子林師尚、婿陳君常、葉在廷等都在此求學，培養出諸多兼攻
舉業與實務的人才，影響遍及全國。魯小俊在《清代書院課藝總
集敘錄》一書中考證了光緒丁亥（1887）至光緒辛卯（1891）間，
《致用書院文集》近百名作者的生平，除去十餘生平不詳待考的，
其間共有二十餘進士、近五十舉人，約五十貢監生員，俱是一時俊
彥。

這些人在肄業後，或躋身政壇出任中央及地方官員，或擔任各
地教諭或書院講席。前者如國史館、實錄館協修，內閣承宣廳廳員
兼大總統府秘書黃彥鴻；北京大學法科學長、袁世凱秘書、國務院
法制局參事、參政院參政、約法會議議員王世澄；船政大臣沈翊清；
還有諸多外放爲知縣的，如陳君耀、林揚光、池伯煒、林師尚、林欣
榮、鄭猷宣、陳望林、葉大華、陳祖謙、廖毓英等。後者如國立北平
大學法學教授方兆鰲；順天高等學堂講席陳鴻章；浙江大學堂總教
習，商務印書館國文部部長、編譯所所長高鳳謙；福建大學堂教務
長蔣仁；全閩大學堂國文教員葉大章；福州私立福商中學首任校
長、代理福建省立女子師範職業學校校長、閩侯縣教育會首任會長
汪涵川；中西學堂教習鄭籛；福建蒼霞英文學堂、福報館、東文學
堂、仙遊學堂創辦者力鈞；延平府教授李錦；仙遊教諭陳鐘慶；臺灣
府學訓導王元穉；臺灣彰化教諭周長庚，等等。此外純就學術而
言，經學、文字學首推黃增，史學則以張亨嘉爲弁首。參考陳遵統
（約 1876—1969）主編的《福建編年史》對"致用書院"所作的評價：
"晚清時代，湘、浙兩省，人才輩出，於新政、新學的推行，大有表現，
這都是致用書院所生的間接結果。亨嘉又於清末，充北京大學監
督，於學術界所貢獻尤多，這也是世人所共見共聞的。"此評當屬公
論。

致用書院的課目，以研究經史爲主，課藝包括經解與雜文兩

類。《致用書院前集》《致用書院文集》收録了書院自光緒丙子至光緒癸卯(1876—1903)約三十年間近八百題千餘篇文章。經學被認爲是經世治國的基礎理論,史學則是知古鑒今的參考工具。在科舉考試的指揮棒下,士子大多不重實學,不通文史,而致用書院則漢宋兼采,經史并重。經解會就經史典籍的某個問題,采取傳統訓詁、考據的方式進行考證辨析,内容多爲五經"解""證""説""考""論""辨""釋"類,并無八股文與試帖詩,體現了當時閩學的水準。其中有一題多篇的,如高涵和與黄增的《〈書·顧命〉室制面位考》,黄元晟與陳寶璐的《〈楚茨〉解(首章至三章)》,高涵和與林應霖的《〈微子篇〉父師少師考》等,各抒己見,體現了書院内"疑義相與析"的自由學術氛圍。雜文則呈現出書院的涉獵廣博,如史論文,黄增《留侯阻立六國後請捐天下之半與三人論》、葉筠軒《〈史記〉世家首太伯列傳首伯夷崇讓論》、林紓《漢文帝以賈生傅梁王鼂錯爲太子家令論》等等,分析古代的治亂得失。值得注意的是一些雜文對時事的關注,如中國正面臨"數千年來未有之大變局",廢科舉的提議與日俱增,王元穉則在《程畏齋〈讀書分年日程〉跋》一文中提出"學術與舉業原可並行不悖",既不否定科舉對拔擢人才的作用,也反對專攻科舉不務實學的功利做法,表現出公允持中的立場。再者福建作爲鴉片戰争後"五口通商"的主要口岸,本土工商業遭受致命衝擊,林紓在與黄增、鄭兆禧的同題作文《鄭商人弦高論》中以古論今,提出應借鑒歐西各國"官與商合"來應對本土商業的危機。再如黄彦鴻與林紓的同題文《福州常平倉及義倉考》,體現了對民生的關心等。

致用書院的課藝作爲致用書院的教研成果、晚清閩學風尚轉變的歷史見證及近代福建政教研究的參考文獻,價值不容小覷。本次整理選用的底本是鄧洪波主編的《中國書院文獻叢刊》(國家圖書館出版社、上海科學技術文獻出版社 2018 年版)第 1 輯第 65 至 66 册收錄的清光緒丁亥年(1887)至光緒辛卯年(1891)《致用書院文集》影印本。爲了盡可能地呈現課藝原貌,保持時人行文用字的特點,整理時對文中的古今字、異體字、通假字予以保留,少量訛誤已在文中標注,以便讀者閱讀。因整理者的水準有限,其中如有舛錯,還祈方家不吝賜教。

目　録

光緒己丑年

光緒庚寅年

光緒辛卯年

致用書院文集

板藏致用堂惟半室

題名録

自丁亥至辛卯，與課數百人，佳作林立，集隘不能多刻，茲將已刻者列名如右。院長長樂謝章鋌記。

魏　起 字子壽，侯官附生

林　琈 字幼植，侯官戊子舉人

黃　增 字孟修，福州癸酉拔貢

林昌虞 字洛如，閩縣附生

陳　莼 字喜人，閩縣辛酉拔貢

鄭　箋 字肖彭，長樂己丑進士、刑部主事

林應霖 字潤卿，閩縣己未舉人

高涵和 字伊澤，侯官己丑進士，陝西即用縣

林羣玉 字琴南，閩縣壬午舉人

鄭兆禧 字瑞卿，長樂己丑舉人

高　蒸 字伯謹，福州附生

陳寶璐 字叔毅，閩縣庚寅進士，改庶吉士

葉筠軒 字竹卿，侯官壬戌舉人

王元穉 字少樵，閩縣己丑副貢，臺灣府學訓導

陳鴻章 字心衡，侯官己丑舉人

黃元晟 字若炳，侯官乙亥舉人

池伯煒 字滋膚，侯官戊子舉人

李　錦 字緗齋，長樂己丑進士，延平府學教授

力　鈞 字軒舉，永福己丑舉人

蕭　健 字行之，福州廩生，辛卯舉人

方家澍 字雨亭，侯官壬午舉人

1

何爾鈞 字枚忱,閩縣己丑進士,改庶吉士

陳景韶 字翊庭,閩縣癸酉舉人

李　穎 字詠禮,長樂附生

官惟賢 字任農,閩縣附生

郭會熊 字又方,福州附生,辛卯舉人

周景濤 字松孫,侯官己丑舉人

黃彥鴻 字芸溆,侯官戊子舉人

林　珣 字東村,侯官己丑舉人

歐　駿 字熙甫,閩縣廩生

吳秉堃 字覿亭,侯官增生

董元亮 字季友,閩縣附生,辛卯舉人

梁孝熊 字伯通,閩縣附生,辛卯舉人

周長庚 字星仲,侯官壬戌舉人,臺灣彰化教諭

丁　芸 字耕鄰,閩縣戊子舉人

蔡　琛 字獻廷,侯官戊子舉人

葉大綬 字菊孫,侯官附生

毛毓澧 字又新,閩清歲貢生

陳祖新 字敏餘,閩縣附生

劉　涵 字雨人,閩清癸酉拔貢

高鳳謙 字夢旦,福州附生

陳培蘭 字奎因,閩縣附生,辛卯舉人

沈翊清 字丹曾,侯官己丑舉人

林師望 字正幹,侯官己丑舉人

陳俊灼 字灼三,長樂己丑舉人

鄭猷宣 字克齋,長樂附生

劉祖烈 字雲生,侯官附生

陳望林 字慰蒼,閩縣丙子舉人

監院同安縣學教諭林祚曾督刊

2

光緒丁亥年

用九用六解

魏 起

凡卦六畫，乾、坤特加二用。朱子因歐陽修舊説而推之，以爲凡得乾而六爻純九，得坤而六爻純六者，皆當占其所繫之辭。此特以揲蓍占筮爲説，而其所以發凡起例，則消息升降之大義存焉。夫七爲少陽，震、坎、艮之象也；八爲少陰，巽、離、兌之象也；九六者，乾天坤地，交於坎、離，坎、離爲二用之門，所謂乾道變化，各正性命。其中消息盈虚，往來升降，莫不具有乾元運用，而坤從而效之，由是而得保其貞。

《繫傳》曰：“《易》之爲書也，不可遠。其爲道也屢遷，變動不居，周流六虚，上下无常，剛柔相易，不可爲典要，惟變所適。”蓋發明九六之變，至矣盡矣。荀爽之義，坤五之乾二成離，乾二之坤五爲坎，陽升陰降，乾、坤二卦成兩既濟，陰陽和均而得其正。虞翻之義，乾流坤形，坤含光大，凝乾之元，終於坤亥，出乾初子，初動得正，二息兌，三成泰，四反否，五體觀。蓋乾爻二、四、上，坤爻初、三、五，位皆失正，變成既濟。乾、坤交坎、離，乾象不見，故曰：“見羣龍无首，吉。”坤，或別取，凝乾、出震，上象、龍戰，所謂戰乎乾言陰陽相薄也，故曰利永貞。變而之正易，窮則變，變則通，通則久，久則永之説也。故《象傳》曰“用九天德，不可爲首也”“用六永貞，以大終也”。陽之極，不以陽首，是无首也；陰之極，不以陰終，是无終也。終始循環，乾變坤化，坎、離九六之妙用，要皆一本於乾元。

故文言於用九，特詳。用九者，乾元也。故曰"乾元用九，天下治也""乾元用九，乃見天則""天下之動，貞夫一""一以乾元摩盪""大哉乾元，萬物資始"。坤凝乾，以爲元，生生不窮，長正之道。至哉坤元，萬物資生。言二篇之策，萬有一千二百五十，皆受始於乾，而由坤以生也。九六爲三百八十四爻，通例，故特加二用，以發消息升降之旨，此則《易》之大義也。

追蠡解

林 珤

此章趙註，本自明甚。自豐氏説出，而追蠡之義始晦。其意蓋因趙注有一"齧"字，而遂指齧爲蟲；又因其有"欲絶"二字，又指爲蟲齧欲絶。其誤只坐泥"旋蟲"爲解，而將一章之經旨註義增一"蟲"字。殊不知《説文》云"蠡，蟲齧木中也"，蟲能齧木，不聞齧金，而豐氏又爲之説曰"如蟲齧"，不知《爾雅》釋蟲"蠰，齧桑"，郭註"似天牛角""喜齧桑樹，作孔其中"。云似天牛角，小可知也；云作孔其中，其不至欲絶可知也。《説文》"齧木中"之"齧"，即《爾雅》"齧桑"作孔之"齧"，不得混於趙注之所謂"齧"，更不得謂其如趙註所云"欲絶"。

欲申古人而反晦之，此自豐氏之誤，而趙氏未誤也。今按趙氏之註，宋本、孔本、韓本、考文古本註疏，"磨"字皆作"擘"。竊意"鈕擘"二字，一頓而連下文，"齧處深矣"爲文。擘，《廣韻》"分擘也"，《内則》"塗皆乾，擘之"，疏云"擘去乾塗也"，若然塗附焉，而擘去之，亦取分之之義也。李詩"巨靈擘太華"，意亦同此。云"鈕擘"者，言鈕欲絶而分也。云"齧深"者，言鈕之所以欲絶而分也。趙氏以"鈕"字註"追"，"擘"字註"蠡"，又以"齧處深"三字，申明己之所以言"擘"。凡物損於人力者,皆可言齧。《禮》云"齧骨",是凡物由外至而損者,亦可言齧。《國策》"灤水齧其墓,見棺之前和",是故"齧"不必專就"蟲"言,亦不必專以"噬"訓也。《説文》:"齧,噬也。"下文註云:"譬若城門之軌,齧其限。"然則趙之言"齧",猶言"蝕"也。孫氏疏以"太山之溜穿石,單極之綆斷榦"二語形容"齧"字,可謂盡矣。齧處深,猶言蝕處多耳,故又狀之曰:"蠡蠡廖本、孔本、韓本、考文古本皆作蠡。疊字後去之,非也,欲絶之貌也。"蠡割也,蠡分也。《揚子方言》:"參蠡,分也。"郭註:"謂分割也。"齊曰參,楚曰蠡。然則曰參、曰割、曰擘、曰分、曰蠡,其意一主於分而已。惟分,故絶物之繫者。中絶焉,則兩分矣,故曰"鈕擘"。又恐學者不悟"擘"字之義,故又曰"齧處深"。又恐學者竟以"擘"字爲"分"字,故不曰"絶",而曰"蠡蠡欲絶"。古書多省文爲句讀,此正文字古處。後人囫圇讀過,而古人詔示後學之苦心晦矣。擘,訓蠡之義也;齧,取蠡之意也。蠡蠡欲絶,狀蠡之貌也。《玉篇》:"蠡蠡,行列貌。"劉向《九歌》:"登長陵而四望兮,覽芝囿之蠡蠡。"彼所謂蠡蠡,行列之分也,而可通此者。物之平者,自彼及此,則行列相隔,可言分;物之直者,自上而下,故繫屬中斷,亦言分。趙、劉均漢人,意一時方言必有稱蠡蠡者,故皆云然也。趙以疊字解經,不過欲人易知而已。至鈕在何處,趙不明言,而豐氏以爲旋蟲。旋蟲之説,先後鄭雖異,而以爲飾則同。司農言周以蟲飾,鄭君言漢以獸龍飾,證明之耳,非有他説也。後世作蒲牢於鐘上見張衡《東京賦》注,亦緣其意而變之也。鏤物之處,決非小而易壞者。且觀美所在,非用力之地,以理測之,宜不至絶。意鈕者,其旋乎?旋與旋蟲,二物也。《考工》"鍾縣謂之旋",惟縣也,上所繫小,而下用力重,故久而分且絶也。如是證之,下文城門、兩馬之説,亦適爲對文。彼豐氏因齧而謂之如蟲也,豈下註所云"齧其限"者,亦如蟲之齧歟?豐之固不減於高也。

3

荀彧論

黃　增

嘗統觀古今佐逆之臣，如賈充、劉穆之、褚淵、沈約之流，既非有才智之過人，而其以富貴爲心，則又不知有名義，而利其主之速於篡弒，雖卓卓如王祥、王儉，且猶不免。觀於此，未嘗不爲荀彧悲也。

彧之爲曹氏謀也，謂之佐逆，其又何辭？乃董昭議進操爵，彧宣言阻之，而望操以忠貞退讓。夫操於是時，逆跡已著，荀悅知之，孔融知之，而彧之明於料事，尤非常人所可及，則事操已久，而謂無以知其心，此必不然者也。然則忠貞退讓之言，其殆姑以自飾，而求免於清議乎？則又不然。操固志在必篡矣，阻之者既取其忌，必不爲操所容矣。言出而死，自飾者所必不爲，故曰：觀於此，未嘗不爲彧悲也。

蓋天下有料事之明，有審理之明，雖賢者猶難兼之，而又何責於彧？昔冉求爲季氏宰，無能改於其德，季子然以從之爲問，而孔子謂其有所不從。大凡人非大賢，每狗乎恩遇之私，託於食祿忠事之義，而所事非有大惡，往往遲回濡忍，而姑爲盡力。迨其逆跡大著，夫然後炯然於心，而不得不與之異。論世者因其平日，並其不昧之初衷，而斥之，以爲矯僞，不足以懲佐逆，而反使未忍從逆者，有所激而盡喪其心，得不謂之苛乎？且揆乎彧之平日，其亦有可原者矣。

世之訾彧者，以操之與呂布相拒，彧說以高祖保關中，光武據河内，爲有獎篡逆之心。竊以爲不然。方獻帝之二年，帝刦於李傕、郭汜，關東之諸侯方競起，而未有屬，其勢無異於戰國之周。昔孟子游説諸侯，周天子尚在，而勸齊、梁以圖王，則使曹操廓清宇内，而取漢已失之天下，於義，亦未爲悖也。迨曹操在許，或乃慫恿以謀迎天子，他日之阻九錫，而謂曹公本興義兵以匡朝安國者，不爲飾詞矣。夫天子刼於他人，則天子雖有而若無，而操可以爲天子。若天子即刼於操，而欲因以爲天子，是天子非無，而操無之也。或於此計之審矣。不然，始也勸操以高光，而進爵國公則阻之，豈其吝於小而不惜其大哉？且夫逆臣之才智，未有過於操者也；佐逆之臣之才智，未有過於或者也。操愛或之才智，或亦愛操之才智，故樂以身爲之用。

嗚呼！處亂世而無德，而欲自見其才智，鮮有不陷於逆矣。微特操之諸臣，凡周瑜、張昭之流，苟其生長於魏，未必不爲操用也。雖然，愛才智而爲之盡力，則異於徒歆利禄而受其籠絡者，固宜有一念之明也。夫或於其時，所愧者，諸葛孔明、管幼安耳，彼其猶知有名義，以視王祥、王儉輩，且有間矣，而竟比之華歆、賈詡，豈足以服其心耶？

荀或論

林昌虞

古有負才，適足以濟奸，殺身不足以自贖者，其荀或之謂乎！《魏書》謂爲：“機鑒先識，未[能]充其志。”何謬也！操，人臣耳。或規取河濟，以高祖保關中，光武據河内，喻及勸迎天子都許，又曰：“昔高祖東伐，爲義帝縞素，而天下歸心。”探其大欲，而歆以甘言，乃悖戾至此乎！止九錫，以憂卒，世或惜之。

愚謂既爲操經營天下，羽翼已成，豈甘以身殉國者？宋景文謂不許九錫，非不之許，欲出諸己耳。操不悟，遽殺之，是天奪之爽。

其論至當。後世劉穆之以宋公九錫之議自北來，憂憤而卒，事適相類。使充其志，魏之代漢，豈不於操之身哉？

《毛詩》言興不言比賦解

陳　蕘

劉勰謂毛公述傳，獨標興體，以比顯而興隱也。《困學紀聞》引吳氏之論《詩》，亦謂比賦不稱者，蓋謂賦直而興微，比顯而興隱也。孔疏解比興之次序，亦有比顯興隱一語。竊以爲其説皆非也。夫賦直而興微，凡作文之體製類然。至於託物爲喻，則未有不隱約其旨者，無所謂顯也。且比者，全文並託諸喻意，其旨愈隱。興者，前託物而後指事，尚可因其所指之事，而知其借喻之故，是較比而意猶顯也。謂興之託意尤隱於比，毋乃非《詩》旨歟？

愚以爲《詩》有六義，二曰賦，三曰比，四曰興，此其體也。然賦在直陳，比在借喻，此其體迥不相侔，原不待經師之授受，誦《詩》者當無不一目瞭然已。惟興之體，有時而近比。如《鴟鴞》一篇，皆託諸鳥語以爲喻，後儒無不釋爲比體者，惟毛公則以爲興。蓋毛以鬻子爲稚子，稚子謂成王也，烏安得有稚子之稱？則前三句爲託喻，後兩句爲指事，其斷爲興體，確然矣。興之體，亦有時而近賦，如《旄邱》一篇，所見者葛之生節，疏闊也，儻指爲時序之變遷，而葛之由萌芽而漸長者，已見其節之誕，所以賦其流寓之爲日已多，亦何不可？毛公則屬之於興，且更從而詳釋之曰：“諸侯以國相連屬，憂患相及，如葛之蔓延相連及也。”則其爲興體也，又確然矣。由是而推之，《葛覃》《桃夭》等篇，皆觸夫當前之境，而即因以起興者，此亦興體之近於賦也。《關雎》《麟趾》等篇，皆以物喻人者，此亦興體之近於比也。今既明指爲興體，則此外之指事者，皆屬於賦，託喻者皆屬於比，可不煩言而解矣。故不必更言比賦，以其言之已贅也。或謂《螽斯》《燕燕》《日月》等篇，毛不言興，而康成皆屬諸興體，且於《答張逸》文中詳爲之説曰："文義自解，故不言之。"凡説不解者耳，一似毛之説《詩》。其言興者，固不止一百十六篇。凡文義易解者，尚有未及盡舉之處，抑何不思之甚耶！

夫託興之易解者，孰如《關雎》？而毛獨言興，何也？然猶曰於首篇發其凡也。至《樛木》《鵲巢》諸詩，豈較諸《螽斯》等篇而反有所不解乎？鄭之説殆不可通已。大抵毛不言興而鄭以爲興者，皆傳、箋之各爲異同，不可以箋而强通諸傳也。如《螽斯》篇，鄭以子孫句屬之后妃，故謂之興。苟如朱子之説，以爾爲螽斯，則全詩非比體乎？毛不言興，當亦與朱傳同義，箋解非傳意也。或謂毛釋"振振"爲仁厚，則仁厚當屬諸后妃，於義方愜。不知《小序》本云："若螽斯之不妒忌，子孫衆多也。"是物之不妒者莫如螽，不妒非仁厚乎？或又謂物性不得言仁，然則《騶虞》之篇，傳不云"仁如《騶虞》"乎？且蟻知義而蜂知禮，蟲豸亦各含五常之性，何疑於螽斯？故毛於《螽斯》不言興，即可知此詩之爲比矣。至於《燕燕》之"差池"，特觸目而傷心耳，"日月之居"諸，猶呼天而籲訴耳，皆指事而直陳，非託物以起興也。故毛於《燕燕》《日月》不言興，即可知此詩之爲賦矣。

持是意以解傳，則知傳之凡言興者，皆以别於比賦二義。不言比賦者，賦比之體懸殊，不屬興體，則爲比爲賦，學者自能辨之耳。

鄭氏訓"稽古"爲"同天"義證

林昌彝

《尚書·堯典》"曰若稽古帝堯"，僞孔傳："若，順；稽，考也。能順考古道而行之者帝堯。"《正義》曰："鄭(元)[玄]信緯，訓稽爲同，訓古爲天，言能順天而行之，與之同功。”《後漢·李固傳》注引“《書》曰：‘粤若稽古帝堯。’鄭（元）[玄]注曰：‘稽，同也。古，天也。’言能同天而行者帝堯”。《三國·魏志·高貴鄉公紀》：“帝問曰：鄭（元）[玄]云‘稽古同天，言堯同乎天也’。”案：《商頌·（元）[玄]鳥》“古帝命武湯”，箋云：“古帝，天也。”《正義》引《尚書緯》云：“曰若稽古帝尧。稽，同也；古，天也。”是鄭注原本《緯》，文實作“稽，同也；古，天也”。《魏志》所稱“稽古同天”云云，乃隱括鄭義，非注原文。《史記·三王世家》索隱引高貴鄉公云：“稽，同也；古，天也。”亦以見當時之用鄭訓者。

又《皋陶謨》“曰若稽古皋陶”，《正義》曰“鄭（元）[玄]云‘以皋陶下屬爲句’”，此説甚誤。蓋“曰允迪厥德”二句，乃史官載皋陶之語，與《堯典》曰放勳不同。鄭於此曰字，必明注爲“皋陶曰”，以曉學者。後人昧其句讀，遂謂鄭以“皋陶下屬爲句”，云字當是衍文。“以皋陶下屬爲句”，亦不類漢人注語也。《周禮·小宰》注、《禮記·儒行》注皆訓“稽”爲“合”，合即是同。而《周官》天祝解亦有天爲古之文。

且古書稱“曰若稽古”者，亦不止《堯典》《皋陶謨》。《太平御覽》八十一皇王部引中侯《考河命》云：“曰若稽古帝舜。”《詩·商頌·殷武》正義引《中侯契握》云：“曰若稽古王湯。”《周頌譜》正義引《中侯摘洛戒》云：“曰若稽古周公旦。”惟《周書·武穆解》但以“曰若稽古”四字爲文。蓋《周書》七十一篇，殘缺最多，古下必有脱字。觀下文“欽哉欽哉，余夙夜求之無射”，則曰昭天之道以下，乃武王之言。《周書序》：“周將代商，順天革命，申喻武義，以訓乎民，作《武順》《武穆》二篇。”以《瘝儆解》“奉若稽古惟王”例之，此文亦當爲“曰若稽古惟王”也。

鄭於《堯典》釋“稽古”爲“同天”，則《皋陶謨》“稽古”亦釋爲“同天”可知。《白虎通·聖人篇》：“何以言皋陶聖人也？以《目篇》曰‘若稽古皋陶’。”與鄭義合。江處士注《尚書》謂：“堯稽古爲同天，皋陶稽古爲順考古道，不必泥於同天之誼。"王光禄《尚書後案》謂："皋陶人臣，不可以同天言之。""曰若稽古"四字，想典謨諸篇相承用爲標首，有文無義。孫觀察《書疏》又謂："鄭云同天，因帝而生義。《書正義》誤引其文云'稽，同也。古，天也'。"皆爲《皋陶謨》疏鄭"以皋陶下屬爲句"一語所誤。順考古道，本古文家相傳舊訓。《漢書·孝武紀》贊"至於稽古考文之事，猶闕焉"，班固《東都賦》"憲章稽古"，漢《巴郡太守張納碑》"帥典稽古"，《衛尉衡方碑》"法言稽古"，凡此諸文，不以同天釋之。《後漢·李固傳》載奏免百餘人飛章曰："臣聞君不稽古，無以承天；臣不述舊，無以奉君。"稽古與述舊對文，亦爲考古。李賢引鄭訓，非。王延壽《魯靈光殿賦》"粤稽古帝"，漢張載注曰："若，順也。稽，考也。言能順天地，考行古之道者，帝也。"皆用賈、馬之説，非鄭義。鄭必依書緯以"稽古"爲"同天"者，蓋以書傳諸所偶"曰若稽古"，與順考古道之義不合。《考河命》下文曰"重華欽翌皇象"，《摘洛戒》下文"欽惟天道"，《武穆解》下文曰"昭天之道，熙帝之載"，《契握》下文"既受命興，命乃天命。是皆稱天以言之"，《寤儆解》周公旦曰"奉若稽古惟王"，則知曰者，語詞，若猶言奉若天道，稽古即與天合德也。緯書多仲尼微言，七十子大義，較之漢經師訓解，尤爲近古。桓譚《新論》謂："秦延君但説'曰若稽古'三萬言。紛諍空軬，疑論無歸。"得鄭君此訓，而"曰若稽古"可以論定矣。

留侯阻立六國後請捐天下之半與三人論

黄　增

恩足以動庸衆，而不足以動豪傑；分不足以馴凶頑，而足以馴豪傑。謀天下者，與豪傑共之者也。故市恩者，窮而明，分者定。

酈生之勸漢高立六國後，欲以恩取天下也。夫所立而庸眾，與雖爲所動，而安能禦敵？如所立者爲豪傑，當此天下未定，各有有天命者，任自爲之心，漢可得而臣之乎？且漢亦何恩之有？六國之地，非漢有，而使之自取，是猶周桓王之與鄭人蘇忿生之田，梁武帝之使元顥歸洛陽，所謂己不能有，而以與人者。此惟陳涉之時可一行之，必不可而再矣。夫恩不可市，況所市者非其恩，而安得不窮？故留侯從而阻之。且夫帝敗於彭城，欲捐關東之地棄之，留侯請以予韓信、彭越、英布。是時關東之地，亦非盡漢之有也。乃施之六國不可，而施之三人則可者，六國未爲人臣者也。韓信已爲漢臣，越與布雖未爲漢臣，而嘗臣於楚，則漢固得而臣之。厥後三人雖叛，而旋即擒滅，惟順逆之不敵耳。光武不敢臣隗囂，而卒勞戡定。李密臣於唐高帝而背之，則爲羣盜所不齒。然後知先王之以分定人之心者，其所係誠重也。取天下之略，固非淺識之所能及哉！

"仲氏任只，其心塞淵。
終溫且惠，淑慎其身。
先君之思，以勗寡人"講義

鄭　籛

傳云："仲，戴嬀字也。任，大。塞，瘞。淵，深也。""惠，順也。""勗，勉也。"箋云："任者，以恩相親信也。""溫，謂顏色和也。""淑，善也。""戴嬀思先君莊公之故，故將歸，猶勸勉寡人以禮義。寡人，莊姜自謂也。"竊謂傳、箋得之。

　　古未有以夫人而伸討賊之權者，有之，自莊姜始。古未有妾媵而贊討賊之謀者，有之，自戴嬀始。戴嬀不爲莊也，妻者自不爲桓也。母嬀有子，嬀不得而子之，嬀惡得而保全之。然則桓之死，姜之責也，姜其如先君何哉。竊謂聖躬若失調護，后不得辭其責。老臣若石碏，早當如魏公語以告姜，而無如姜之不能於州吁，猶碏之不能於其子也。雖然，姜之心烏能已，嬀之心更烏能已也。碏之老也，固有沈幾觀變之智，未必全無明哲保身之懷。觀於耄矣，無能一語，概可想見。藉非姜持於內，嬀援於外，碏亦第以不與其難終耳。

然則伸討賊之權者，姜也，非碏也。贊討賊之謀者，碏也，實嬀也。嬀之大歸，非大歸也，託與廟絕，亦示與姜絕也。姜之送嬀，非送嬀也，託於不忍絕，亦示以不忍絕者之不得不絕也。事關宗社，託付臨歧，此《燕燕》之詩所爲作也。竊謂是詩爲變風之正，作詩者之知道，當爲《鴟鴞》之嗣音。上文曰“差池其羽”者，即所謂“予羽譙譙”者也。曰“下上其音”者，即所謂“予維音嘵嘵”者也。而莫妙於詩至卒章，始終不露出取子毀室，恩斯閔斯之意。蓋周公貽王之言，與姜、嬀兩人自喻之旨，其情同而其時勢異也。曰“仲氏任只”者，以恩相親信，懼孤立之無援也。曰“其心塞淵”者，所謀至深遠，防幾事之不密也。曰“終溫且惠，淑慎其身”者，臨大事，決大計，必不動聲色，小心謹慎，乃能以身任國家之重者也。曰“先君之思，以勗寡人”者，稱先君以示不忘本，稱寡人以堅其自任，事有可爲，責無旁貸。而全詩以勗字盡之，猶《大誓》之稱文考小子，而《牧誓》之恭行天罰，必終以夫子之勗也。始以仲氏，終以寡人者，彼此內外，兩相濟也。上言先君，下言寡人者，幽明生死，無或渝也。惟仲氏能心先君之心，惟寡人能心仲氏之心。不言之言，言之詳也；未事之事，事無泄也。其心心相印，有如此者。厥後吟詠斷絕，音問銷沈，州吁方喜以代桓爲君母之後，而無疑於姜；以平陳爲孫子仲之功，而無疑嬀之兄弟。而先君何罪，其嗣亦何罪，姜必隱有以嬀之勗姜者勗碏，而國賊授首於唾手間矣。直至朝陳之使，右宰之莅，一若天討之威，仍還朝廷，兩婦人且退若無事，終不如後世之奉太后詔以討賊，致權歸宮闈，宰輔斂手，其弊有不可言者。蓋其深謀遠慮，非惟爲衛計，尤足爲天下後世計也。箋云"猶勸勉寡人以禮義"，義字正與《左傳》"大義滅親"之義，遥遥對針。而司馬公、石碏，乃因桓公母家於陳，佯爲善州吁數語，雖爲歸功石碏，與《左傳》同，卻與此詩隱相印證。姜、嬀誠巾幗中之英者哉！夫大義滅親，碏固行周公之事也。謂此詩之卒章，非《鴟鴞》之遺音歟？

"仲氏任只，其心塞淵。終温且惠，淑慎其身。先君之思，以勖寡人"講義

林應霖

《燕燕》四章，《序》以爲莊姜送歸妾之詩。歸妾，陳女戴嬀也。莊姜謂之之子，分雖嫡妾，情踰姊妹。姜於遠送之際，即訣之後，乃曰："仲氏任只，其心塞淵。終温且惠，淑慎其身。先君之思，以勖寡人。"先詠仲氏，終述先君，於以見嬀之能以討賊自任，而姜之與謀者，何其密且豫也。案：《左氏傳》，衛桓公完，嬀之所出，姜以爲己子。此何異漢之明德馬后以章帝爲子，宋之莊獻劉后以仁宗爲子者，名分既正，誰敢干之。及州吁弑桓公自立，使姜與嬀爲愚婦人也則已，姜與嬀非愚婦人也，豈不知《禮》"婦人送迎不出門"？彼魯文姜之會齊侯于濼也，聖人譏之；鄭文芊之送楚子于軍也，君子斥之。姜與嬀均爲未亡人，相與泣涕於郊野間。以姜之賢，何貴於嬀，而親之曰仲氏。即《詩》亦何貴于姜之送嬀，而録其詠仲氏哉？然而姜之惓惓於仲氏者，何也？蓋非深謀遠慮，必不能襄討賊之宜；非處變如常，必不能當討賊之責；非秉禮度義，必不能成討賊之功。

伊古以來，忠臣志士，莫不皆然，況出於巾幗者乎。故殺嫡立

庶，呼於過市者，不能"塞淵其心"也；殺汝立職，洩於設饗者，不能"終溫且惠"也。即漢世之中山王后馮氏，見誣於中謁，立定陶王后傅氏，追貶於新都莽，皆不能"淑愼其身"也。使嫣于歸陳之後，非有所謂塞淵者，啓陳桓以不能不討；非有所謂溫惠者，使陳桓以不忍不討；非有所謂淑愼者，致陳桓以不敢不討。安知陳桓不如齊惠，忘魯接之弒其所出，反定其位耶？且夫姜之惓惓於仲氏也，皆先君故也。《日月》之詩，姜遭州吁之難也，曰"胡能有定"；《終風》之詩，姜遭州吁之暴也，曰"莫往莫來"。良由莊公以賤防貴，以淫破義，嬖其母而寵其子，不納石碏之諫，非先君階之爲禍乎？嫣蓋深痛之矣，而惟恐姜之自傷困窮，姜之自傷侮慢，或不忍其詬也，勢必拂於衷，達於面，流露於行止。討賊之謀，不爲州吁所窺，必爲州吁之黨所覺，故終勗以先君之思，欲姜之有監於不密害成也。然而姜則未嘗不知也，故衛非有姜與嫣謀於內，無以成石碏之忠；亦非有石碏謀於外，無以成姜與嫣之志。此《詩》與《春秋》所以相表裏也夫。

二十有二人考

高涵和

馬融並孔傳以禹、垂、益、伯夷、夔、龍六人皆初命，合上四岳、十二牧爲二十二人。鄭康成去四岳，以殳斨、伯與、朱虎、熊羆當之。據《路史》注，則以四岳爲一人，合九官、十二牧爲二十二人。

案：諸説均未安。十二牧爲外官之長，舜格文祖之後，已勅命之矣。二十二人皆内官也，稷、契、皋陶居官雖久，而播時百穀，敷教在寬，惟明克允，不可謂非勅命。馬融云"但述而美之，無所復勅"，其説非也。殳、斨、伯與，三臣名；朱、虎、熊、羆，四臣名。虎即高辛氏之伯虎，《古今人表》作柏虎。熊即仲熊。羆，顏師古云：即

《左傳》所謂季貍也。殳、斨以器命名，知朱、虎、熊、羆合殳、斨、伯與爲七。諧謂和其職，經凡言"往哉汝諧"，皆謂諸人共職，惟云"往哉欽哉"，則是一人獨任。禹、稷、契、皋陶、伯夷、夔、龍七人各任其職，垂與殳、斨、伯與四人共職，益與朱、虎、熊、羆五人共職，史遷云"遂以朱虎熊羆爲佐"是也。四岳雖各居方面，然亦內官，所謂出則爲長，入則爲師是也。

玩上文"咨四岳"在"咨十有二牧"之後，末以二十二人總承，則知四岳在二十二人之內。《堯典》馬注："羲氏掌天官，和氏掌地官，四子掌四時。"鄭云："堯既分陰陽爲四時，命四子爲之官，又主方岳之事，是爲四岳。掌四時者字曰仲叔，則掌天地者其曰伯乎？"据此則知羲和有四，實有六，敬授人時，乃亮功之大者，故宜以羲和六子合上七人、四人、五人爲二十二。須知四岳非一，殳斨、伯與、朱虎、熊羆非四。有四岳則兼有司天、司地二人，當舜格文祖之時，不應無專治星歷者。羲和無勅命，與四岳同仍舊職可知。昔人多云舜時羲和已死，以六官分配禹、契、伯夷、棄、皋陶、垂六人，此六人中當有兼四岳者，則四岳即在九官之中，不得不以十二牧充數。實則十二牧先有勅命，不當複舉。合《堯典》《虞書》觀之，二十二人之名鑿然畢備，但去放齊、共工、驩兜、伯鯀四人，餘均在數，不必牽合。十二牧去稷、契、皋陶，尤不得合四岳、九官、十二牧與殳斨、伯與、朱虎、熊羆爲三十二，如近人王氏所云也。

鄭商人弦高論

林羣玉

一國之大，猶四體也。蝮蛇螫指而心覺者，指之痛達於心也。外侮方至而國知戒者，民之情切乎君也。三代以降，禮意失而禮未盡亡，故國君有拜臣之文。曹劌，民也，一誠之貢，猶足自達於魯廷者。上下無壅，雖細民賤斯，有言則必進之。言之不善，未嘗黜之刑之而禁之不言也。黜之刑之而禁其不言，則上下之情壅。情壅則民私其身，國君孤立於上，禍作亦無由告之矣。鄰火之發也，爲之左右者將交奮其力，爭撲滅之。脫主者於厄，即以自脫其厄之爲愈乎？抑將入室紛取其具，委吾屋與始火之家同爐之爲愈乎？夫與之同爐，不得已也。脫有可以救之，則無不救矣。

一國之禍，猶主者之被火也，民猶鄰也。苟其情不壅，將謂君家之禍猶吾禍，且樂爲之告矣。況結之以恩，聯之以義，導之以道者乎？夫恩非素結，義非素聯，道非素導，而能出權變以脫國於難，此鄭商人弦高之行事之所以近古也。方孟明前驅，出於畢芮之間，虎鷙之士跣跔科頭，貫頤奮棘者，不可勝計也，排山塞野而至，其氣已足以吞鄭。而弦高者，習貿遷之業，不經行陣，都無畏怖，翩然而來，勞三帥於滑郊，吐辭至文而有禮，此豈天授耶？洞敵之情，明君臣之分，又濟以鄭廷諸臣之必信其言也。

元明之君，深居簡出，宰相御史進見，猶必假重於閹豎之口以通之，而謂區區一商人之言，可以自達於宸聽，誠萬萬不有之事也。嗚呼！此元明之所以亂也。

附見

今歐西傾國之命，皆在商也。曰護商者，兵船游弋海上，以備諸商之不虞，雖摭拾小故，毛舉細事，然電朝發而船夕至矣。曰公司者，取君家之財，合百姓之券，轉萬國之貨，以取利者也，又設鎮酋以聽其詞訟，嘗取巢窟以屯其積聚。曰總督，曰領事，曰葛必丹，皆商人之牙爪也。國有不便於商者，則羣商僉謀之，謀定始告之外務，告之內務，告之伯里璽天德，其力足以主張大政，改易成命。國勢之强弱，係乎商情之去就，商賈之於君相推重如此。然而吾民之貿易於檳榔嶼、新加坡、蘇魯麼耶諸島，則丁口有稅焉，招牌有稅焉。

15

貨入彼口則華人重，貨入我口則洋人輕，上下一心，包蔽聯絡。此無他，國與商合也。夫以犬羊之智，惟利是視，非素有恩信以治之也，又非能明上下之分也，不過羣狼交噬一戠。方其揖揖和集，狼之心蓋在戠也，戠盡則仍爲狼矣。人也而有狼之心，此亦必敗之勢，故俟其敗而制之，不如先不投戠之爲愈也。

爲今日計，當以彼國加稅客貨之法，援例施之於洋貨之入口，削其利柄，則彼不能嚊利於我矣。不特此也，往年華商逋負洋商不及千圜，而巨酋文書遝於有司日幾三四，而洋商之負華商者幾鉅萬，我無敢窺左足而訟之者。何也？官之與商分隔而情壅也。夫小民田産錢帛之訟，經歲不得直，則其貲不入於此，猶入於彼，楚弓猶楚得也。至以吾民膏血中飽於西洋之賊商，則强弱之機也。故欲謀强富者，亦宜通吾商情。

鄭商人弦高論

黃　增

捐小利以圖其大，趨時而惟恐不及，是二者，商之術也。得其術而善用之，則可以利國家。鄭商人弦高者，可不謂善用其術者乎？

天下之大禍，及其勢已蔓延，雖有才臣智士，亦未易以消弭，而當機之甫兆，則苟得，稍有識者可以彌縫而無事。方秦之襲鄭，儻令猝不及備，以鄭之弱小，禦秦之强大，才智或有時而困。弦高以一商人，爲曲突徙薪之計，乘韋先牛十二之費，一遽之力，使國家之糗糧牛馬可以不至疲竭，而國卒以安。豈其才智之過人哉？惟善用其捐小利趨時之術而已矣。夫人之利令智昏者，非獨爲義之智昏，並其謀利之智而亦昏也。《大學》之論以義爲利，爲治天下者言之，而不可以責商人。雖然，商人而不義，未有克保其利者也。且夫捐小利趨時，自古得是術而大用之，莫如弦高、呂不韋。不韋固自以爲智也，然而家破身亡，爲天下笑，術豈不義，所可用乎？彼弦高者，雖未知其獲利何如，而既有大功於鄭，其君獎之，而其民感之，必百倍償其所費矣。夫商人未聞大道，人所不苛責也。故苟有托於義者，君子亦從而予之。然惟其托於義也，故當其有功，可賞之以財，而不可授之以官。有國家者，苟因其有功而授之以官，得謂其非亂政哉。

鄭商人弦高論

鄭兆禧

弦高之阻秦師，非高能阻之也，實秦自阻耳。蓋秦伯惑於杞子，勞師襲遠，以求萬有一然之幸。及聞蹇叔之諫，雖不能納，其心未始不惴惴焉。慮敵之有人也，慮敵有人，則風鶴皆兵，動生疑阻，況高儼然以君命將之，尤足以破其謀而奪其所恃也。因彼之有所疑，我即以所疑者懼之，其師烏得不退哉？不然，弦高一商人耳，其才與智未必足抗千乘之秦，且犒師之謀，其僞亦甚易知耳。鄭國雖小，豈有將國命以臨大敵，乃無卿士大夫，而獨使一負販者乎？使孟明輩稍察其機，不爲所惑，而兵貴神速，掩其不備，彼杞子等起於內而應之，吾恐肉袒牽羊之事，即見於斯時矣。乃秦將輕躁寡謀，驅貔虎之師，逢乘韋十二牛而遽止也。此其勢雖阻於高，實則先懼於所疑而自阻已。然秦雖自阻，而高能料彼之所疑，且以實其所疑者，出彼不及料之外，則高亦人傑矣哉！嗟乎！以富強之秦，晉楚且莫與爭，而乃受欺於一商人，無他，有所畏於中而氣先餒，制敵者乃得以售其詐耳。然以高遏秦之鋒，而致覆軍於殽，天之厭秦，猶未甚也。迨其後世，而邯鄲大賈且並盜其國矣。則甚矣，秦受商人之禍烈也！

釋　造

高　蒸

"造"字《詩》凡五見。《王風》"尚無造"，"造"傳訓"爲"。彼經首章云"尚無爲"，卒章云"尚無庸"，無造即無爲，亦即無庸也。《周禮》夫役之法，"凡起徒役，毋過家一人，以其餘爲羨"，無論正卒餘子，皆以成人充之。所謂"我生之初""尚無成人爲"，"爲"指軍役言，前此無搆怨連禍者也。"庸"即租庸之庸，傳訓"用"，與《周禮·地官》"可用者家三人""可用者二家五人"，用字義同，亦即成人爲也。爲、庸二字，義雖異而實同。"造"訓"爲"，即訓"庸"耳。《大雅·思齊》篇"小子有造"，"造"傳亦訓"爲"，承上文小子與成人對文，造亦成人爲也。《兔爰》篇成人爲，爲煩興之軍役，《思齊》篇成人爲，爲有譽之俊士，怨慕之情異耳。《閔予小子》篇"遭家不造"，"造"傳訓"爲"，此與《王風》《大雅》傳兩爲字義別。《王風》言無爲，民所爲也；《大雅》言有爲，士所爲也。此言不爲，乃前王所爲，所謂"畜我不卒"者。玩下文傳訓"序"爲"緒"，緒即前王所造之緒耳。家不造則幾於毀室，故《鴟鴞》篇周公謂成王爲閔，成王亦自謂爲閔也。《勺》篇"蹻蹻王之造"，此則頌王之爲蹻蹻然有威武，故下文以爾公允師實之。公訓事，即所爲之事，蹻蹻即允師，非如鄭箋所云"蹻蹻之士爭來造王"也。

傳"造"字凡四見，惟《緇衣》篇"造"字，毛無傳，緣上章言"改爲"，下章言"改作"，作、造、爲三字同議，故不須立傳。箋"造"字或訓"成"，或訓"就"，義雖本於《說文》，然是爲字後義，非造字本義也。讀《兔爰》篇，造字知是成人爲；讀《思齊》篇，造字知是俊士爲；讀《閔予小子》並《勺》篇，兩造字均屬皇王所爲，即造邦之義，惟繼序與告成爲異。他如"造舟爲梁"，"造"本作"艁"，毛但言"天子造舟"，自與爲義無涉。"乃造其曹"，造字義隨音異。《公劉》篇毛亦無傳，又非《鄭風》之比，讀傳者不可不知。

段氏改玌篆作玉辨

陳寶璐

《説文》："玌，朽玉也，從玉有聲。"段氏據《索隱》引《説文》改"玌"作"玉"，鈕氏《段注訂》曰："《篇韻》並作玌，當本《説文》，則摯氏引誤。"竊謂鈕氏據《篇韻》以訂段，不知段意固以《篇韻》"玌"字爲"玉"字之俗，此不足以相難也。段氏改篆，但參之篆體，考之六書，其謬已見矣。凡篆體配畫佈形，例取勻整，玉石之玉，古作王，篆省作王，非不知王形與帝王字相混也，而不復加點者，右旁偏重不相稱也。

段氏以隸體之玉，爲朽玉之玌，古今豈有此篆體哉？且段氏臆造從王加點之文，而引《史記》玉有瑕釋之，豈不謂象玉之瑕刟乎？考《説文》加點象形之字，如"日"，"從口·象形"；"丹"，"象采丹井·象丹形"；"井"，"象構韓形·象罋形"，以日、丹、井本全體象形字也。"玉"，"象三玉之連"，於六書爲指事，三畫既非玉形，于旁加點，何所取象乎？且又不得爲指事，凡指事字，如刀旁加、爲刃，木下加一爲本，其所指皆有一定之處，所謂視而可識，察而見意也。玉之瑕刟，可左可右，可上可下，亦安有定處乎？或以爲、者，今之點字，點即瑕刟之謂，是爲會意。果爾，又當云從王從、，不當云從王有點也。曰從王有點，固不以、爲字矣，然則段説於六書無一合也。

大抵段氏之勇於改篆者，其故有三：小司馬述摯虞説，明引《説文》珨字解義，一也；《廣韻》玉、珨皆訓朽玉，明爲一字，二也；《玉篇》玉、王二文相次，而珨字列於部末，極似孫强、陳彭年輩所增，三也。不知玉者，王之隸體；王者，又玉之俗體。《佩觿》云："玉有欣救、魚録、息足、相逐四翻，俗別爲王。"是郭忠恕固謂玉、王之本一字矣説本《匡謬》。至《索隱》所引《説文》，則不無可疑，《説文》無言音之例，何以改讀若作音？可疑一也。如所引《説文》，玉下當有人姓二字，《説文》稱人姓者，《女部》最多，因姓是人之所生，見姜、姬等之所以從女。玉之爲姓，經典不見，此何以稱焉？可疑二也。畜牧，依《説文》本作嘼，不當作畜，可疑三也。竊疑此當出舊人音，《説文》之書，如《音隱》之類，段氏據以改篆疏矣。曰："然則朽玉之解，當爲治玉，如桂氏之説歟？"曰："是又不然，段氏之改篆形非也，其説篆義是也。"朽玉蓋朽敗惡玉，如今出土之玉，爲土所蝕，俗呼糉眼者。《玉篇》"珨"下云"朽玉也"，此珨之本義。"玉"下云"玉工也"，此玉之引伸義。石之美者謂之玉，因而治玉之工謂之玉，《孟子·(公孫丑)[梁惠王]》篇所云"玉人"也，段云瑕玷。雖非朽字的解，大致近是。如桂氏説，則篆當作玉，不作珨矣。讀段書者，須分別觀之。

《史記》世家首太伯
列傳首伯夷崇讓論

葉筠軒

利者，天下之命之所由生，亦即天下之命之所由死。平治亂得失，莫不基之，夫亦曰義與不義而已矣。依義以求自然之利，天地固無盡藏也，何嘗不以厚民生者爲貴？如不以義，則凡上之所趨者，皆下之所爲的也，有誘民於寇攘姦宄，以致天下之敗壞決裂耳。爾胥天下之人，羣而趨於不可救藥之途，曷怪家庭骨肉、父子兄弟之間，類多慝德，因而漸推漸暨，越朝廷而干名分哉？故正人心風俗之原，必自王公大人示民之不以利始，此子長作史所爲以太伯、伯夷系世家與列傳之首之微旨也。

夫世之論斯二者，鮮不以爲闡幽表微，發揚讓德，子長固嘗自言之矣。嗚呼！是謂能讓。古人用心，僅僅如是止乎？傳古人之心者，亦僅僅以是止乎？是不然矣。夫太伯之讓，非讓周而實讓商，前人言之備矣。伯唯不以利商爲心，故委而去之，又知其勢之不可以已，姑以己不與焉者，冀或默以挽之。勢之不可以挽者，吾無如何也，得有而吾不有，一時雖不使人知，後世必有知吾意而表暴焉者。而凡有天下之不足爲利，可以吾爲之率，此太伯之所以教天下也。

若伯夷之所處，則又有同而異，異而同者。伯不與所讓偕逃，夷實與叔齊竝逸，同而異也；伯以不自利天下者隱喻後世，夷以不宜利天下者明阻周君，異而同也。抑亦有進焉者，天下之事雖不得自我而阻，君臣之義猶得借吾言而伸。吾發吾言，俾雖西伯之賢，且疑於有利天下之迹，後之不若西伯而託於西伯者，自無可解免，而亂臣賊子或有所懾，而少弭其機，此伯夷之所以教後世也。而子長乃分冠之世家、列傳。

嗟乎！務利之戒，可不豫哉！漢武侈心北方，罷耗中國，史公知卜式、桑、孔之徒固將環視而起，俾言利之害延及後代，天下之禍不可終極，特借一人之私史以示微意。而於世家近次以太公，於列傳連及以管晏，見夫齊俗夸詐尚利之非，所謂以彼形此，得失倍著者也。又於《游俠》《貨殖》晰輕財重貨之是非，皆所以足乎此意。淺得寡識之士，乃議其退處士而進游俠，誣哉！夫自春秋以迄戰國，自上下下，無一不日鶩於利者，唯孔孟以仁義折之，人心之不死，實存什一於千百。史公欲竊比孔孟所為，於言利者加深惡而痛絕焉，則益可知。參孔子於世家，入孟子於列傳，猶是意也。不抉明史公此旨，致利之為害未有窮期，宜乎墜官方，喪民志，忘君父，而暱仇讎，皆恬然不以為怪也，悲夫！

王文勤公祠補梅記

林羣玉

同治丙子，大水發於建溪，一晝夜會城皆災。時西湖淤塞，塘壩盡為水決，而寶應王公所建之致用堂及十三本梅花書屋當水之衝，亭榭欄楯一時盡圮。明年又水，當事者遂議遷致用堂於道山之麓，營度地勢，甫竟，王公薨於位。歲終堂成，祠公於堂之東偏，階除環植梅花，仍公志也。於是，公之梅花書屋三見於閩中。今所存者，惟繪春園差完好，有公手署齋額在焉。西湖則丹漆灰敗，庭草荒穢，寒風振瓦，吟蟲自聲，梅樹亦零落無一存矣。

祠中梅花非公手植，然諸生月輒會課於此，愛惜摩撫，有甘棠之思焉。花時，輒挈壺觴聚於祠下，遠望諸山，如巨鯨聳脊，直趨海門，老翠荒青，接於几席之上。朔風驟起，則襟袖皆花片也。飲酒樂甚，因相與追嘆樓村先生之盛德，而公之能承其家學也。宦蹟遍於閩粵，梅花為之增色，公之培植士，類猶此花矣。

吾師枚如先生既歸自白鹿洞，之明年，主講是席，至則以瓣香祀公。循視堦城，見梅樹不如其十三之舊，其一蓋久枯矣。因有慨乎。十餘年中世事變易，一花且閱其盛衰，而況老成凋謝之感乎？既移名種以足之，因命諸生紀其事，羣玉遂選記以進。

王文勤公祠補梅記

王元穉

　　王文勤公撫閩之明年，創設致用書院，以課通經好古之士，閩士於是乎知嚮學。公行部所至，輒植梅十三本，以張其先德樓村先生故事。公往矣，後人於公祠植梅，如公自植之數，庶妥公靈，爲公所心喜。梅凡十三本，今春枯其一，吾師枚如夫子主講是席，因補植之。

　　憶昔致用初創時，公親課諸生，如家人父子，擷一嘉蔬，饋一珍果，輒分餉諸生。歐齋林師至，徵爲題詠，如中丞菜、謝中丞惠柑者，酬唱四方，互爲傳誦，今其風渺矣。昔歐陽公於錢文僖公之好客，嘉花美樹，飲酒博奕賦詩，事後流連，尚不勝其慨嘆，況如公之清德碩望，震耀寰區，愛士之誠，出於藏寫，撫公之樹，拜公之祠，能無流涕哉！

　　祠梅非公所手植，十年以來，已枯其一。然則公之教養吾閩，與夫樹木樹人之計必若何。而追踪繼武，弗替緜延，由是以思，吾師所補，又豈一梅已哉！公嘗於翰林院署補竹，自鑴小印，爲“玉堂補竹生”，迹類好事，以補梅論，殆亦公所嘉許也。

王文勤公祠補梅記

林壽圖 擬作

　　同年高郵王文勤公，其先世樓村殿撰未第時，書屋前楹置梅花十三本。公開藩粵東，葺應元書院，種之如其數，肄業生梁君旋以第一人及第。及撫閩，拓西湖書院故址，闢致用堂，踵故事，仍植梅，延余課士治經其中。余去，公歿，遭水患，堂圮，遷於烏石山麓，爲致用書院，左爲公祠，種亦如之，非其舊矣。今春，吾友謝枚如侍讀主講席。侍讀故與公善，求所書扁曰"十三本梅花書屋"者，得之廚舍。謁公祠堂基之下，梅萎其一，因補焉，率諸生爲記以示余。

初經營畚鍤，公與余謀，余爲增築藏書樓、望湖亭、景賢堂、漢詁齋，引湖水注之方池。齋之後，堂之前，橫斜水上者，梅也。召生徒，設飲饌，瀹薯葉爲羹。余命之曰中丞菜，爭賦詩紀事。距此十有三年，從侍讀游者，猶有昔時同學在，能記憶否耶？俗稱梅爲魁，謂公以是誘學者。余聞公名堂之義，蓋在通經。王氏世以經術顯科名，特一時進身之階，而措施於國家治理之純駁，準乎術業之淺深。漢策賢良，董仲舒、公孫（宏）〔弘〕皆舉首，而曲學阿世，（宏）〔弘〕爲轅固所譏。今春秋展祀，入門升階，梅左右列，若翼以趨。公式憑其上，他日廷對，當端所向，以慰公之靈矣。夫時不可留，而物無不朽，獨遺愛之在人心。事過境遷，欲相引於無盡。

昔之迴廊複榭，列植交陰，而白露蒼煙，委荆棘矣；昔之倾崖頹壁，垂藤叢蔓，而清芬古韻，達巖廡矣；昔之嘉賓賢主，撫樹臨流，而酌卣焚燎，判幽顯矣。侍讀不忍一梅之殘闕，其寄樹人於樹木，俯仰有遐思乎？況余久故能勿追曩歡，敘緣起而深今昔之感也。

王文勤公祠補梅記

謝章鋌 擬作

寶應王文勤公祠，在道山之麓，致用書院之東偏。其庭有梅十三株，不知何時萎其一。今春，余主講席，乃補種焉，並修舊扁所謂

"十三本梅花書屋"者，懸其中。

先是，書院在西湖，疊遭水患，乃遷今所。既無書屋，梅亦不盡舊物，特愛公者，留其意而已。而公之所以種梅置書屋，則修其先德樓村殿撰故事也。梅俗稱花魁，而樓村大魁春榜，梅若爲之兆，公以是爲諸生祝耳。余竊思吾閩之梅，若會城之籬山，連江之青塘，永福之瀨溪，崇安之上梅、下梅，盛者不下千百樹，然種者大都利其實耳，而品之良楛不問焉。若臺榭池亭之所蓄，則多購於近郊之花市，當其棄擲空山之中，埋没荒園之側，雞圈豚栅之薰蒸，田夫野老之摧折，寒煙蔓草，塊然無伍，梅亦不自知後來之果何位置也。一旦忽有若惜若慰，遴選之，調護之，去塵垒，就清淑，引而登之經史揖讓之區，梅乎，不亦遭際之厚乎！乃又洪水災之，壓於泥沙，毀於頹垣敗瓦，幸而留者，幾如碩果，抑何其成材之不易也！然則心焉數之，惟恐其或缺焉。謂非人情也哉！

書院面南，崇山環抱，襟江帶海，山川所鍾育，雨露所長養。登高左右，望叢綠無隙，而其中最多者爲荔子。薰風吹夏，丹實滿樹，上自士大夫，下逮賈豎，車馬酒肉，趨炎而奔，大抵爲荔忙耳。未聞霜嚴霧黯之天，有訪梅而來者，意者舍祠以外，固無地以容吾梅者乎！抑吾聞之，昔范忠貞祠前有梅一，或曰是宋人之遺也。異類逼處祠內，不數年，梅竟憔悴死。嗚呼！是梅也，其可與忠貞比烈矣！今此十三株者，幸附文勤之宇下，接葉交柯，相餉以幽香，庶幾其勿忝文勤哉。嗟乎！西湖之梅，非樓村之所及知，祠內之梅，又非文勤之所及料，然其爲梅則一也，臭味詎有差乎！

余與文勤舊相善，余來，文勤有靈，必念余，即不念余，亦不能不念此十三本之梅也。系以詩曰：

抱節孤立，天地已寒。彼美云遠，誰與盤桓。

成耶毀耶？莫測其端。新耶故耶？永與爲懽。

茲堂雖陋，俎豆孔安。祝梅不朽，慰我名山。

光緒甲申，執經白鹿洞，見先生坐間懸揭字扁曰"十三本梅花書屋"，意先生自揭云耳，未敢請也。丁亥，介來鼇山書院，與樂平人士相切劘。先生適於是歲主閩省致用堂講席，書來示以所作《王文勤公祠補梅記》。受而讀之，然後知是扁所由來，則以歎文勤用心之美且摯，而先生之學固無在而不可見也。寶應王氏，世有達人，氣節事功，後先相望，而其起家，乃以經術。文勤治閩，創立書院，專以經術造士，而顏之曰"致用"，其知所本矣。且修其先德樓村殿撰大魁春榜故事，而植梅以爲諸生兆。其意殆欲學於是間者，皆通經足用，不愧科名，如其先德而後快於心也。名臣舉動，其意誠，其事韻，有如是乎？

先生舊與文勤善，當書院初建時，所立條規，實與其議。今來主講席，莫於祠下，故人杯酒俎豆，維馨其心。文勤之心而致祝於多士，並以寄其無窮之望者，將一於十三本之梅寓之，則夫重惜其萎而補種之，固實有不能自已者乎？先生道德文章，蔚爲海內耆碩。其學務袪門戶之見，要以治經而達於當世之務。論治則取荀子之言曰：法後王而必以近人情爲歸宿。生平最篤於道義之交，與人投分，或數千里之遙，數十年之久，偶有所觸，無不感念欷歔，低佪欲絕。

曩在白鹿洞，介嘗録藏先生詩文集十數卷，中間本其好善之量，以抒爲懷舊之思者，往往而是。今讀此記，回思鹿洞坐中所見，益恍然先生於文勤，蓋行坐如或見之，並有非語言文字所能及者。乃今得成文勤之意，以爲多士告也。先生之用情，抑可謂至焉者矣。夫情發於性，用之得其所，而至焉，則直達乎天命之原。先生之用情，即先生之所以爲學也。學者知先生之所以用情，反諸身而實體之，則心術日以厚。心術厚，則經術決不至流弊，以爲斯世詬病。將所謂接葉交柯，相餉以幽香者，忽不自知其學之成，而可以勿恭。文勤如是，以質於先生，則庶幾無疚於志也。若乃人才之消長，義利之區分，託物以寄其嘅者，一篇之中，尤三致意焉，可謂深切著明，而足以發人深省者矣。介雖不敏，願與學先生之學者共勉焉。受業清江黄介謹跋。

《書‧顧命》室制面位考

高涵和

此篇傳、疏多誤"庭"爲燕朝之庭。《周禮‧太僕》"王眡燕朝，則正位，掌擯相"，後鄭注"朝於路寢之庭"是也。《左氏》成六年傳"獻子從公立於寢庭"，《論語‧鄉黨》疏云"孔子與君圖事於庭"，皆以燕朝言。天子諸侯治朝外朝並有庭無堂階，惟内朝有堂有階，故知朝爲燕朝無疑。

南門者，公宫之正門，門上有臺，即《逸周書》所謂庫臺也。庫臺因庫門而得名，疑南門即庫門，非路寢之門也。當時子釗雖侍王左右，然當王崩之後，太子不得與諸子等列，故必出就外次，然後迎入喪次。孔傳殊之之説雖合，但不當以南門爲路門。翼室即東夾室，王鳴盛説是。傳以爲明室，明室二字，經典無徵。且宅憂諒闇，以闇爲義，何以言明？据下文由賓階升，是必先處東夾，後乃適西序，由西階升耳。變夾言翼者，以康王新爲喪主，未有倚廬，且爲羣臣所翼戴故也。宬在户牖之間，牖間即户間，當宬前之地，言牖不必言户耳。古人宫室之制，東楹鄉户，西楹鄉牖，正枢於兩楹間，宬亦當兩楹適中之地。但楹近堂南，宬近堂北，盡堂上二筵之地，或曰中堂，或曰當阿。後鄭注《儀禮‧士昏禮》《聘禮》並云"入堂深"，即其地也。東西牆謂之序，序者牆之别名，自房而南至於楹内，均可以序稱之。東西序則序别内外之所也。牆外即夾室，夾室乃隱映之處，東夾不通東房，西夾不通西房，中有壁以隔之。邵晉涵《爾雅正義》、江慎修《鄉黨考》説是，足正孔傳以西房爲西夾坐東、東房東廂夾室之誤。東房亦謂之左房，《儀禮·鄉飲酒記》薦“出自左房”是也。西房亦謂之右房，《儀禮·聘禮》賓“退負右房”是也。東房無北墉，有北堂，北階制與西房異。不言東夾者，東夾爲康王所居，神以西爲尊也。賓階即西階，阼階即主階。是時康王未受册命，不敢爲主，故升自西階。賓之云者，猶諸侯西一門，謂之賓門是也。門側之堂謂之塾，塾在堂塗之南，築土爲之，《詩·絲衣》篇所謂“徂基”即此，《毛詩故訓傳》以基爲“門塾之基”是也。畢門即路門，門畢於此，故名。《周禮》謂之虎門，師氏“居虎門之左，司王朝”是也。堂廉曰阰，言阰則在堂上，無立在堂下之説。賓階之西一人，賓階之東一人，是之謂夾。推之阼階亦然。東堂西堂，猶言堂東堂西，非東西廂之前別有堂也。垂，邊遠也。堂南曰阰，堂東西則謂之垂，垂亦以堂上言。側階，堂北之階，直左房之地，故謂之側。廟門在應門外，非殯之所處也。天子三朝，治朝在應門内，外朝在廟門外。王出應門内，由燕朝出治朝也。諸侯出廟門俟，將由外朝入治朝也。考受册之儀，王自南門入，經廟門外，入應門，又入畢門，經寢庭，入翼室，至受册方升階。此柩前即位之儀也。

室制自外而内，門側有塾，自塾而上爲塗，塗北直階，堂南兩階，有賓階，有阼階，無路寢三階之説。堂東西北各一階，東西階在正中，惟北一階在側。堂上設扆，扆在牖間，負牆爲序，序外爲夾，序北爲房。塾近庭，《儀禮·聘禮》：公揖入，立於中庭，賓立接西塾。序進階，《儀禮·聘禮》：公升側，受几於序端。夾近房。賈公彦《儀禮疏》：東夾之北，通爲房中。説雖未碻，足爲房室相屬之證。此《顧命》室制之大略也。

《書·顧命》室制面位考

黄 增

《顧命》一篇，言室制面位者，惟鄭君之説爲確。僞孔氏之謬，不一而足。因一篇之中，有複名，有別名，讀者或疑其非複非別，又於非複名而疑其複，故鄭、孔之是非莫辨。試即經文詳繹之，而證以羣經，知複名、別名與非複名之確無疑義，則鄭、孔之是非定矣。

《鄭志》答張逸云：“成王崩，在鎬京。鎬京宮室，因文、武更不改作，故同諸侯之制，有左右房。”鄭以此篇所言在路門内之路寢，則篇中之南門、畢門、廟門均以爲路門可知。王氏鳴盛云：“經文門凡三見，曰逆子釗南門外，曰立于畢門之内，曰出廟門竢。一指其地位方向而言，一指門畢于此而言，一指殯所而言。”解最明晰。此可由鄭意推之，而知其説與僞孔合，均謂南門、畢門、廟門爲複名，而非有異義也。庭爲路寢之庭，宬與牖閒爲户牖之間，賓階、阼階爲西階、東階，左塾、右塾爲路寢門側之堂，坫爲堂廉，應門内爲治朝，此顯然易知者。鄭與僞孔亦非有異義。

僞孔所以舛者，以不知翼室爲東夾之別名，故不得側階之解；以不知西夾、東夾非西房、東房之複名，故誤解西房、東房。因於西序、東序、東堂、西堂均不得其解，而其言東垂、西垂亦未甚分析。僞孔訓翼室爲明室，堂可言明，室不可言明。且王疾甚，而發《顧命》在路寢之正室。方崩而未斂之時，延嗣王入居憂，爲天下宗主，而即在陳尸之所，揆之於理，必無之事。翼取烏之翼爲義，必非居中可知。劉熙《釋名》云：“夾室在堂兩頭，故曰夾也。”王氏鳴盛以爲翼室即夾室，周人殯於西階之上，既殯在西，則宅憂自當在東。

更以下文設四坐參之，有西夾無東夾，以康王方居東夾故，則翼室在東無疑。鄭之訓翼室無考，其解側階云"東下階也"，惟王之居憂在東，故東之側階獨設兵衞，而西無之。是王氏翼室之訓，正合鄭意。

案《公食大夫禮》："大夫立於東夾(前)[南]。"鄭注："東於堂。"賈疏："序以西爲正堂，序東有夾室。今立於堂下，當東夾，是東於堂也。"賈所言殊未分析。序以西爲正堂，序東有夾室，特據東序言之，而不可以該。西序立於堂下，當東夾，特言其相當。其實東夾之前，非即堂下。覲《禮記》鄭注曰："東廂，東夾之前，相翔待事之處。"《特牲饋食禮》鄭注曰："西堂，西夾之前。"賈疏曰："即西廂也。"是東夾、西夾在東序、西序之外，東堂、西堂之北。鄭説炳然可据。《士喪禮》："死於適寢，主人降襲絰於序東。"鄭注："序東，東夾前。"士死於適寢，而主人襲絰於東，亦足爲王崩於路寢，而嗣子居憂於東之證。《雜記》："夫人奔喪，升自側階。"鄭注："側階，旁階。"《奔喪》："婦人奔喪，升自東階。"鄭注："東階，東面階。"《雜記》與《奔喪》文合，則側階當亦東面階。蓋貴賤之禮雖異，未殯以前，居憂者皆在序東，婦人之奔喪者，必先詣居憂之人，而後至喪所，故從東面階升。孔以側階爲北階，由昧於翼室之訓也。翼室之解明，則側階之解自明矣。《釋宫》："東西牆謂之序。"郭注："所以序別內外。"蓋堂與夾室，以此牆隔之。《公食大夫禮》："宰東夾北西面。"賈疏："位在北堂之南，與夾室相當。"經文於東夾言北，非即東房可知。賈疏謂："北堂之南，與夾室相當。"亦未審北堂乃室之別名，不與夾室相當。《特牲饋食禮》："豆籩鉶在東房。"鄭注："東房，房中之東，當夾北。"然則東房以東當東夾之北，西房以西當西夾之北，審矣。鄭之注《儀禮》東夾東房，西堂可取以補《顧命》之注。《鄉射禮》："賓與大夫之弓，倚於兩序，衆弓倚於堂西，矢在其上。"鄭注："上堂西廉。"蓋東西序之廉上，其餘地皆爲垂。孔以序爲東西廂，以西夾爲西廂，夾室之前，以西房爲西夾，坐東東房爲東廂，夾室以東堂、西堂爲東西廂之前堂，由昧於夾室之訓也。其解東垂、西垂爲東西堂之階上雖不惧，而不知東西堂在序外，則其於東西垂之界限，亦未必了然於心。夾室之解明，則凡西序東序、西房東房、東堂西堂以及東垂西垂之解亦明矣。

釋 著

高涵和

著作之"著"，《説文》未見。徐氏謂本作"箸"，鈕氏謂即"藸"之省，然否？抑更有當作之本字歟？

"著"字古當作"署"。箸訓飯，薂藸爲艸名，於著作之義，均難傅合，無由叚省。段玉裁云："古祇作者，者，別事眚也。"別之，則其事昭焯，故曰者明俗改爲著明。別之，則眚與事相黏連軵麗，故引申爲附者爲衣者，俗皆作附著衣著。其説原非無見。惟許君既以者爲眚，與著字有虚實之辨者，非著明矣。《説文》"箸"字，多見於説解中。如《聿部》"書"下云："箸也。"《中部》"微"下云："以絳帛箸於背。"其《自叙》亦云："箸於竹帛謂之書。"然安知非徐氏所竄易。鈕氏之説，固嫌無據，即徐説亦未爲精愃也。考漢語知"著"即"槳"，楬、槳二字連文。《説文》："楬，楬槳也。"後鄭《周禮》注云："今時之書，有所表識，謂之楬槳。"字本作"槳"，解均作"著"。《酷吏傳》云："瘞寺門垣東，楬著其姓名。"後鄭《周禮》"泉府"注云："楬，著其物也。""職金"注云："楬書其數量，以著其物也。"可知槳、著同字。《説文》不列槳篆，疑槳字本以署爲之字，从者爲別事之眚，分別部居，不相雜厠，是著明之義。又从网，各有所网屬，是附著衣著之義。古祇作署，漢後作槳，古人原無著作文字之興，用之於書契。

《网部》既列署篆，可爲著於竹帛之通稱，不必更叚箸、藉等篆，爲著作之專稱也。

《詩》"周行""周道"通釋

陳鴻章

"周行"《詩》凡三見，"周道"《詩》凡六見，毛傳隨文立訓，不執一義。箋或從毛，或不從毛，或即用毛以破毛，當各即本文繹之，而傳、箋之得失始見。

《卷耳》"寘彼周行"，傳云："寘，置；行，列也。"思君子官賢人，置周之列位。箋云："周之列位，謂朝廷臣也。"據襄十五年《左傳》："君子謂楚於是乎能官人。官人，國之急也。能官人，則民無覦心。""王及公、侯、伯、子、男、甸、采、衛大夫各居其列，所謂周行也。"文則毛傳皆本左氏説，與《序》"求賢審官"義合，箋從之是也。乃於《鹿鳴》"示我周行"，《大東》"行彼周行"，亦皆據《卷耳》毛傳以釋之，求之經恉，深有未安。案《鹿鳴》序云："燕羣臣，嘉賓也。"然則篇中所云嘉賓或云人者，皆指羣臣言，故傳不以周行爲周之列位，而以爲至道。若如箋所云："人有以德善我者，我則寘於周之列位。"似以"人之好我"二句爲勉勵嘉賓之詞。夫既以嘉賓爲羣臣，則已在位矣，何待此始云寘於列位耶？如以人爲不指嘉賓言，則次章、三章所云"嘉賓式燕以敖""以燕樂嘉賓之心"，皆收到嘉賓身上，何獨於首章之末，必推開説耶？足知曰賓曰人，特便文通用，無異義也。且此章云"示我周行"，下章云"德音孔昭"，義本相承，自以傳説爲長。

鄭注《禮記·緇衣》引《詩》，以爲"示我以忠信之道"，注《鄉飲酒》《燕禮》，云"嘉賓示我以善道"。鄭注《禮》時，未見《毛詩》，其説乃與毛合。此蓋本之三家詩，至此又執《卷耳》傳而遷就求合，亦已固矣。至《大東》"行彼周行"，毛雖無傳，然上文言"葛屨"，言"履霜"，下文言"既往既來"，則此"行"字自指道路言，《楚辭》注引作"行彼周道"可證。鄭亦以爲周之列位，云"送轉餫"，因見使行周之列位者而發幣焉，義近迂曲。且既發幣行使，則自有七介、五介之禮，斷無一人獨行之理毛訓佻佻獨行兒。知鄭雖用毛義，非毛公意也。毛於"周道"有二義：一以爲道理之道。《匪風》"顧瞻周道"，傳"下國之亂，周道滅也"，箋云"周道，周之政令也"。一以爲道路之道。《四牡》"周道倭遲"，傳"周道，岐周之道也"。《小弁》"踧踧周道"，傳"周道，周室之通道"。兩訓輒異者，以"匪風發兮""匪風飄兮"，既皆非有道之象，則此句自指有道言玩卒章"誰將西歸，懷之好音"，西歸指成周言，好音指有道言，皆亂極思治之辭。毛公以"周道在乎西，懷，歸也"釋之，即證實"顧瞻周道"之意。《韓詩外傳》所云當成周之時，其風治，其樂連，其毆馬舒，其民依依，其行遲遲，其意好好，故詩曰"顧瞻周道"云云，亦與毛公同義。若《四牡》則上言"四牡騑騑"，下言"倭遲"，《小弁》"踧踧周道"下句明云"鞫爲茂草"，並就道路託慨，與《匪風》迥不相同，故並依文解之。《大東》"何草不黃"，毛並不爲周道立訓，亦以其義隨文見，無待訓釋也《大東》"周道如砥"，傳云"如砥，貢賦平均也"。則固以周道爲周貢賦之道矣。此可以《匪風》之周道推之也。《何草不黃》之周道，則與《四牡》《小弁》同。

總之，毛之言周行周道者，雖不盡相符，其實《鹿鳴》之周行與《匪風》之周道並就道理言，《大東》之周行與《四牡》《小弁》之周道並就道路言。獨《卷耳》則兼用左氏義，其間周或爲岐周，或曰周室，或爲至，皆不墨守一義，務求經文之安，此所以爲通儒也。

《禹貢》用"會同""朝宗"字説

陳鴻章

《禹貢》於水所經處，用字各有至義。順流曰浮，因水入水曰達，水所停曰豬，合流曰入。有單言會者，有單言同者，獨於兖州用會同二字，荆州用朝宗二字，自是特筆。鄭於"灉沮會同"注云："雍水、沮水相觸而合，入此澤中。"於"江漢朝宗于海"注云："江水、漢水，其流遄疾，又合爲一，共赴海也。猶諸侯之同心，尊天子而服事之。荆楚之域，國有道則後服，國無道則先疆，故記其水之義，以著人臣之禮。"案：鄭君此解，深得當日立言之意。惟朝宗既取諸侯尊天子爲義，不容會同二字獨以合訓，知會同、朝宗並取諸侯朝於天子爲義。《周禮·大宗伯》"春見曰朝，夏見曰宗""時見曰會，殷見曰同"，百川於海，有君臣之義焉，故取以況之。或疑會同、朝宗之名，至周始備，夏后之世，不必定有此禮。其言會同者，不過取會合之義；其言朝宗者，不過取潮水歸海之義。不知"羣后肆覲"見於《虞書》，"四海會同"篇末再見。且三綱五常，禮之大體，殷因乎夏，周因乎殷，不得謂此兩處之會同、朝宗爲别無深意也。

經於九州中，惟此二州特言會同、言朝宗者，一是九河所聚以入海，一是九江所聚以入海也。知兖州爲九河所聚以入海者，以上文先言九河既道，篇末復總結之云："導河積石，至于龍門；南至于華陰，東至于底柱，又東至于孟津，東過洛汭，至于大伾；北過降水，至于大陸；又北，播爲九河，同爲逆河，入于海。"然則"灉沮會同"者，蓋會同於九河以入海，衆流匯萃，有似於諸侯之會同，故因以見義。若但灉沮兩水相合，則亦如渭汭之言會可耳，何必復加同字乎？知荆州爲九江所聚以入海者，以下句明言"九江孔殷"，篇末亦總結之云：“岷山導江，東別爲沱，又東至于澧，過九江，至于東陵，東迤北，會于匯，東爲中江，入于海。”則江漢朝宗于海者，亦壓揟過九江之後而究言之。江大河小，故取喻大小亦略有差別也。《詩·沔水》云：“沔彼流水，朝宗于海。”傳云：“沔，水流滿也。水猶有所朝宗。”箋云：“水流而入海，小就大也。喻諸侯朝天子，亦猶是也。”是朝宗鄭説本自毛義，其來甚古。會同之説，漢儒雖無明文，正不難隅反也。

《楚茨》解_{首章至三章}

黄元晟

《楚茨》，天子祭禮也，故鄭解君婦爲后。毛必引《少牢》雍爨、廩爨，《有司徹》内羞、庶羞。少牢，祝告利成者，非以此爲大夫禮，因天子諸侯禮亡，特舉《儀禮》節次以明之。觀少牢無牛，而此云“絜爾牛羊”；少牢無祊，而此云“祝祭于祊”；少牢無樂，而此云“鐘鼓既戒”“鼓鐘送尸”“樂具入奏”可知。第《楚茨》凡六章，四章言尸嘏主人，五章言既祭而徹，六章言既徹而燕，其文皆次，惟前三章不然。然細爲繹之，首章是渾舉之辭，次章“祝祭于祊”言朝踐，三章“或燔或炙”言饋食。先朝踐，後饋食，以二者正祭之節。抽出言之，其餘剥亨，本薦熟時，因上牛羊而繼言；賓客本繹祭事，因上豆庶而繼言；獻酬本致告後，因上賓客而繼言。雖稍參錯，其文又未嘗不次也。

《詩序》以《楚茨》爲思古之作，政煩賦重，田萊多荒，故首章先反言以見意。言古者茨棘之抽何爲？爲蓺黍稷計也。至黍與稷翼，倉盈庾億，可以爲酒食，即無不可以享祀，以妥侑“以介景福”。鄭申毛“妥安坐”，謂迎尸使處神，坐而食之；申毛“侑勸”，謂祝以主人之辭勸之；孔申鄭謂妥侑在饋食時，其實《禮經》言妥言侑者頗多。此詩首章復不過渾舉大概，似不必專指饋食言。

次章重言朝踐。"祝祭于祊"，何以知在朝踐也？毛祊門内，鄭不知神之所在，使祝博求之，即本《郊特牲》"索祭祝於祊，不知神之所在"意。祊有二：一繹祭之祊，在明日祊於廟門外；一正祭之祊，在祭日祊於廟門内。毛以祊爲門内，明不與繹祭之祊同。迎牲後將行朝踐，延尸於户内，迎尸即求神。秦氏《通考》知祊爲求神，而列其禮於朝踐未饋食前，豈知朝踐既行，神已附尸受獻矣，復安用索祭而求神？惟迎尸而祊，祊而朝踐，君親制祭，祊後行之，則但舉祝祭於祊，不已括朝踐之全哉？次章"濟濟蹌蹌"，謂助祭之臣有容也。"絜爾牛羊"，祭之牲；"以往烝嘗"，祭之候。牛羊而剝亨肆將之。肆將，毛鄭異解。毛謂肆"陳於互"，將"齊其肉"。鄭謂肆"肆其骨體於俎"，將"奉持而進"。説者以陳互、齊肉不得在剝亨後，鄭似勝毛。然剝即《儀禮》之體解、節解，亨即《禮運》之退而合亨，明屬饋食。詩既可先言於未朝踐前，則先剝亨後肆將未爲失次，正不必舍毛從鄭也。由是祝祭於祊，詔祝於室，坐尸於堂，制祭及羞嚌諸節，祀事甚明。先祖皇、神保饗，饗其行朝踐也，"孝孫有慶，報以介福，萬壽無疆"。

美辭三章，由朝踐及饋食首言。"執爨踖踖"者，毛"爨，雍爨、廩爨"。據《少牢》"雍人概鼎、匕、俎於雍爨""廩人概甑、獻、匕與敦於廩爨"，以燔炙於爨爲之，故特言執爨也。"爲俎孔碩，或燔或炙"者，毛"燔，取膟膋；炙，炙肉"。鄭"燔，燔肉；炙，肝炙"。考《郊特牲》"取膟膋燔燎升首，報陽也"，《禮器》"君親制祭"，注謂朝事取血膋時，是取膟膋屬朝踐上。"祝祭於祊"已言朝踐，此何待贅言，當從鄭爲是。鄭據《特牲》："主人獻尸，賓長以肝從，主婦獻尸，兄弟以燔從。"明彼燔與此燔同，則彼肝與此炙同。證以《禮運》"薦其燔炙，君與夫人交獻"，知薦熟當有燔炙，此但舉燔炙，亦以括饋食之全也。"君婦莫莫"者，舉君婦而君可知。"爲豆孔庶，爲賓爲客"者，毛"豆，內羞、庶羞"，"繹而賓尸及賓客"，《詩》非言繹祭，而毛言繹者，孔疏辨之最明。孔云毛"內羞、庶羞"本之《有司徹》："宰夫羞房中之羞於尸、侑、主人、主婦，皆右之；庶士羞庶羞於尸、侑、主人、主婦，皆左之。"內羞即房中之羞。《有司徹》第言賓尸，彼大夫賓尸尚有二羞，豈天子正祭無二羞？况《周官》言"天子庶羞百有二十品"，內羞當亦多。爲豆既多，不獨正祭用之，即"繹而賓尸及賓客"，亦用之不盡。毛解賓客，本推開説得孔，而毛義乃圓。凌氏《釋例》以三章爲賓尸之事，引《少牢》爲證。夫賓尸，大夫禮耳，豈天子之祭禮哉？知不泥看毛義，《詩》義乃愈圓矣。"獻酬交錯，禮儀卒度，笑語卒獲"者，鄭解交錯句，謂"始主人酌賓爲獻賓，既酌主人，主人又自飲酌賓爲醻。至旅而爵，交錯以偏。"《詩》蓋因獻醻是賓客之事，故繼賓客言以"獻醻交錯"，終之"神保是格，報以介福，萬壽攸酢"者，亦美辭。

總之，朝踐一名朝事，九獻中三獻、四獻禮；饋食一名饋獻，九獻中五獻、六獻禮，二灌。外此二節，在正祭中獨重次章、三章，詩意實準此而言。以下三章尸、嘏、徹、燕，皆正祭後事。其正祭中前後節次，即於次章、三章參錯見之。解者不明此義，又不能匯毛、鄭而通之，宜乎謂《楚茨》之詩後三章易解，而前之三章難解也。

《楚茨》解 首章至三章

陳寶璐

天子饋食之禮與卿大夫異者，有祭前之朝事，無祭日之賓尸。《楚茨》，天子之祭禮也。

一章首言酒食。凡繹祭有酒而無食，惟正祭得酒食兩兼也。

“以享以祀”承酒言，自一獻至九獻皆是；“以妥以侑”承食言，自一飯至十五飯皆是。經言妥侑，必先言享祀，明兼有朝事、饋食二禮也。然朝事之禮，始於迎尸而終於饋獻，迎尸必先祭祊。《爾雅》“祊謂之門”，有門内外二祭。

傳於二章“祝祭於祊”下云：“祊，門内也。”不曰門而曰門内，意以別於門外之祭可知。既祭於祊，由是而迎尸，而迎牲，而殺牲。啓毛取膟膋，是之謂剥；既剥而豚解，以陳於互，是之謂肆；既肆而體解爓之，是之謂將。其事皆當在爓祭、祭腥之節，而中間言烹者，以人次不以事次，固不妨旁見也。箋雖於肆、將異訓，然其釋祊祭之禮，初不自用其禮説，則鄭意亦以二章當朝踐禮，薦腥、薦爓亦載之於俎，陳俎而進之，與陳互而齊之義固相成，而非有大異也。

第三章則正言饋食之禮。“爲俎孔碩”，薦熟之正俎也。燔炙，據《少牢》《特牲禮》“主人酳尸，賓長以肝從，主婦獻尸，兄弟以燔從”，當爲從獻之加俎，此箋義所從出。傳云“燔，取膟膋”，取膟膋自在朝踐告幽全升臭之時，而文次於此者，從爲俎帶出。若云骨體與炙用之俎，膟膋用之燔，以類相及，且以補上章所未備也。由此而推之，“爲豆孔碩”，爲朝事饋食再獻之正豆，知“爲賓爲客”，亦當爲正祭羞賓之加豆。傳乃云“豆，内羞、庶羞也”，“繹而賓尸及賓客”，兼及繹祭者，亦從爲俎帶出，明正日爲之，以見其孔庶，且以補此章所未備也。讀者誤會傳意，遂並疑“獻酬交錯”爲儐尸於堂之事，不思少牢不賓尸，特牲饋食皆有主人獻賓、獻衆賓、酬賓及旅酬，無算爵之禮，而《禮記》亦有君獻、卿獻、大夫獻、士及旅酬下爲上之文，《詩》不當略而不言，則其爲正祭之獻酬審矣。獻酬爲正祭之事，則羞賓不得爲繹祭之事，抑又審矣。

大抵説《詩》與説《禮》不同，經有便文，傳有補義，皆不容過泥，而大節次則不可混。天子饋食之禮，有祭前之朝事，無祭日之賓尸，此大節次之不可混者也。近人凌氏《禮經釋例》附《楚茨考》，依少牢爲説，遺朝事而雜賓尸，獨爲謬誤，故爲辨之如此。

"璿璣玉衡"今古文述義

陳　梿

《虞書》《舜典》"在璿璣玉衡"句，今古文"璣"字不同而義亦各異。案：《古文尚書》作"璿璣"，而註則云"璣，衡正天文之器，可運轉者"。是古文字雖作"璣"而説則從"機"，蓋主儀器，以立義也。《今文尚書》作"旋機"，考伏生《尚書大傳》云："旋者，環也。機者，幾也，微也。其變幾微而所動者。大謂之旋機是。"故"旋機"謂之北極。又考《運斗樞》云："斗，第一天樞，第二旋，第三機，第四權，第五衡，第六開陽，第七瑤光。"其字亦從古文作"旋機"。然今人於斗名，謂之天璇、天璣，似皆從玉而不從木。是今文字雖作"機"，而説則從"璣"，蓋主斗樞，以立義也。

然古人文字，多有段借則從"機"而借於"璣"，與從"璣"而借於"機"。本無不可，況康成云："璿機玉衡，渾天儀也。""其轉運者，爲機。"馬扶風云："璿，美玉也。機，渾天儀也。"此其主儀器以立義，與孔氏同。以此推之，則孔氏所釋爲儀器之可轉運者，其字亦必當作"機"。前人謂古文"璣"本作"機"，沿訛作"璣"。自《唐石經》始，今文從之，非古文之舊本。理或然也。古文既作"機"，則今文之所以異於古文者，必當作"璣"，其作"機"亦必今本之誤也。然所以異同者，尚無關於大旨，惟其義之迥異，則不容不急取而正之也。

案：渾儀之説，創始於孔，而馬、鄭大儒皆因之而不改，則其説必有所據矣。竊以爲不然。夫渾天之有儀器，創始於西漢宣帝時之耿壽昌，從前無此製也。或據《春秋文耀鈎》謂"唐堯即位，義和立渾儀"，指爲占天用儀器之始，其實緯書本不足據。況徐發《天元曆理》已駁其誤，謂義和之渾儀，乃立渾天之始，非儀器也。此説最確。夫三代以前，古風尚樸，安能作奇技以製儀器者？且儀器既立，則三代之天文家亦必世守其業，何以至秦而獨亡之？秦焚儒書，此外如卜筮樹藝之書，皆未之焚。今且焚及步天之法，而使失其傳乎？況秦亦有曆，其推步皆準於唐虞三代，豈有古今所推重如渾天儀者，反任其廢墜而不之講？有是理哉！即以本文言之渾天儀器爲儀，有三重皆以銅爲環，以便於轉運。若從孔、馬、鄭三家説，以美玉爲之，不久必折，儀器亦無此製法。且儀器可以推步日月五星之度數，而知其寒暑晦逆之節，若用以齊政，並占及於胐朒離忒之差，則儀器有定法，能測常不能測變，是齊政之説，亦無所取。故凡解爲儀器者，雖衆口僉同，然其義不可爲訓也。若今文斗樞之説，則與《史記·天官書》合，其義實較勝焉。

蓋璇璣屬斗之次，三兩星爲斗之底，斗之用在底。言璇璣，取其用也。衡爲第五星，司斗之柄，斗之運在柄，言玉衡，占其運也。衡言玉者，取其色白而晶瑩也。斗之柄，隨時而移，故察之可以知氣候，而施政焉。且北斗七星，各有所主：第一曰主日，法天；第二曰主月，法地；第三命火，謂熒惑也；第四殺土，謂填星也；第五伐水，謂辰星也；第六危木，謂歲星也；第七剽金，謂太白也。是日月五星，皆主於斗，故察之而七政可齊。若夫上天垂象，聖人則之，此聖之所以奉若也，安有天象昭然，反仰觀而不能審，乃假諸機械之器以爲智者？此必無之事也。故當以今文之義爲長。

釋 琫

池伯煒

《説文》：“琫，佩刀上飾。”《詩·小雅》毛傳：“琫，上飾。”《大雅》傳：“上曰琫。”其説皆同，無可疑者。惟《左傳》杜注：“鞛，下飾。”鞛即琫，而説則相反。

案：琫之言奉也。禮，奉者當心，持者當帶。奉之義從上，則琫自以訓上飾爲是。《説文》《詩傳》固爲不易之説，《左傳》杜注素推精確，何以“鞛”字訓與許、毛刺謬乃爾？此必有可疑者。鄙意杜注“下飾”二字當是後人所增。蓋杜原文只作“鞞佩刀削上飾鞛”，上四字爲句，下三字爲句，與許、毛意正同。後人不知其爲倒句法也，且以爲有上飾不可無下飾也，遂“鞞佩刀削上飾”爲句，而於“鞛”下加“下飾”二字爲句耳。豈知“鞞”字古書只訓刀削，無訓削上飾者，“鞛”正字爲琫，古書皆訓上飾，更無下飾之訓。自杜訓一訛，而《字林》及諸韻注、《小爾雅》注皆因其失，不大謬乎！近人段氏又謂琫飾當在刀環，非在刀鞘，此亦不然。《詩·小雅》正義曰：“古之言鞞，猶今之言鞘。”鞘之飾有上下，名爲琫珌。《大雅》正義曰：“鞞者，刀鞘之名；琫者，鞘之上飾。”《釋名》：“刀室曰削，室口之飾曰琫。”《説文繫傳》：“琫，刀削上飾也。”諸書皆作削上飾，不聞作環飾解者。且《詩》“鞞琫有珌”，如段云云，是既言鞘外之環，既言環又言鞘下之飾也，得毋嫌於不文乎？琫字之義，當以上飾爲正；上飾之説，當以在鞘爲正。知杜注之訛，則毛、許之説可以明；知孔疏、《釋名》諸書之確，則段氏之説可以正矣。

附案：《詩》“鞞琫有珌”，傳：“琫上飾，珌下飾。”以琫與珌對舉，其文甚明。《公劉傳》云：“下曰鞞，上曰琫。”以琫與鞞對舉，其文難

41

知。疏申之云："下不言其飾，指鞞之體，故云下曰鞞。上則有飾可名，故云上曰琫。"竊嘗疑之。上既言飾，下何以不言飾？鞞之體兼上，下又何以獨指其下？上有飾可名，下之飾曰珌，又何嘗不可名乎？近人戴氏謂《小雅》傳珌下飾當爲鞞下飾。果爾，則先言下飾，後言上飾，又何以頻頻倒置耶？鄙意毛傳下曰鞞，對刀而言；上曰琫，對珌而言。刀在上，鞘在下，故云下曰鞞。鞞飾有琫珌，舉琫以該珌，而琫爲上飾，故云上曰琫。《小雅》傳詳明，《大雅》傳簡古，其實初無二義也。《名物疏》以爲矛盾，謬矣。故並及之，以明讀毛傳之法。

賈山涉獵不爲醇儒論

黄　增

志慮之用，苟得一，受教之人可使之能得於教者也；神明之用，僅得一，受教之人未可使之能得於教者也。學者豈舍志慮，而有所謂神明哉？然而志慮之用在一時，而神明之用在畢世。夫賢祖父之於子孫，其教之勤也必矣。天下不皆不受教之人，宜乎子孫之如其祖父者恒多。乃醫卜之技精者，輒世擅其名，儒之爲道訓詁，每傳爲家學。至於以著作稱者，自眉山蘇氏外，罕有其人，其進而益醇者，尤鮮。史稱賈山之祖父爲博士，山受業於其祖父，涉獵書記，不能爲醇儒。夫乃知志慮之用，祖父能責之於子孫，而神明之用，祖父不能責之於子孫也。且非獨不能責而已，持之太迫，而不優游以俟之。柳子厚所謂急則敗焉者，此之謂矣。嗟乎！子孫之克如祖父者，儒之中不多覯也。非獨其質爲之，抑亦專心致志之，有所不及也哉。

《六月》美尹吉甫武功
詠及張仲孝友説

高涵和

此詩之意，毛傳二語盡之。使文武之臣征伐，與孝友之臣處内，吉甫之功，亦張仲之功也。不有居者，誰守社稷？不有行者，誰扞牧圉？是時周召既老，特使張仲處内，王率六師親行。詩首章、次章並云“王于出征”，是其證也。王至涇陽，玁狁已遁，乃使吉甫逐北，詩云“至于太原，文武吉甫，萬邦爲憲”是也。前建日月之常，後但建錯革鳥之旂，可知王不出太原，出太原者，惟吉甫。吉甫自鎬来歸，王以燕禮勞之，論居守之功，則張仲爲大，論逐北之功，則吉甫爲多。故吉甫與張仲並多受祉，不然論吉甫諸友，非止一人，詩何以獨舉張仲哉？

讀《小雅》《大雅》諸篇，作詩者不嫌自名，以示美刺之意，此詩非張仲所作，故稱孝友，非“家父作誦”“吉甫作誦”之類。自附名於篇末者，所得比《崧高》之詩曰“維嶽降神，生甫及申”，褒賞申伯，而兼述甫侯。明申伯在宣王之世有功於周，猶甫侯在穆王之世有德於民。申甫皆四岳苗裔，爲周室懿親，因元舅而並及之耳。尹氏至吉甫而始大，張氏至仲而始興，既非世臣，又非外戚，詩何爲並舉？可知北伐之舉，張仲與有力焉。侍飲宴者非止張仲，而張仲亦論功行賞，所必及也。

藝祖證義附案

李　錦

《説文》無"禰"字，大徐列於新附，云親廟也；小徐列於禫下，云秋畋也；而申之云獵者，所以爲宗廟之事。又祖禰也，考《犬部》，獮秋田也。鍇意"禰""獮"同音同義，則祖禰非許書本義，不過以己意申之耳。然則《説文》本無此字，可於言外得之。段氏謂"禰廟"本作"邇廟"，然各經傳無作"邇"者，謂"禰"取"邇"聲義則可，謂"禰"即"邇"字則不可。桂氏詳引"禰"説，謂當列《示部》，從爾聲，義兼明，可補本書之闕。抑知作"禰"字者，正泥字，當從示耳。許君當日所見經文，凡作親廟解者，必不作"禰"，故未收之，不得斷爲闕文。

竊意《高宗肜日》"典祀無豐於昵"，馬注："昵，考也，謂禰廟也。""昵"似即"禰"之本字。《爾雅》"即，尼也。尼，定也。邇、幾、暱、近也"，《釋文》"尼本亦作昵"，《説文》"暱或作昵"，云日近也。則"尼""暱"與"昵"字同，其義爲近，與"禰"正合。蓋祖爲始廟，祔付也，付於廟爲"祔"，就於廟則爲"即"，既即於廟則謂之"昵"，與入廟稱"禰"同義，故云"即，尼也"。即廟之後，名分乃定，故又云"尼，定也"。要之本義則實爲近，故又云"邇、幾、暱、近也"，其釋昵非即釋禰而何？幸《尚書》猶存一"昵"字，以留經文真面，更有《爾雅》釋暱之詳，與祖也義相次。於此見《説文》既有"暱""昵"之字，斷不必再有"禰"字也。自後人制從示之"禰"，習用既久，而本義罕有識者，茲因"藝祖"當作"禰祖"，故附詳"禰"之本字以備考證。若《詩》"飲餞于禰"，《韓詩》"禰"作"坭"。《易》"金柅"，《釋文》引《説文》作"檷"，讀若"昵"，足爲尼聲爾聲字通之旁證者，尤其顯云。

《禮記義疏》於《中庸》《大學》兩篇並列註疏章句不加案語説

黄元晟

《禮記義疏》中，篇末節末多有案語，而《中庸》《大學》兩篇獨無者，非不欲案也，無可案也。凡加案語者，必就前人成説而斷其是非，或正其謬，或補其闕，特欲以此例施之此兩篇實難。謂紫陽畢生心力盡在此書，將左袒章句乎？然《禮經》拾於秦火之餘，點書訓詁之不明，何以見其所傳者遠，則註疏之功不容没。謂鄭、孔竭力校讎，不遺一字，將左袒註疏乎？然兩篇與於四子之列，理解脈絡之不審，何以知其所蘊者精，則章句之説可並存。蓋註疏章句，合之則兩美，離之則兩傷。其首列註疏者，尊古本也；其次列章句者，尊功令也；其並列註疏章句者，既不敢以章句掩註疏，復不敢因章句而雜採諸家，揭其要而持其平，慎之至，公之至也。至不加案語之意，靈皋方氏總敘内詳言之矣。夫《禮記義疏》合之《周官》《儀禮》，謂之《三禮義疏》，其例本無不同，乃此兩篇獨變其例者，正以示註疏章句皆如日月經天，江河行地，並行不悖之意。若欲贅一言焉，無可贅也。後之讀義疏者，夫奚疑？

程畏齋《讀書分年日程》跋

林羣玉

始吾讀《顔氏家訓》而苦其醲郁，猶狃六朝之餘習，不足以示子弟。近得是書，乃喜其簡當，務於精熟而已。而大旨尤在於有恒語，曰人而無恒，不可以作巫醫。甚哉，恒之不可以已也。是書雖本輔漢卿所萃朱子讀書法修之，然條例極密，擴而充之，立身行道不復外是。吾尤喜其敘論韓文一節，深得文家秘鑰。且云朱子所爲文，本歐曾法，而歐曾卻無此議論，宜乎程魚門論文，獨有取於朱子也。夫士之苦研精、樂剽竊亦久矣，羣玉少以衣食，奔走煙瘴之地，於羣經竟無所成就，其足雪剽竊之恥乎？讀未終卷，不覺汗下。

程畏齋《讀書分年日程》跋

王元穉

程氏是書，蓋本朱子讀書法而推廣之。自幼學以迄成人，分年訓課，次第秩如，中人之姿無弗逮焉。夫人莫患於希高慕遠，未立也，輒欲絕塵而馳，又莫患汨於科舉速化之學，而舍根柢，弗事雖掇青紫，猶未學也。甚者訾舉業爲坑人之具，擯與學術爲兩途。國家果何爲以此取士，士又何爲以此進身哉？循程氏之法，學術與舉業原可並行不悖。程氏又旁及丹黃點乙之細，字義訓詁之由，爲中材說法，最爲簡切易行也。是書蓋難在行之以漸，持之以恒耳。我朝理學名臣如陸清獻、張清恪皆三致意，一再刊行，使知遠宗孔孟，近法程朱，王道聖功，動地驚天，事業皆可取徑於是。後之學者可憬然悟矣。

漢文帝以賈生傅梁王
鼂錯爲太子家令論

林羣玉

　　賈生、鼂錯各持削藩之議，有聲於孝文之時。崇植本根，謀去其駢枝之臃腫者，卒皆不用。又皆處於末秩，議者疑孝文不知賈生，且以鼂錯用違其才爲言。自吾觀之，帝蓋深知賈生，而又善於置錯者也。

　　方帝始聞賈生之言，心固善之，然竟不敵勳戚之側目，處之長沙，所以全之也。更徵而見之者，帝真有意於生矣，度其時，必有進而讒之者，史所不書，無得窺之，故令傅懷王。王，帝之賢子也，帝意既有所向，若生不死，帝亦必用之。惜乎，生之不得爲鼂錯也。夫帝之視錯，初不如生，特以陗直刻深，爲帝所知，故拜之以綜太子府事，亦用杜斥嬖倖之媒，帝之用錯，可謂得矣。錯以申韓之術，自結於太子者，錯之智也。設以賈生處之，則太子重之當過於錯，且計必行，藩必削，盎之譖必不入，淮南之禍必不烈。何者？觀生之哭王，竟戕其身，則生之性情足以感人亦至矣。孝景之明，能知錯，尤能知生。生必入以仁義之言，持之以久遠之計，出之以深沈之謀，羣藩舉事必預，有以備之，無俟乎變起譖行，縠觫而就東市之戮也。然則錯之議削藩也，名曰智囊，豈預不爲備者，胡見殺耶？曰錯之死，不死於削藩，不死於無備，而死於明申韓。史曰太子善錯計策，度太子必權奇，自命喜功近名之流，故錯之計易行，申韓之言易入。彼申韓之術，無親者也，殺人百，獲利五十，則亦爲之。若殺人一而足以靖天下，尤無不爲之矣。錯持此術事帝，帝即及錯之身而試之。

47

嗚呼，慘矣！若當日者，賈鼂易地而處之，則景帝立賈生相，錯亦當得用。何者？賈鼂志同而才又相埒也。乃生不辰遭有道之世，竟以傅終其身。錯又既用，而不保其身。是豈用者之過乎？亦有天耳。噫！賈生可哀，鼂錯可惜。

《三百篇》作者考

高涵和

《詩》有三類，風、雅、頌是也。作者非一人，讀《式微》《旄邱》，則知其作於黎臣，讀《泉水》《竹竿》，則知其作於衛女，《葛藟》作於王族，《角弓》作於父兄，此可以意會者。誦其詩，如見其人，況有小敘可憑，非如他敘泛指國人，泛言大夫者比，特其姓氏無徵，亦誦詩者之憾也。《柏舟》爲共姜自誓，《渭陽》爲康公念母，《載馳》作於許穆夫人，《河廣》作於宋襄夫人，《七月》《鴟鴞》皆周公所作，此有姓氏可指，在《國風》中實爲僅見。若《小雅》《大雅》，惟《節南山》《小弁》《何人斯》《巷伯》《賓之初筵》，抑《公劉》《泂酌》《卷阿》《民勞》《板蕩》《桑柔》《雲漢》《崧高》《烝民》《韓奕》《江漢》《常武》《瞻卬》諸篇，爲家父太子之傅、司寇蘇公、寺人孟子、衛武公、召康公、召穆公、凡伯芮、伯仍、叔尹、吉甫所作，亦寥寥數子，他無徵焉。至如"考父頌商""奚斯頌魯"語，雖見於《揚子法言》、《史記》世家、《薛君韓詩傳》，然《商頌》爲考父所得，非自製也。《魯頌》作於史克，或云一篇，或云四篇，要之非作自奚斯。《周頌》率由周公手定，然亦不皆自製，《訪落》《小毖》疑成王所作，惟《時邁》《思文》作於周公，有《國語》可證。周公詠文王之德，而作《清廟》，語本王褒，證以《清廟》詩敘，斯可据信。《三百篇》中，唯此四十餘篇可詳作者姓氏，餘不可考。

《黍離》爲伯封作，《雨無極》爲正大夫作，此《韓詩》説也。《二子乘舟》爲伋之傅母作，《黍離》爲壽閔其兄作，《芣苢》爲宋女蔡人妻作，《汝墳》爲周南大夫妻作，《行露》爲申人女作，《邶［風］·柏舟》爲衛宣夫人作，《燕燕》爲定姜送婦作，《式微》爲黎莊夫人及其傅母作，《大車》爲息夫人作，《碩人》爲莊姜傅母作，此《魯詩》説也。三家之説，與毛敘時有異同。向使《黍離》果衛壽所作，何爲列於王風？息夫人之事，又與《左傳》不合。三家各承師説，毛傳後出，其源最遠，敘所不載，闕疑可也。必詳作者姓名，鑿矣。考《關雎》詩敘云：“國史明乎得失之迹，傷人倫之廢，哀刑政之苛，吟詠情性，以風其上。”夫以風詠之詞，歸之國史，作者之名隱矣。然《三百篇》之所由輯史掌之，授之瞽矇，亦由於史，則謂《三百篇》皆史所作可也。据鄭志答張逸云：“國史採衆詩時，明其好惡，令瞽矇歌之。其無所主，皆國史主之。”《正義》云：“苟能制作文章，亦可謂之爲史。”然則《三百篇》中，無無主名之作，不特微臣下國可統於史，即婦人女子亦謂爲史。夫子云“一言以蔽之”，良由詩所由作，本不涉於淫邪，又經史臣採擇，故能純壹若是，《三百篇》殆出一手也。

殷人屢受河患鞠謀保居説

黄　增

河自神禹以後，至於周定王之世，而河道始徙。然潰決之患，夏商時已屢見矣。《書序》云：“自契至於成湯八遷，湯始居亳，從先王居，作《帝告》《釐沃》。”孔疏云：“八遷國都者，《商頌》云‘帝立子生商’，是契居商也。”《世本》云：“昭明居砥石。”《左傳》稱：“相土居商邱，今湯居亳。”其餘未聞。案《書序》鄭注：“契本封商，國在太華之陽。”河自孟津以上，從來無患。則昭明之由商遷砥石者，當非以河患之故，而由契及湯十四世至於八遷，必有因河患者矣。

　　夏之世，商爲諸侯國，既濱河，不能遠遷，故有圯而屢遷之事。乃成湯既爲天子，可遠遷以避河患，胡爲都必濱河，而數世之後，圯而屢遷乎？蓋嘗深思其故，而知聖人於此，實諳乎人情之不便，究乎河患之所極，以爲不遷非所以爲民謀，而遠遷又非所以爲民謀也。何以言之？三代以上，畿內之地，多爲王朝卿士之禄田，故盤庚率籲衆慼，特注意於舊人所遷者。近雖去其故鄉，而田園廬墓，尚爲稽察所易周。然盤庚已不免三篇之誥，苟如周之東遷，則一旦盡捐所有，而阻撓之者多矣。此不宜遠遷者也。三代以上，北流未改，壤地尚堅，雖有衝決，不過及於一二鄉邑，其地不可以爲都，而田廬之存者仍多，稍加修葺，即復其舊。兼以殷人尚質，所遷之地，必本爲民人所輻輳，城隍宮室之制，略爲改飾，財亦不至於大耗，此不必遠遷者也。綜觀殷數世之保民，皆遵成湯之法，不敢不遷，亦不敢遠遷。而就其中析觀之，則保民之道有二，前後有不盡同者。《盤庚》云“於今五邦”，鄭君以爲自湯以下五遷，商邱也，亳也，囂也，相也，耿也，並盤庚之遷爲六。《書序》但云“湯始居亳”，不言從何處遷來。而鄭君以爲從商邱遷亳，實與《盤庚》之所云五邦承先王説下者合。《書序》又云：“仲丁遷于囂，作《仲丁》”“河亶甲居相，作《河亶甲》”“祖乙圯於耿，作《祖乙》”“盤庚五遷，將治亳；殷民咨胥怨，作《盤庚》三篇”。今諸篇皆亡，惟《盤庚》存。

　　《盤庚》三篇之旨，在於鞠謀、保居，而以《帝告》《釐沃》，僞孔傳訓爲“告來居治沃土”繹之，則《仲丁》《河亶甲》《祖乙》數篇，當亦爲保民而作。自古治河之策，首推賈讓，讓以徙民避河爲上策，築隄障河爲下策。竊謂策無上下，惟視其時勢何如耳。殷之五遷，讓所爲徙民避河者也。《書序》鄭注云：“祖乙又去相居耿，而國爲水所毀。於是修德以禦之，不復徙也。録此篇者，善其國圯毀，改政而不徙。"修德改政，必有見之施行者，而後可恃而不遷，當即讓所謂築隄漳河者也。蓋患重則徙民以避之，患輕則築隄以障之，河之患古今不同，故爲民謀之道亦不同。殷之世與歷代不同，殷之世又各自不同，因遺文而繹之，可以得保民之大概矣。

昭代閩文序略

蕭　健

有義理之文，有經世之文，有古文家之文。講道論德，稽經諏史，以得於心，發於言者，義理之文也；明體達用，按時切勢，以效於事，筆於篇者，經世之文也。不能離乎二者，亦不專於二者，沉心冥會，以求合乎古之立言者，古文家之文也。是皆足以不朽已。

吾閩自昭代以來，文人雖多，大要不出是三者。李文貞以理學倡，其功業亦已赫奕。而榕村遺集，實爲平正通達，其宗仰在朱子，文亦肖之。自是而爲蔡文勤、雷憲副，躬行實踐，不驁著述，而倫常事理，民生利害，有味乎其言之仁義之人哉！而其間有官洗馬者，本之經，足致於用。又嘗受業方望溪門，其石谿一集，潔淨精微，醇古淡泊，無意於文而文自工，亦有意於文而文已至矣。經世之文，前矛鹿洲，後勁海峯。鹿洲理明辭舉，固足於用，而間近囂張，時有策士之氣，固不若海峯較爲平實。堅壁清野一議，煌煌大文也。書牘雜文，亦本性情，殆爲獨優已。古文家文，朱梅崖顧爲其難，戛戛獨造，力去陳言，未知於昌黎何如？而其油然之光，黯然之色，可謂力爭上流矣。衍其傳者，高舍人最爲不失家法。其他自李元仲、黎參議，以迄陳左海諸公，雖所業不一，而無不有合於三者。至鴻飛天外，銷聲匿迹，如黃處安、高雲客輩，遺文所留，聲光鬱然，亦文如其人者矣。閩地僻阻，閩人尤不善爲名。不然，如文貞之德窺聖門，功在柱史，固不必論，若石谿、梅崖、鹿洲、海峯，雖天下古今可屈指數，況昭代之閩乎？

多愛不忍論

黃元晟

揚子以"多愛不忍"議子長。夫著書之法，所割者似非其所愛，而所愛者或轉從所割。誠以綜輯繁富，非不欲網羅散失，成一家言，特衷之於理要，揆之於體裁，不忍也。有時而忍之，即子長是也。子長父談論陰陽、儒、墨、名、法、道德之指，次重道而首重儒。子長因之，進孟、荀於列傳，繼申、韓於老、莊，名、法、墨諸家，祇從附見之例，閒多有從略者。秦漢以來，耳目所及者，無論皇古，則軒轅前者勿錄。《堯舜紀》用《堯典》《舜典》及《孟子》，《禹紀》用《禹謨》《禹貢》及《孟子》。贊中謂"擇其言尤雅者"，非專為帝本紀言，實自為全書發端言也。至紀三代春秋，戰國時事，往往與三傳語策相牴牾。非好為牴牾也，書缺有閒，所聞異辭，所傳聞異辭，不得不兼採，以備參互考證之資。子長微意，不居然可識哉？不然，愛奇者無過子長，奇固莫奇於《山海經》《穆天子傳》。謂子長不愛之，必非人情。胡《大宛傳贊》云"《山海經》所有怪物，予不敢言之乎"？胡《穆天子傳》事不載《周本紀》，僅於趙造父之御略見之乎？多愛者非不忍割，可見子長為是，揚子議子長為非矣。

請以他家例子長。多愛能割者，孰如韓昌黎？乃昌黎他作，非不文從字順也。碑版之文，獨好用奇字，不主故常。且多愛能割者，孰如《新唐書》《新五代史》？乃二書欲剪繁蕪，刪削太過。設非《舊唐書》《舊五代史》在，其句讀幾至不可讀，忍割之弊，勢必至是。揚子亦早見及此否耶？且彼揚子何如人也？以《太（元）〔玄〕》擬

《易》，以《法言》擬《論語》，輒自詡吐棄糟粕，吸取菁華，顧以艱深文固陋，卒不免貽譏於蘇氏。其視子長作史，兼才、學、識三長者，得失之相去何如也？矧揚子論人，多取與仲尼相較，是語亦以仲尼之多愛，形子長之多愛，其失並不止擬不於倫已也。吾於揚子乎何尤？

多愛不忍論

池伯煒

魏文帝作《典論》，有曰文人相輕，此特爲同時争名者慨耳。若以後人評古作者，往往有不刊之論。揚雄稱遷有良史材，服其善序事理，蓋心折於遷久矣。然其作《法言》，則曰子長"多愛不忍"。嗟乎！斯言也，雖遷復生，得不嘆爲知言哉！

遷采經摭傳，據《左氏》《國語》，采《世本》《戰國策》，述楚漢春秋，可謂博矣。其文高潔，至合數千載之事，不過共成百三十篇，亦未嘗不删繁就簡。然而所引各書，偏駁不純，與經傳互異者，亦往往而有。如《五帝紀》載舜娶二女，而謂與堯同祖，此誤於《世本》也。《殷周紀》之吞卵履武，則誤於《詩》說也。《孔子世家》謂孔子母諱其父葬處，則誤於《禮記》也。顏回曰："道已修而不用，有國者之醜。"夫子欣然而笑。使聖賢皆不免過激之誚，則誤於《家語》也。他如秦有韓原之勝，以慶鄭誤韓簡也，而史公以爲盜馬者助之；晉有同括之誅，以莊姬譖趙氏也，而史公以爲屠岸賈害之，則與《左傳》異矣。《書》言周公居東，而史公以爲奔楚；《書》言周公請代武王，而史公並記請代成王，則與《尚書》異矣。又若《弟子傳》載子貢說吳越事，是以賢者爲說士也；《貨殖傳》列子貢於范計下，是以賢者爲市儈也。凡此皆當删不删者，蓋史公好奇，或以事奇而載之，或以文奇而録之，不暇計其於理未純也。

所謂多愛不忍非耶？史公作書，欲以繼《春秋》。《春秋》之筆削，固非史公所能及也。然使史公果法《春秋》之謹嚴，其文必不能膾炙人口，如今無疑也。班固譏其是非繆於聖人，先黄老，後六經，退處士，進奸雄。今觀其書，甚重經典而尊孔孟，則固言爲過矣。獨其所謂分散諸家之事，甚多疏畧，或有抵梧，與揚子之言頗合，則可爲確論耳。吾觀班史名爲《漢書》，其所紀固當不出本朝，而《古今人表》一篇，專論列漢以前人品，無亦難於割愛耶？韓退之謂太史、子雲同工異曲，王荆公則謂史公敘事典贍，非揚子所及，然則揚子豈敢輕議史公者？多愛不忍之言，蓋亦知之至而惜之深耳，固非相輕之積習所可得而概也。

《衡門》誘僖公解

陳寶璐

《衡門》之誘僖公，誘立志也。凡志之不立，患在以國小爲無可爲，國小遂無可爲乎？是陋室不足掃除，小川不足浚理也。又患以國小爲不必爲，國小遂不必爲乎？是漁者必之龍門，昏者必之淄泗也。《詩》若曰：衡門至陋也，泌泉至狹也，然而方歜之宅，勞者以安神焉，盈科之水，達人以觀化焉，誰不可者？食魚常事也，娶妻常禮也，然而持竿而往，曰吾不致凡鱗，將幣而求，曰吾宜耦大國，又誰則敢必者？吾以知《衡門》者，求志之詞，非樂志之詞也。賢者自樂，而無求之説，胡爲來哉？《蒹葭》之伊人，《伐檀》之君子，《簡兮》《考槃》之碩人，彼有所指爾。若是詩，賢者其何指耶？抑古未聞以無求爲樂者也。伊尹耕莘而志堯舜，顔淵簞食瓢飲而志仲尼，士君子伏處蓬户之中，大要道在我則身困而心亨，道不在我則形瘠而神亡,又何可不自奮歟? 彼其於物也,何所求,亦何所不求? 魴鯉之外多肥魚,姜子之外多賢媛,其於名實去取之間,蓋辨之明而據之卓矣。吾又以知夫《衡門》者,求志之方,即樂志之方也。爲政者觀此,則知苟且不可以爲治;學道者觀此,則知枯槁非所以爲高。微矣夫,詩人之誘我也!

"民獻有十夫""爽邦由哲,亦惟十人"説

高涵和

夫即人也。古者畫井出車,皆以夫家爲率,不特從征者爲夫,即統師者亦爲夫。稽國中及四郊都鄙之夫家,九比之數,以辨其貴賤老幼廢疾,凡征役之施舍,此役法也。辨其夫家人民田萊之數,作其衆庶及馬牛車輦,會其民人之卒伍,使皆備旗鼓兵器,以帥而至,此兵法也。兵法自外而内,如有兵事,先遣邦國,故十夫有邦君在内。《書》所謂邦君,非必畿外諸侯,凡公在大都,卿在小都,大夫在家邑,皆當時調發所及。其國以兵至者,均不滿一軍之數,所謂君行師從是也。

夫者,扶也。以扶翼我周而得名,人非微即帥也。十夫合得兩軍,核稽軍數,不外二萬五千人。周公東征,六卿均不偕行,故無六軍、三軍、二軍之名。所統惟十師帥,師帥即《牧誓》所謂千夫長是也。二千五百人爲師,師帥皆中大夫。六軍三十師帥,一百五十旅帥,七百五十卒長。周公統二軍,不別立軍將,每師以一夫領之。二軍十師帥,五十旅帥,二百五十卒長。不言旅帥、卒長者,略也。卿不偕行者,緣周公之時,流言既動,六官皆留輔成王耳。十夫先至,即爲人事之應,不啻武之三千一心,故周公用之。《東山》,周公

勞士之詩也。敘云"大夫美之",彼敘所謂大夫,即此從行之師帥耳。師帥位較尊,可爲民之表儀,故云"民獻有十夫"。軍中任事之人,惟此十夫,故又勗以迪知上帝命。是時庶邦冢君暨多士御事,皆以艱大爲疑,欲王違卜,故周公以天命解之,書名《大誥》,而所任惟十夫,此《伐柯》《九罭》之詩,所以刺朝廷之不知也夫。

釋 贈

李 錦

贈,《説文·貝部》云:"玩好相送也。"此爲制字本義申之,凡送皆得爲贈,故各經傳多云:"贈,送也。"似取本義之引申者爲解。蓋相送之物不皆玩好,而玩好之義則由從貝而得。貝爲貨貝之總名,《周禮》:"玉府,掌[王之]金玉玩好[兵器],凡良貨賄之藏。"是玩好多貨賄之屬,故贈言送必取玩好,非侔字從人,可以單釋爲送也。贈篆列賸篆之下,賸云:"物相增加也。一曰送也,副也。"亦以字從貝,故本義取物增爲言,而送也遂列後義。

然贈字亦有增義者,蓋贈從曾聲,曾當即增之省文,形聲可兼會意。增者,益也,《易》"或益之,十朋之龜","貝兩爲朋,即增加以貝之義。贈得訓增,亦從貝增而得耳"。而許君於贈下不言增者,非略也,正因賸言增,復言送,贈賸相繼,既言送,即不必再言增,而增義在其中,使觀者自得其意。毛公傳《詩》,則送增並取。如"何以贈之"云:"贈,送也。""以贈申伯"云:"贈,增也。"《正義》申毛云:"凡贈遺者,所以增長前人:贈之財,使富增於本;贈之言,使行增於義。"釋贈字甚爲明顯。乃《釋文》獨謂:"贈,送也。"詩之本皆爾,其作增者乃崔之注本也。於是説經者欲舍孔而從陸,以求合於《説文》。至臧氏《經義雜記》據家藏寫本徐鍇《説文》作"贈,增也",謂今本《説文》乃後人誤改，又欲舍許從毛，以求合於《詩傳》。不知許專取玩好相送一義，毛兼取送贈二議，説均可通，並無窒礙，各仍其舊可耳。何必强彼就此，紛紛聚訟哉！

補韓文公擬《范蠡與大夫種書》

方家澍

蠡白：五湖之濱有雲焉，其興也，天下之雨也；其歸也，風所掣也。然興而雨，雨而歸，雲之職也。戀戀乎沉寥之間，不至於散蕩不止也。蠡與吾子共事朝廷，苟道濟於時，德成於君，雖死萬萬無恨。獨念天無不散之雲，人無久居之名，我得之，我自舍之。舍者無罪，舍之者亦無罪。冒斧鑕市忠直，使天下萬世歸獄於吾君之不能容，甚爲吾子不取也。子其審察而遠思之，務使合於君子之道。蠡再拜。

三山吳玉田鑴字

光緒戊子年

九男解

高涵和

"堯十子,舜九子",語見《呂氏春秋》及《隋書·王劭傳》。舜九子,經典無徵。然考其封邑,有商義均國、有緡季釐國、有虞虞思國、有邦鄭穆公妃圭嬀國,邦即圭也、有胡古胡子國,胡公之先、有衛見《郡國志》,本爲觀國,姚姓、有潘潘子國,唐改爲嬀州、有傅河東地,商滅之、有鄒鄒平故城,舜後,姚姓、有息息嬀國、有餘姚以河東有姚,故曰餘姚。《風土記》云:舜支庶所封、有箕在遼山,箕伯國、有直即周地,直人、直柄所封、有濮羅泌云:帝子散封,今濮州有雷澤,凡十餘國。惟虞思、胡公爲商均之後,其餘或皆支庶散封。舜有九子,其佚散見於《路史》,呂氏之説有明徵矣。《孟子》屢言九男事舜,趙氏注云:"孟子所言舜事,皆《堯典》及逸《書》。丹朱以允嗣之子,臣下以拒堯求禪,餘八庶無事,故不見於《堯典》。"是朱一庶八也。《呂氏春秋》:"堯有子十人,不與其子而授舜。"高誘注引《孟子》:"堯使九男事舜。"殆丹朱爲冑子,不在數中。焦氏循據《史記索隱》引皇甫謐云:"堯娶散宜氏之女,生丹朱,又有庶子九人。"此依《呂覽》爲説也。孔氏廣森据《莊子》堯殺考監明,證明事舜之時,長子已亡,丹朱仍在數中,此依趙氏爲説也。據《尚書》釐降之先,丹朱稱允子,似無事舜之理。据《竹書紀年》堯五十八年放朱於丹水,七十一年命二女嬪于虞,事舜之時,朱不在數明矣。考《路史》堯子封邑,有丹、有房、有豕韋、有傅、有鎦、有魯、有鑄、有楚、有隨、有杜、有冀、郇、櫟、函、高唐、上唐諸國。丹、房皆丹朱封地,房即防也。豕韋防姓,爲房之後。傅即朱之後,並與九男無涉。

鎦封長子，羅泌所謂長子考監，明先死不得立，故堯有殺長之誣，鎦即其後也。魯爲御龍邑，《左傳》云"懼而遷於魯"。鑄即祝，《樂記》云"封帝堯之後於祝"。楚爲堯始封之地，許叔重云"堯以楚伯受命"是也。随亦祝姓，陶唐氏之後。杜即杜伯之先，《左傳》云唐杜氏。其餘諸國，亦皆支庶所封。堯有十子，非盡無據，惟朱爲虞賓在後，不敢臣其先，實在丹淵，亦未嘗事舜，當以《呂覽》之説爲當。

卜式論

林羣玉

卜式之心，吾不知其公也，私也，名也，利也，欲有所餂而出其胸中之奇也。抑有所不屑，姑爲此以游戲也。然吾喜誦其言曰："天子誅匈奴，愚以爲賢者宜死節，有財者宜輸之。"夫漢之有財者，惟仇匈奴，故國彊。後世有財者，惟不仇匈奴而近之，故國弱。近者何互市也？噫！互市而有匈奴之利，宜其不仇匈奴也。

問福建茶市利弊

林羣玉

竊以商賈之道，利七而病三，去其利之三者，以當其受病之處，利之存者仍四也。病七而利三，盡出其利之三，僅敵受病之半，其餘則皆病矣，今日之茶市是也。

向年洋舶入口，漢陽之茶未盛也，臺灣亦未設埠，内山之人無藝茶者，茶榷僅福州一區。時粵商殷實，先假資於東嶺、北嶺、古田、閩清、白琳、小箬、大穆諸夥，而後綜收其茶，入茶少而選茶精，粵商曰佳也,洋商亦曰佳,載之出洋,獲利常三倍,閩之藝茶者亦賴之以贍其孥。嗣漢陽之茶大昌,而淡水之烏龍歲至三十餘萬,閩中之茶市奪其半矣。近年益以印度、日本之茶,質賤而價廉,洋商便之,就印度洋載入甌西,而閩之茶市再奪其半矣。然閩販仍利粵商之假資也,爭劃其田以藝茶,茶日益多,價日益賤,販日益窘,粵商日益疲,洋商亦漸無利,輾轉刻剝,不至束手待斃不止也。

請歷言其弊,以備芻蕘之采。方今茶商之敗,莫甚於行偽茶。偽茶之弊有二:曰麤庄,曰茶珠。茶珠者,搗木屑爲之,狀如檀香屑者是也。恐其不類則煙之,又恐其不類則調粉液而摶之,令小如桐子,雜入茶中,曰茶珠也。灌以沸瀋,則粉煙散而茶色敗,因其敗而降值者比比,而閩商利之不悟也。麤庄非茶,野柿之葉也,或楊稊也,捏其苦瀝而曬之狀,與茶無異,然嗅之不馨,多用之團餅中,以赴俄灣諸國,未入境而霉輒作,故福建團餅,他國相戒勿用,而閩商利之,仍不悟也。閩茶之敗,職此二者,爲害初不淺也,非力禁而重治之,而市且不興,商情亦日困。往年洋商寄耳目於粵人,曰江婆陶猶言蒼頭也,曰馬濺猶言商人也,惟二者之言以爲聽。今則不然,洋商自僱其國人,名曰茶師,茶師不盡知茶,然多疑而專斷,以能抑閩商之價爲能,閩商雖受阨於茶師,噤而莫敢悟也。又洋人近亦以銀假之馬濺而取其子,馬濺又轉假之茶商名采箱行,而倍取之。凡受其銀者,所采之茶必歸馬濺之手,轉售於洋商,商故抑其值而使之不速售焉,欲移而之他,則此商之電綫,一日已遍劃其價而一之,求多不可。是閩商一疲於重息,再疲於短折,憊矣。向例茶出二十一日而值歸,今不然矣,或一二月,或二三月,而銀仍不歸,洋商之息仍計日而乘之,是洋商踞利之二,而閩商坐病之三也。弊在洋商寡而勢易集,故議出而例成,華商多而勢泛,故議格而不行,且華商仰資於洋商,宜其進退不能自主也。

爲今日計,宜隱示華商以章程,使之劃一其價。有違禁者,衆恕之官,理其罪焉。不示以明文,則洋人不能謂官爲把持矣。再照會其鎮酋,會值日期,裁以定制,不得出二十一日,往年臺灣淡水洋藥,不過疲銷二三十箱,而領事費里德至移書有司問故,以爲從中必有私販等事。外洋商人雖不近情理,而鎮酋猶爲之袒。今吾按理以問之,亦非過也。則商情或有起色矣。再華商售茶於洋商,本署券以爲憑,即日載茶俱入其倉,以俟秤過。不爾,則茶雖入倉,縱杇敗霉腐,皆本商自承之。然茶船至或參差,則此茶全數盡懸倉奴之手,侵蝕破壞,恣其所欲。迨洋人示以秤期,見其侵蝕破壞也,盡抉摘之,以退其值,而不知皆倉奴爲之也。倉奴即無此弊,而每秤亦必故短之如前例,刁挾萬狀,以病華商,宜乎華商之日困也。他如寄番一節,其害尤鉅。凡茶之疲銷者,華商計窮,則託之洋商,轉售於彼國。譬如一千之額,只收七成,七成中再留其三成,以爲水腳之費。實則只收四成,明年信歸,四成之中再虧其三,實一成耳。利鈍託之於不可知之人,以一千易一百之數,蚩蚩者何其愚耶!究之西國官與商合,商有所恃,而意可以孤行。吾民奉憲守法,所苦不能自達於上,以此見絀焉,亦可憫矣。

問福建茶市利弊

王元穉

有萬世之利,有一時之利。萬世之利,聖君賢相開物成務,以宜萬民,亘古今而不敝,布帛菽粟是也。一時之利,或興於雜霸之世,或趨於逐末之民,權宜爭競,與時變遷,而不能歷久無弊,鹽與茶是也。行鹽止於本土,民未能終淡食,其變尚小。惟茶則自宋迄今,種植日廣,征榷日繁,更通其市,大西洋各國歲入以千萬計,專其利者亦已久矣。至於今,變日以增,勢日以絀,中國茶市殆有江河日下，岌岌莫保之勢。窮變通久，亦理之無可如何者也。

夷考經典無茶字，至魏而始有茗荈之稱，趙宋而後乃言稅茶，惟閩最盛，所謂福建貢茶甲於天下者也。見國朝蔡方炳《廣治平畧》。至明萬歷十九年，英吉利始購茶，當時或由南洋輾轉而往。康熙五年，英始販茶於中國。均見近人所著《四裔編年表》。鴉片煙其萌蘗乎？《本草》稱阿芙蓉，康熙中以藥材進口。嗣是而後，茶利日增，鴉片煙之害亦日溥。迨通商互市，煙禁大開，茶利逾遠，至今日煙未減而茶漸衰，則由英所屬五印度各國咸知蒔茶，其土地得宜，培植得法，又省舟車之費，宜其源日開，而中國之流日以塞也。惟閩之臺北，近頗產茶，歲入以增，是未足喜。蓋所奪者上游之利，而非能奪外洋之利也。嘗游其地，見夫艷粧嬉游之婦女，日以揀茶爲生者萬計。此輩未諳操作勤苦，習於婾惰，一旦茶利歇，又何以爲生？臺民本習淫靡，又教以猱升，此則風俗之大可憂者。然則中國茶利日絀，將奈何？

竊以爲不足憂也。吾中國自有萬世之利在，何必區區與島夷競一日之長乎！以閩省論，拔茶種桑，古有其論。閩土本宜桑，其天時又宜蠶。江、浙僅一蠶、二蠶。閩天時和煖，可三蠶、四蠶。寒暑表測之，決爲宜蠶。其以過燠而蠶瘟者，皆飼之不得法也。前有高獻尹，後有左文襄之勸民，而利卒不興。無他，無良有司之率作，無賢士大夫之倡應，是則官與紳之咎，而非民之咎也。以天下論，東南亂後，曠土尚多，西北水利，迄今未治。曷不講求水耕火耨之法，以薪至三十年之通。閩省本資臺穀，今臺以植蔗而妨田，穀久不至，反資於南洋。暹羅諸國，又爲彼族之所吞併，一旦開釁，庸可危乎？而大害又莫若鴉片煙。有王者起，舉不率教之民，用以重典，草薙而禽獮之，煙禁未有不立止也。否則茶利與煙患相終始，茶入外洋者少，煙或入中國者亦日少。往歲謂洋藥之征，偷漏實多，而始令稅務司、洋關併征。聞去歲亦不足額，遂謂中國土漿盛行，洋藥銷路日滯。其說不爲無據。馴至如淡巴菰，煙草之隨地可種，味以輕而害以淺，此則天心之大可希冀者也。若夫中國茶利早成强弩，恐異日之絀尚不止此，已無可補救，而亦不必補救。不僅此也，執茶以例，凡一切機器、礦務，皆可謂一時之利。吾師之而見其利，尚不足以持久，況未受其利，先受其害乎？滬上公司股票，日見虧倒，民窮財匱，商局猝不可興。開平煤礦、輪船，招商局賴有重臣巨室以維持之，尚無變故，竊恐盛極難繼。聞近年招商局亦屢折閲而不得取盈。泰西富商大賈之僑寓中國者，日形外强中乾。茶利之難興，已可概見。孟子有言：使有菽粟如水火，而民焉有不仁者乎？又曰：使民親其上，死其長，可使制梃以撻秦、楚之堅甲利兵。此則王道之富强，世儒議爲迂闊也。

"三爵不識，矧敢多又"解

高涵和

此射畢復燕也。鄭於前章已云爲"無算爵以後"，爵既無算，何謂三爵？《玉藻》所謂"三爵而油油以退"者，公食大夫之禮，非射後之燕禮也。此三爵，乃追溯射前之飲。主人獻賓，賓西階上北面坐卒爵，下大夫二人縢觶於公，公取大夫所縢觶以酬賓，公卒觶，賓進受虛觶。易觶，興，洗，酌膳，請旅諸臣，公許，賓坐祭，立卒觶，大夫受酬。公又行一爵，若賓若長，惟公所賜，賜長則以酬賓，賜賓則以酬長。是未射之先，賓有三爵也。賓酢主人，主人坐祭，不啐酒，遂卒爵。主人獻公，公酢主人，卒爵。主人縢觚於賓，酌散，主人坐祭，遂飲卒爵。是主人亦三爵。

此章戒人言酒失，故云我於彼醉者行三爵禮之時，尚不知其自持與否，況敢知其多又乎？射畢復燕，燕無算爵，是多又也。疏以主人酬賓，賓奠而不舉，疑賓主皆不飲三爵。不知未射之前，已舉旅行酬三爵，合旅酬而言。箋所謂酬，即射前之旅酬也。未射而舉旅行酬，止及大夫卿長；既射而舉旅行酬，辯及士庶子。爵行無次數，惟意所歡，所以易致酒失。當三番射竟，公爲大夫舉旅行酬，即徹俎，羞庶羞，命司正曰："衆無不醉。"賓及諸公卿大夫皆曰："諾。"立監佐史，即司正之監旅也。既督酒，欲令皆醉，而又多說醉者之狀以觸其怒，是未醉者之失與醉者等，故先示童羖之罰以戒從，謂又設爲不識之詞以謝問者。

總之，酒以合歡，恐未醉者不受醉者之恥罰，互爲譏誚，以取怨讎，故爲設禁。如此，非惟恐醉者善怒，勿宣其失，亦欲未醉者自全其德也。想武公平日克己工夫極其週到，故於飲酒時亦能涵養若是。醉後多言，尤恐多事耳。近解但云三爵，已昏然無所記，況敢多飲，是直以多又爲戒，與禮經無不醉、無算爵之旨均不合，殆非詩意。

"三爵不識，矧敢多又"解

陳鴻章

箋云："矧，況，又復也。"當言我於此醉者，飲三爵之不知，況能知其多復飲乎？三爵者，獻也，酬也，酢也。後儒多據《玉藻》"三爵而油油以退"，及《左傳》"臣侍君宴，過三爵，非禮也"，謂飲至三爵，已昏然無所記，況敢又多飲乎？則以此爲申戒之詞，而以三爵爲一人所飲，與鄭異義。

謹案：自三章至此，既指祭畢行燕之禮，與他《左傳》《玉藻》泛言飲燕者，本不相同，而徧考大射禮、燕禮，從無一人立飲三爵之文。且經文既以三爵與多又對文，多又蓋指舉旅已下，則三爵當在初筵時，故鄭以獻酬酢當之說最精核。今即箋意而申之。鄭意以上文"匪由勿語"爲禁，無說醉者之狀，由醉二句爲申違禁者之罰，此復示以所當言，上下脈絡，正自一貫。或疑此時本刺飲酒無度，今釋醉者不戒，而轉深戒言彼醉者，似非經恉。不知自三章以下，其摹擬未醉既醉之狀，亦已極諸形容。而"既醉而出"四句，其反復於受福伐德者，不可謂不深切著明，故於"式勿從謂"以下，兼戒旁觀者，使無觸犯。蓋醉已非禮，若聽其顛仆怠慢，或以言語激其恚怒，則失禮之中又失禮焉，所以特嚴其罰，此古人用情之厚也。上既禁之使無言，此復教以所當言者，蓋既不可直言醉者之狀，又不可曲言其不醉，故但云我於此醉者三爵之時，已不能知，況敢知其再多飲，婉而多風，此又古人立言之妙也。知此三爵必是言彼醉，而非言自飲者，以上文言賓之初筵，言賓既醉止。然就賓言，對主言之則曰賓，對我言之則爲彼，故鄭以彼我之辭釋之。獻酬酢之禮，惟鄉飲酒主人獻賓，賓酢主人，皆以爵酬，則不以爵而以觶以爵，尊不褻用也。大射禮、燕禮獻酬酢皆辟正主，以觶不以爵，此處既爲祭畢行燕之禮，亦當有觶而無爵。云三爵者，案燕禮、大射禮獻酬酢雖皆以觶，然其間如受爵、執爵、奠爵、卒爵，皆仍爵之名，至媵爵、公酬、賓旅酬，則直曰受觶、執觶、奠觶、卒觶而已。是燕禮獻酬酢雖不以爵，而可謂之爵，命媵舉旅，然後謂之觶，此指初筵，故徑蒙以爵之名，而不必更循其實也。主人獻賓，賓酢主人，皆卒爵，主人復酬賓，則奠而不舉，然則賓所飲實只一爵，而云三爵者，統彼此言之。夫三爵而實一爵，則賓所飲者一升而已，即燕及大射用觶，亦不過三升而已。觶觚所受不同，鄭既以爲古今字，而定爲三升，今一從之。於此而責其溫克量小者，尚可勉爲，若人盡三爵，則爲九升已足致醉，何待旅酬無算爵以後？故知三爵必當統彼此言之，而不當專就一人言之也。謹就疏義所未盡者申之，如此至多，又爲旅酬無算爵以下，文義易明，故不叟贅焉。

"殷小腆"王肅訓"腆"爲"主"疏證

何爾鈞

小腆之解，孔傳訓爲小腆。腆，《正義》云："小貌。"腆與小義迥殊，或以爲反訓，比於治之爲亂。不知經文上係小字，復着小貌之訓，於文義爲不辭。鄭云："腆，謂小國也。"夫腆之訓國，於古未聞，則亦未爲確解。惟《釋文》引馬注曰："腆，至也。"至字未詳所謂。近人段氏以爲主字之譌，蓋用王肅説也。今按《説文》："腆，設膳腆。腆，多也。"《方言》："腆，厚也。"經傳所解腆字大率從此，而此經獨訓主者，王意腆與敟皆從典得聲，典之訓主，實從敟之訓主假借。經文典守字本當作敟，如典禮、典樂、典婦、功典、司宗祐之類，今皆作典，則此經腆字亦從敟字，假借而訓主也無疑。近人段氏、朱氏説皆如此。或疑《大誥》作於周人，不應呼武庚爲主。不知周人之於殷，奉之甚尊，待之甚恕，觀《多士》《多方》諸作，謂之爲商王士，謂之爲殷侯尹民，於其臣庶猶推尊之如此，況武庚親商王子？意在興復，於義未爲大悖。其時多邦御事，各有舊主之思，周亦何惜而不以小主目之耶？且殷本天下主，武庚竊據一隅，視之爲小，猶後世之所謂小朝廷也。腆字之訓，自以從主爲確，謹就王説而證明之如此。

釋　來

高涵和

來，周所受瑞麥來麰也，一來三鏠，象芒束之形。三鏠，大小徐本並作二縫。据《韻會》及《御覽》引並云三鏠："三鏠象來篆形，中一筆上出者爲莖，下爲葉，上从三人。人在矢象鏑，在麥象芒穎。三人是三穎也。”段玉裁云：“二麥一夆。”注云：“夆即縫字之省。”輕改《繫傳》，仍未合許君精指，殊屬臆斷。

今案：麥皆有縫，一稃一縫，中含二實，二實只一麥，以有縫而見爲二，故云二麥。凡麥皆然，不獨於來爲異，若來只二麥，一縫猶凡麥耳，何得爲瑞？段氏所云説義説形均未合。二徐云一來二縫，二縫當有四實，四實共一稃，雖與秠之一稃二米同爲瑞異，而於來字之形仍未盡合。《説文》：“鏠，兵耑也。”耑謂穎，三鏠謂三穎。三穎，三穗也。一莖六穗謂之嘉禾，一莖三穎自是瑞麥。二徐本或偶誤，當从《韻會》及《御覽》所引爲當。《説文》：“秾，齊謂麥秾也。”似以秾爲凡麥之通稱，與來牟爲二。據《廣韻》則《埤蒼》來牟字正作秾來本字。秾字後出引申之義既行，專以來爲行來之來，而來麥之來别加禾作秾以别之，不知來字最古，麥字尚由後作。據《書》説“五至，以穀俱來”，可知製字之初先有來音，後乃作來篆以象麥形。麥無三穗，故麥下説解但云从來。有穗者來以三穗而得名，凡麥不可云來，故於來篆之後復製从來、从夕之字，以爲凡麥之統稱。三穗之麥必大，故牟爲大麥，無以來爲小麥之説。據《周頌》貽麥之字但作牟，無从麥、从牟之字，可知來、麥二字製字之先後矣。《詩思文疏》引《説文》云：“來，周受來牟也。一牟二夆。”此亦沿二徐之譌。緣孔氏所見《説文》鏠字偏旁爛挩，又誤三爲二，故與《韻會》所引不合。詳字義，字形當爲三鏠無疑，讀《繫傳校勘記》方知其誤。

釋 來

李　錦

　　來字本義，《説文》以爲"周所受瑞麥來麰，一來二縫，象芒束之形"。天所來也，故爲行來之來，引《詩》曰"詒我來麰"。縫字費解，説者疑之。《詩正義》引作"一麥二夆"，段氏改作"二麥一夆"，謂物之標末皆可偁夆，夆者束也，二麥一夆爲瑞麥，如二米一稃爲瑞黍，蓋同夆則亦同稃矣。案：稃爲穀皮，即所云孚甲也。《周禮》"鬯人"注："釀秬爲酒。秬如黑黍，一稃二米。"秬可釀酒，是亦人所常見者。若二麥一稃，不但無見於世，經傳亦罕言之，段蓋以己意説字，恐非碻解。竊疑一來二縫者，言一莖二穗也，縫當是鏠字之譌。《金部》："鏠，兵耑也。"即今鋒字。耑，物初生之題也，上象生形，下象其根，是耑爲草木之末。兵之鏠刃取義於耑，即草木之標末，亦可取義於鏠。《廣雅》："桻，末也。"蓋即鋒之後起俗字，特从木不从金耳。《廣雅》："大麥，麰也。"王氏《疏證》引《説文》正作一麥二鏠，尤爲顯見。大抵禾穀皆一莖一穗，根在下爲本，穗在上爲末，故《廣韻》"穎，穗也"，《説文》訓爲禾末。古禾麥多以兩穗爲瑞。《文選》應貞詩"嘉禾重穎"，是禾生兩穗也。《後漢·張堪傳》"麥穗兩岐"，此更麥有兩穗之確證。許君於"麥"字下云"芒穀"，又云"从來，有穗者"，於來言穗，在本書已有明文，二鏠猶二末，即爲二穗，更無可疑。至《周頌》"貽我來牟"，傳訓牟爲麥，不釋來字，箋"火流爲烏，五至，以穀俱來"，此謂遺我來牟，則毛、鄭均不以來爲麥名。許本宗毛，不知何以獨異。考《魯詩》作"飴我釐麰"，《韓詩》作"貽我嘉麰"，均與毛不同，疑許所引蓋《齊詩》也。許意來本象形字，合來、麰二字爲瑞麥之名，故於"來"下云"來麰"，"麰"下云"來麰，麥也"。

至云"天所來也，故以爲行來之來"者，此與"朋，古文鳳""鳳飛，羣鳥從以萬數，故以爲朋黨字"，"烏，孝鳥也""取其助气，故以爲烏呼"，"能獸堅中，故稱賢能"，實同一例。則"來麰"係釋其物，"行來"係申其義也。然則鄭云"以穀俱來"，明即"天所來也"之意。毛不訓來字，意當亦取於行來之來。許君解字，實合三家，毛傳一以貫之，此明於解字者，所以可與解經歟！

生在敬戒不在富論

林羣玉

傳紀：伯張之没，告其子曰："生在敬戒，不在富也。"噫！伯張之言，何大類有道者耶！《易》曰"震以恐致福"，《詩》曰"戰戰兢兢"，《禮》曰"毋不敬"。夫君子不懼禍，不要名，不冒濁而苟容，乃終身若甚戚者，何也？曰治心也。堰而不慎其築，無以制大水；竈而不曲其突，無以馴猛火。人有驕心，甚於水火。水火之害，巨物能爐之，堅物能潰之。故雖大富極貴，持心不慎，其爲爐之、潰之，猶水火之敗堅巨也。然而其壞也有機，其致也有招。嘗見新造之家，主人主婦早作而夜息，有所蓄，常恐其不保也，告戒子弟，惟恐不知其難。若是者，精神固而氣常鬱。然及良沃浸廣，諛悅浸衆，志氣浸懈，憂患之事亦浸起，豈天道之惡盈耶？自敗也。

懸敝帛而求鬻於市，過者不目也；匵珠而藏之，人雖不見，猶忌也。再匵而益藏之，忌者益衆。充其所至，必且不匵不藏，盡散之途人然後可。何者？去其招則忌者不集也。一珠之微，忌者尚爾，則夫懷才而不深之以養，發舒其志氣，踈闊其節目，一時固蔚然其可觀也。脫利欲刦之，患難沮之，生死震之，將何所主而不至於敗壞蹉跌耶？富人之覆其家，忌者既快其心，則旋置之；才士之覆其身,而名之留於人者,則將羞而憐之。夫羞之猶可,將何自解於憐者之心?今而知敬戒一言,不特爲長守富者言也。師乎!師乎!吾伯張乎!

五紽五緎五總解

李　錦

　　五紽、五緎、五總,傳於紽、總均訓數,緎獨訓縫,《正義》謂緎既爲縫,則紽、總亦爲縫,視之見爲五,故皆云五。

　　此説甚是。但傳義簡奧,雖互文見義,而訓同者意自異,不能混而無別。《經義述聞》取《西京雜記》:"五絲爲繡,倍繡爲升,倍升爲緎,倍緎爲紀,倍紀爲緵。"謂紽即是繡,紽、緎、總皆絲數之名。不知緵可通總,紽不可通繡,虚悟而無實證,恐非經意。《毛詩紬義》以《釋文》作它,謂《説文》:"它,虫也。从虫而長,象宛曲垂尾形。"言素絲之飾,其曲垂之數五也。按:它即蛇字,以五蛇狀垂飾,説亦近鑿。竊意《釋文》紽作它,云本又作他,他即佗之俗字。《爾雅·釋訓》:"佗佗,美也。"《君子偕老》傳:"佗佗,德平易也。"《鄭風》:"羔裘晏兮,三英粲兮。"傳"三英,三德也"。《書·洪範》:"三德,謂正直、剛克、柔克。"説者或以三英爲裘飾。玩傳意,三德固指人言,不指裘言。然裘之美者,亦宜兼此三德。《禮·深衣》云:"負繩及踝以應直,下齊如權衡以應平。"言衣背縫如繩之直,下縫如衡之平,是凡縫皆以平直爲美。《後漢·循吏傳》注引此詩《薛君章句》云:"素喻潔白,絲喻詘柔。紽,數名也。詩人賢仕爲大夫者,其德能稱。有潔白之性,詘柔之行,進退有度數也。"則縫裘又有美其柔者,但在人則謂之德,而在裘則謂之英耳。毛公於佗言德,於英亦言德。此傳雖不言德,但云"古者素絲以英裘",以英申佗,即有德之意存，亦有美之意存。《正義》引《清人》傳"矛有英飾"，《閟宮》傳"朱英爲飾"，猶其顯然者耳。審是經文本作佗，實無可疑。自後人不明佗義，又以或本作它，愈不可解，遂於它旁加糸，以附合於緎與總，而不知實非古意，此《説文》所以無紽字也。《爾雅》："緎，羔裘之縫也。"《説文·黹部》作黬云："羔裘之縫。"義遵雅訓，而字獨異者。疑从糸之緎，亦後起俗字也。《釋文》引孫炎云："緎，縫之界域。"則緎之音義，本取於域。蓋凡衣之合縫處，界域最爲分明，惟其有縫，是以有域也。總者，縫中飾也。考"素絲紕之"傳："紕，所以織組也。總紕於此，成文於彼。"又"素絲組之"傳："總，以素絲而成組也。"箋云："以素絲縷縫組於旌旗，以爲飾。"旌與裘製雖不同，而素絲之縫則同，故毛公於彼傳兩言總以作解。案：凡飾之縫中謂之組，亦謂之紃。《雜記》："紃以五采。"注云："紃，施諸縫中，若今時絛也。"《士冠禮》："青絢繶純。"注："繶，縫中紃也。"合組紃之義觀之，疑總字乃縱之借字。《説文》："緎，采彰也。縱緎屬。"篆列紃字之上。《急就篇》"絛繢總"爲類，顏注："緎，織采爲之。"總一作縱，《説文》作縱。明總、縱字古相通用。縱既爲緎之屬，緎曰采彰，曰織采，與紃爲圜采義合，明皆指縫中組織爲飾者言。若但以總聚爲義，亦已淺耳。然則紽當作佗，言縫之正直柔美也；緎本作黬，言縫之界域分明也；總當作縱，言縫之組織爲飾也。別而言，則曰紽，曰緎，曰總；渾而言，則但曰縫。舉其數，則皆有五，一而二，二而一也。毛例不破字，但即其義申之，而其字不亦可見歟？

五紽五緎五總解

力　鈞

　　禮家於深衣制頗詳，裘制無所考。毛公傳《詩》，無言裘制者。於此詩首章云：“古者素絲以英，裘不失其制。”於末章云：“縫，言縫殺之大小得其制。”是明明舉裘制以示人矣。

　　後人不明裘制，其説遂紛。按《深衣目録》云：“深衣，連衣裳而純之以采者，素純曰長衣。有表則爲中衣。”深衣、長衣、中衣，皆連衣裳言。端冕、深衣皆有裘。衣有紕，純裳亦當然。此陳氏夑之説也。裘有縫殺大小之制，則其制當與衣同矣。觀深衣、長衣、中衣，要下爲裳。裳六幅，其縫五。衣有裳，裘亦有裳，《曲禮》云“童子不衣裘裳”可證也。此詩不言羔裘，統舉羔羊之皮革與縫言之，則與專言裘者異。衣裳之縫五，則裘裳之縫必五，明矣。

　　蓋古人皆反裘，分裘之半爲裘裳，猶之分衣之半爲衣裳。特衣可言幅，而裘不可以幅言。然衣裳六幅，則爲五縫可知。裘裳五縫，其必同於六幅之制亦可知。不然，傳言“不失其制”足矣，而必申之云“縫殺之大小得其制者”，何也？然均是縫也，而必別之曰紽、曰緎、曰總，豈無意哉？紽之爲言垂也，毛之隆起處，纂之以組，但見其下垂也，故因其皮而美其紽，此以表言也。緎，界也，皮由分而合，即而視之，其飾處亦劃然井井可辨，故因其革而美其緎，此以裏言也。總，合也，觀其表裏交縫，又若渾合無迹，故因其縫而美其總。然傳於紽與總皆訓數，而緎獨訓縫，非有所異也，特互文以見義耳。紽者此縫，緎者此縫，總者亦此縫。紽之縫五，緎之縫五，總之數亦五。而毛傳簡貴，妙在於裘字上着一英字。《清人》之重英，《閟宫》之朱英，傳皆訓飾。飾裘而在皮革與縫之際，不特異於豹袪、豹褎，亦異於豹飾。然豹袪、豹褎，傳訓袂，即深衣之袂也。豹飾，傳訓緣，即深衣之緣也。而此詩之五縫，即深衣要下六幅之縫也。毛公言裳制之詳如此，故鄭君此箋轉略。若不求裳制，區區於紽、緎、總字強爲之解，恐非毛公意也。

《説文》“敨”，《周書》以爲“討”，
《詩》云“無我敨兮”義證

李　錦

《説文》之例，凡某字，古以某字者，皆説叚借也，多取形聲義相近之字。如“丂”，古文以爲“亐”字；“疋”，古文以爲“足”字；“屮”，古文以爲“艸”字，此形近亦義近者也。“臤”，古文以爲“賢”字；“哥”，古文以爲“歌”字；“詖”，古文以爲“頗”字，此形近聲亦近者也。《攴部》敨：“棄也，《周書》以爲討。”討與敨，形不相似，而義亦遠。且《周書》無討字，説者疑之，於是取《虞書》“天討有罪”之討爲證，謂《周書》當作《虞書》。

竊謂非也。周字當不誤，或討字誤耳。考《周書·無逸》有“無或譸張爲幻”之文，譸與敨音既相近，篆形亦相似，與臤爲賢、哥爲歌、詖爲頗，正同一例。疑許書原文當作“《周書》以爲譸”，緣字畫譌脱，於譸右旁之从壽者僅存一寸字，於是遂譌爲討，而不可解也。或疑《言部》譸字已引《周書》“無或譸張爲幻”，未必復以敨作譸。不知《尚書》古今文字多不同，有用借字者，有用本字者。如《木部》櫱字，既引《商書》曰“若顛木之有㽌櫱”，於㽌字下亦引《尚書》作“顛木之有㽌枿”，又云古文言由枿。櫱、枿字既異，㽌由尤屬不同。其謂古文言由枿者，猶言由《商書》古文以爲㽌也。文例雖異，意實可通。況《一切經音義》云：“詶，古文譸、䛧二形同。”則借敨爲譸，尤爲有

據,當可無疑。至許又引《詩》“無我𣪘兮”者,𣪘,棄也,許即用毛傳爲解,今《詩》文作魗。《釋文》:“魗,本亦作𣪷,又作𣫍。”考篆文偏旁,凡作𠷎者,隸皆變作壽,𣪷、𣫍,皆𣪘之譌字,實可顯見。魗亦从壽得聲,但《鬼部》無此字,鄭箋云:“魗,亦惡也。”《正義》以魗與醜爲古今字,鄭蓋讀魗爲醜耳。然以毛傳之義證《釋文》之字,則毛、許實無所異。且許君説《書》宗孔,説《詩》宗毛,𣪘以爲譸而稱書,自宗古文而説叚借;𣪘訓爲棄而引《詩》,自主毛傳而説本義也。何必疑《周書》無討字,《鄭風》作魗字哉!

《説文》“𣪘”,《周書》以爲“討”,《詩》云“無我𣪘兮”義證

高涵和

此所云《周書》,非《尚書》也。《尚書》無討字,或據《虞書》“天討有罪”,以周爲虞之誤,是殆不然。《説文》所引《尚書》皆有句讀,或但舉兩字,如《周書》曰“伯臩”,《周書》有“粊誓”之類,皆有明文可考。此討字,《周書》無明文,以𣪘爲討,特古今字之别耳。詳許君所引經,多與今文互異,如“㚘”下引《虞書》“若丹朱㚘”,“𣬉”下引《虞書》“鳥獸𣬉髦”,“𢍏”下引《商書》“𢍏枿”,“𨓭”下引《商書》“我興受其𨓭”,以及“𢾊丹雘”“三㲋”之類,指不勝屈。

許所據者多古文也,其言以爲某字者,多繫以古籀文,無言某書者。惟《目部》“眊”下云:“《虞書》耄字从此。”今《大禹謨》“耄期”乃晚出古文,非許所見。惟《吕刑》“耄荒”,“耄”,《漢志》引作眊,誤以《周書》爲《虞書》。然此非許氏原文,乃後來習《説文》者所標識,傳寫羼入正文,與此篇所云《周書》以爲討,義例迥别。古作討,周作𣪘,所謂《周書》即籀文之類,與《尚書》無涉。“罬”下説解云:“周

人謂兄曰翼。”知周人語言文字與古人有不同處，不獨㪅字爲然也。《説文》：“誅，討也。”“討，治也。”二篆相連，是無異義。《示部》“禂”“禱牲馬祭也”，重文騳从馬，壽、騳字雖不見於經，據《周禮・甸祝》“禂牲、禂馬”，鄭康成云：“禂，讀如伏誅之誅。今侏大字也。”騳讀如誅，因之凡从𠷎之字，皆有誅音。如《周書》“譸張”，譸本作侜，侜亦作侏，是其比㪅有誅音，故即以爲誅討之專字。此與“懱”下所引《商書》“以相陵懱”，“㺃”下所引《周書》“有㺃匠”，經無明文，尚須考正者，例又不同。彼篆所引不主形聲，此則可由形聲以見義也。引《詩》“無我㪅兮”者，㪅與䰢亦同義。《詩》毛傳：“䰢，棄也。”从攴从鬼，其義並同。《毛詩釋文》：“鄭音爲醜。”醜音與䰢音亦相近，古云醜類，即儔類也。古音《酉部》與《壽部》並入第三，故得互用。醜亦訓棄。《商書序》“伊尹既醜有夏，復歸于亳”，即棄夏歸亳也。古人用字不拘，即音義不同之字，有時亦可通用。此篇兩引《詩》《書》，明爲討爲䰢，皆有棄義，非他借字之比。然非許君精愔，亦不能如是貫穿也。

《微子篇》父師少師考

高涵和

父師、少師只一人，謂箕子也。《史記・殷本紀》云：“紂淫亂不止，微子數諫不聽……遂去。比干曰：‘爲人臣者，不得不以死争。’遂强諫。”紂剖比干心。似微子之去，在比干未死之前。《宋世家》云比干諫，紂剖其心，“太師、少師乃勸微子去”。是微子之去，在比干既死之後。比干既死矣，安得復有孤卿之少師？李翰《比干碑》雖有“贈殷少師比干爲太師”一語，足證紂以比干爲少師。然屬前此之事，安知比干死後，紂不復以箕子爲少師乎？微、箕皆紂懿親，當與國同休戚。比干未死，微子不必遽去，即箕子亦不必佯狂剖心，而後親屬絕矣。篇中所云"王子弗出，我乃顛隮"，非慮代商者之絕商祀，正懼其諫討而死，無益於紂，徒自覆亡耳。稱父師者，箕子爲紂諸父，且居師保之職，當時必有此稱。如《周書·畢命》康王稱畢公爲父師，是其比。緣畢公於康王爲叔王父，故亦有此稱也。使當時比干尚在，與箕子同爲紂諸父，無論太師、少師並可謂之父師，不應箕子獨有此稱。須知天子伯父、叔父均謂之父，如"父義和""父往哉"之類，何得專以箕子爲父師？鄭既以父師爲箕子，自當以少師爲比干。至下文少師無言，乃云志在必死，不知箕子之意正與比干同。其云"罔爲臣僕""不顧行遯"，不去之荒野，不仕於新朝，非必死而何？當紂之時，豈獨比干欲死諫乎？其始箕子亦無言，故微子重呼父師、少師，有今爾無指，告予顛隮之説。爾之云者，專指箕子，只一人，無兩人。其繫少師於父師後者，非與箕、比合謀，正以承比干之職者，尚有箕子，故去留未決耳。當時比干一死，乃微、箕二人最傷心之事。篇中雖不斥其事，但一呼少師，儼有比干在其目前，微子欲去之意在此，箕子佯狂之意亦在此。紂囚箕子，明知其不就此職，怒而囚之，囚少師，非囚太師也。紂時官太師者，不知何人，以箕子爲太師，亦無碻據。篇首連呼父師、少師，而下文有父師，無少師，是爲一人無疑。據《史記》並《漢書》，別有太師疵、少師彊勸微子出行之事，是特樂官耳，非商室周親，不可謂之父師。微子去國，不謀於箕子，而謀之樂官，亦非仁人之事。鄭説固較遷史爲勝，若據世家所云，則鄭注亦非碻解矣。後人惟裴駰獨明此意，故云比干已死，而云少師似誤。以此難鄭，或無嫌於入室操戈乎？

《微子篇》父師少師考

林應霖

《商書·微子篇》，今文作太師、少師，古文作父師、少師。孔傳以父師爲箕子，少師爲比干。孔沖遠引《家語》以爲疏證，然《家語》乃王肅私造，烏足以徵信？

案：今文父師作太師，而僞孔云父師者，緣僞書《畢命篇》呼畢公爲父師，因於此篇亦易之，其實以東晉晚出之《周官》臆擬商制也。果如孔王諸家，父師即《箕子篇》內所云："殷罔不小大，好草竊姦宄。卿士師師非度。"箕子身位三公，不能率屬以徼官邪，安在其自靖自獻先王者？況古人誥誡多呼其名，如周公之於召公則曰君奭，或曰保奭。今箕子既居三公之尊，又席叔父之親，其稱微子則曰王子。而武王之訪以《洪範》也，汝之者不一，其詞抑何於武王則甚倨，於微子則益恭？其必非箕子也明甚。父師既非箕子，少師之非比干可推。曰：然則此篇之父師、少師，果爲誰乎？曰：當據今文作太師、少師，皆樂官也。特微子之訪二師，或在比死箕奴之前，或在比死箕奴之後，當爲詳考耳。

案：《史記·宋世家》錄此篇文，亦作太師、少師，不言父師也。史公於殺王子比干剖視其心後，乃云："於是太師、少師乃勸微子去，乃行。"是訪於既死既奴之後也。《殷本紀》云："紂愈淫亂，微子數諫不聽，乃與太師、少師謀，遂去。比干曰：'爲人臣者，不得不以死爭。'乃彊諫紂。紂怒曰：'吾聞聖人心有七竅。'剖比干觀其心。箕子懼，乃佯狂爲奴，紂又囚之。殷之太師、少師乃持其祭樂器奔周。"據《周本紀》，則太師名疵，少師名彊，是訪於未死未囚之先也。揆諸當日情勢，則當以《宋世家》爲允。蓋箕子、比干猶存，國有親臣，尚猶冀匡扶於萬一。惟其既死既奴，微子至此，無可冀望，故訪於太師、少師。亦如周幽之世，宜臼既廢，逃奔於申，復從而索之，其時周室危若朝露，鄭桓公之問史伯，即此篇微子之訪二師也。而此篇之太師、少師，可證爲疵與疆者，尤當於今文證之。

案：篇内"我舊云孩子"，僞孔作"刻子"。王充《論衡·本性篇》引云："我舊云孩子。"案：《説文》，孩，古咳字，"咳，小兒笑也"。古者太子生，太師以律吹之，曰：音中某。是其咳笑之時，吹律可決其善惡也。當帝乙欲置微子時，其母貴未久，紂則生於其母既貴後，故太史據法以贊立。紂生時，太師吹律，必有與太史力争者，如鬬榖於菟以越椒之狀，決其必滅若敖氏；叔向母聞食我之嗁，決其非是莫喪羊舌氏。特書缺有間，太師隤括言之耳。而江氏《尚書集注音疏》乃云下經我罔爲臣僕，我不顧行遯，實似箕子。然則克殷之後，箕子何以逃之朝鮮？及武王既封之後，箕子又何以朝周乎？以文害辭，以辭害意，何若據《史記》所録，斷爲太師疵、少師疆，獨得今文之徵信也。

"齊子豈弟"解

黄元晟

《詩》"齊子豈弟"，鄭箋"易"，毛傳"樂易"之義者，實本《爾雅》。《爾雅》："愷悌，發也。"發訓旦，不訓行。有《韓詩》"發，旦也"可證，有《説文》"旦明三通爲發明"可證，有《易林》"齊子旦夕"可證。毛上章"發夕"，傳云"自夕發至旦"，言自夕之開發至旦，發夕即旦夕。觀後《小宛》"明發"，傳"發夕至明"，明發之發夕，正用此發夕。發萬不可作行解，知傳發訓旦，不訓行，與《爾雅》同。鄭本《爾雅》以發爲旦，雖箋下未明言《爾雅》，然孔疏有引今定本云："此愷悌，發也，猶言發夕。"則鄭之本《爾雅》明甚。

鄭欲本《爾雅》以箋《詩》，又慮豈弟與旦不相比附，特破豈弟爲闓圛，以正解旦字，非誤會《爾雅》以發爲行，復加闓圛於發行之上也。其云豈讀當爲闓者，《說文》"闓，開也"，易，開物成務，開亦作闓。其云弟，《古文尚書》以弟爲圛。圛，明也者，此字伏本今文作圛，孔本古文原作悌。若《史記·宋世家》作涕者，因篆文立心與水相似而誤。更有作洟者，又因涕而誤。至賈逵以今文校古文，乃定悌爲圛。獨是鄭不言逵定，而孔疏言之者，緣孔本遭巫蠱之變，書存於家，後扶風杜林得之，逵與林同郡，爲之作訓，逵又受詔撰《古文尚書同異》三卷，鄭遂爲古文作注，今所傳缺本。鄭注《洪範》曰圛者，實據賈逵所定，後即援其說以箋《詩》。孔作疏時，鄭注尚存，且逵所奏《尚書疏》存《隋書·經籍志》中，孔當親見之，故言定悌爲圛，始末獨詳。但鄭《洪範》曰圛，注："圛，色澤而光明。"此箋祇云："圛，明也。"彼言卦兆宜兼色澤，此專釋旦，只取光明，義各有當耳。鄭闓圛釋旦，同符《爾雅》，何嘗以發爲行？孔疏申此《詩》傳、箋以發爲行者，其誤實始《爾雅》注。孔此疏言舍人李巡、孫炎、郭璞皆云闓明發行，今郭注明云發行也，引《詩》"齊子豈弟"，郭引豈弟則是，云發行則非。孔沖遠不悟其失，轉祖之以申傳曰初夜即行，申箋曰侵明而行，是加闓圛於發行之上。

使《爾雅》發訓旦不訓行者，必歧豈弟與發爲二，豈弟自爲豈弟，發自爲發，《爾雅》安有此文法哉？誠知鄭從《爾雅》發訓旦不訓行，孔疏之申鄭爲誤，則鄭破豈弟爲闓圛以釋旦之義明，毛發夕即旦夕之義更明，而是篇先發夕後豈弟之義，益無不明矣。先發夕者謂旦以前，後豈弟者謂旦以後，紀齊子在魯道之時，下二章翺翔、遊敖，紀齊子在魯道之狀，層次井井，形容曲盡。使必以發爲行，以誤申鄭，箋者因而誤會《爾雅》，將"魯道有蕩"之下復云發行，不幾贅乎！

毛解《詩》之豈弟俱云“樂易”，説者謂樂易不可施之文姜，不知美惡不嫌同辭。況文姜雖魯夫人，實齊女，今以齊風咏齊女，譏刺之中宜寓諱惡之意，以樂易施之文姜，亦詩人忠厚之辭也。毛非不可從，但鄭本《爾雅》以易，毛既非杜撰，其破豈弟爲闓圛以釋經，復有補於經，非他處破字者比，故後儒多從之。《釋文》：“豈，開改反，樂也。弟，如字，或音待易反。”其《蓼蕭》篇“孔燕豈弟”，《釋文》云：“豈，樂也，後放此。弟，易也，後放此。”夫《詩》縱多稱豈弟，究以《載驅》爲始，而《蓼蕭》次之。乃釋文兩後放此，不係《載驅》下，轉係《蓼蕭》下，似陸德明於此篇微有祖鄭之意。若謂此篇當從鄭，《蓼蕭》下，皆宜從毛“樂易”之解也。顧鄭義又不免爲孔疏所掩，則甚矣。解經之難也，豈獨斯篇也哉！

《説文》戊“象六甲五龍相拘絞”説

李　錦

《説文》干支之字皆有取象，太抵不離二氣。五行甲象木，戴孚甲，癸象水，流地中，此五行之説也。丙象陰气初起，陽气將虧，巳象陽气已出，陰气已藏，此二气之説也。戊於五行屬土，二气屬陽，位在中宫，爲四方之樞紐。而土又分王四季，即其位亦分配四方，辰、戌、丑、未是也。但丑、未爲陰土，屬中宫之己，不屬戊；辰、戌爲陽土，與戊相合。觀本書“戊”下云：“五行，土生於戊，盛於戊，从戊含一。”即其證也。辰亦陽土，位東方壽星之次，其星角、亢。亢稱金龍，且爲蒼龍之星，故辰爲龍。此之稱五龍，龍即辰，辰陽支，龍陽氣也。甲爲十干之首，位正東，亦屬陽。古以十干分屬十二支，於是甲有六：甲子北方，甲寅、甲辰東方，甲午南方，甲申、甲戌西方。第言六甲，凡地支之屬陽者備矣。辰有五：甲辰木龍，丙辰火

龍，戊辰土龍，庚辰金龍，壬辰水龍。第言五龍，凡天干之屬陽者備
矣。且五、六爲數之中，即爲天地之中。言五言六，又與戊之中宮
應相拘絞者，蓋四方、十干、十二支，五行之陽氣聚會中宮之象。觀
戊篆作㦰，五畫相交不斷，正象拘絞，意深且遠，非千古神聖不能制
此字也。或謂許君言五言六，今篆但有五畫，於六甲之説得無漏
乎？不知五爲天數，陽也；六爲地數，陰也。天陽統陰，地陰不能統
陽。制字者以戊屬陽，意重在陽，故但取五畫，五龍以形見，六甲以
意見也。若作六畫，將見六反不見五矣。抑又玩㦰之篆畫，以方位
配之，中畫一者，中央位也。左畫在東，起辰位，止寅位，即甲辰、甲
寅也。右畫起南方午位，而交西方戌位，即甲午、甲戌也。下畫則
由戌位而交北方子位，即甲子也。上畫則由午位而交西南坤申之
位，即甲申也。以意會之，由五可以見六，此於六甲之説或有得歟？
段、桂二家言皆不詳，而朱氏直謂爲从戈之字，且取矛之古文，其去
許意益遠矣。

　　圖説附見

今本篆文，右半直作戈字，朱氏所以疑其從戈也。茲以一畫居
中寫，庶與戈篆有別。

錦附案：天有十二次，以天干四隅卦配之，成二十四。向細玩戊之篆畫，有斗柄指辰之形。中一畫，中宮也，自無所指。其左畫直出上指辰，下指寅。右畫斜出上指午，下指戌。上畫旁出指申，下畫亦旁出指子，恰嚮六陽支之位，所謂六甲也。中畫即在戊位，爲戊辰，屬土。此外畫指寅辰者，近甲位，爲甲辰，屬木；畫指午者，近丙位，爲丙辰，屬火。其下雖指戌，然丙火旺於午而墓於戌，戌爲丙庫，亦屬火也。畫指申者，近庚位，爲庚辰，屬金；畫指子者，近壬位，爲壬辰，屬水，所謂五龍也。蓋甲爲天干之首，稱六甲，則甲子之六十皆統於是矣。龍爲變化之物，古有五龍紀，因其分治五方也。今五行家推甲己合化土者，以起甲子而得戊辰也；乙庚合化金者，以起丙子而得庚辰也；丙辛合化水者，以起戊子而得壬辰也；丁壬合化木者，以起庚子而得甲辰也；戊癸合化火者，以起壬子而得丙辰也。五行化氣皆取於龍，言五龍則干支之五行皆蘊於是矣。又疑相拘絞三字當謂六甲相拘，五龍相絞。《説文》：“拘，止也。”《易》説卦：“艮爲狗。”一説上已言爲狗，下爲指，爲狗之狗當作拘，蓋艮止之義也。疏：“爲指，取其執止物也。”是拘、止、指三字義通。云相拘者，因其畫之有所指也。絞字從交。《釋名》：“絞，交也，交結之也。”云相絞者，因其畫之互相交也。於許意或有合歟？

《説文》戊“象六甲五龍相拘絞”説

高涵和

六甲五龍，即四時五行也。《漢書》“日有六甲”，甲屬木，以甲配子則屬水，其屬土者惟辰戌耳。配寅則屬木，配午則屬火，配申則屬金，均與戊土無涉。然土王用事，即在四時之季，如木火之交，火金之交，金水之交，彼德漸盛，此德寢衰，土寄王焉。四時中無土德，專王之月，故許於"己"下云："象辟藏詘形。"物非土不生，人非土不成，四時中各有土德，寄王之月，故許於戊下云："象六甲五龍相拘絞。"舉六甲者，日之始也。黃鐘為五子，五子為五聲。六十律從戊子始，八十四聲從甲子始。戊子為黃鐘之宮，甲子為中呂之徵《淮南子》。太史公云："商八、羽七、角六、宮五、徵九。"揚子雲云："甲己之數九，乙庚八，丙辛七，丁壬六，戊癸五。"五生九，九生八，八生七，七生六。從戊數，甲是其所生，故戊下特云六甲。猶之癸己相生，癸本屬水，由癸生己，故癸下兼云水土也。此即旋宮之說，故以拘絞為義。

五龍即五辰。《左傳》云"龍尾伏辰"，龍，辰蟲也。歲星有超辰，太歲隨而俱超，謂之龍度天門。此以辰為龍之證。五辰即五行。《虞夏書》"撫於五辰"，傳、疏皆以五行為解，不曰行而曰龍者，言龍則有絞形，言行不見其絞也。《春秋緯》云："皇伯、皇仲、皇叔、皇季、皇少。五姓同期，俱駕龍……號曰五龍。"《遁甲開山圖》云："五龍見教，天皇被迹。"榮氏云："五龍，爰皇后君也。"五音、五行分配為五龍，如角龍、木僊、商龍、金僊之類，以宮龍、土僊為父。《水經注》云："父與諸子俱僊，治在五方。"今上郡奢延膚施縣有五龍山，蓋出治之所也。五行之在天下，各有氣性，各有材位，或相濟，或相克，旺後終絕，絕中受氣。惟土有旺無絕，其餘絕中受氣者，並伏藏於土，故宮龍與商、角、徵、羽又有父子之名。

六甲之數，歲六周。土王用事，歲凡七十二日。相拘絞云者，以其與四時相互，四行相閒耳。五龍分治於五方，故古人言六甲者，必連言五方《漢志》。五星即五龍之精，故古人言六甲者，亦連言五星《王粲論》。由此推之，六甲、五龍亦當時常語。許意以戊之一象土，餘四筆象四龍。五行之王於四時，本有氣而無形，許言象不言形，六甲、五龍實無形之可指也。

揚雄王通摹擬聖人論

林羣玉

孟子没後千百年，而有韓愈氏者尊孟子，猶孟子之尊孔子，自是孔子之道益尊。然而韓愈氏有言，輒引揚雄氏，自是揚雄氏之道亦雜出而並於孟子。而王通者，又濫觴於揚雄氏之書，作爲《（元）〔玄〕經》《中説》，以竊附於孔子者也。嗚呼！世衰道微，一二豪傑之士，擇焉而不精，語焉而不詳，震於豐藻，因文以求道，宜乎二氏之書之至今存也。

吾向讀《蘇明允集》，得其所衍《太（元）〔玄〕》者，奇詭變化，思竟其端而不能曉。《法言》則素讀之矣，句奇而意淺，伊川所謂才短而言多失，皆未免乎駁者也。夫韓子者，既尊揚雄氏，而仲淹之《（元）〔玄〕經》《中説》自擬於《春秋》《論語》。唐去隋世未遠，韓子宜一及之，意者讖其僭而黜之耶？顧韓子不僭揚雄氏之《擬易》，而何僭於通之擬《春秋》耶？蓋通之書，當時必有議其僭者矣，不傳於唐世，故韓子不述。若揚雄氏之能獨行於數百年以下者，即吾所謂世衰道微，一二豪傑之士，擇焉而不精，語焉而不詳，震於豐藻，因文以求道，故二氏之書之幸得存也。

且夫聖人者，道亘萬世而莫尚，名偃千古而獨立者也。吾觀曾子、宰我、子貢、有若之四子者，皆足以知聖人。四子中惟有若似夫子，羣子至欲以所事夫子事之，曾子不可。噫！門人之知夫子，可謂至矣。以夫子視有若，則有若之去聖人，宜乎近矣。而曾子猶不可焉，則夫揚雄、王通之摹擬聖人，果能爲曾子之所可耶？抑二氏果有及於聖人者，特吾不知耶？雖然，吾律之以曾子之言，即亦不能強吾以所可也。

鄭箋用《韓詩》考

何爾鈞

鄭君箋《詩》，多改經字，後儒以此病之。不知鄭意在箋明傳義，閒有不安者，或據他經傳，或本三家詩改易之，要皆確然有本。又據本傳云，又從東郡張恭祖受《韓詩》，故記注多依韓說。則箋中所改字，本之韓說者爲多。但其間有用《韓詩》之字者，有用《韓詩》之義者，有用《韓詩》他篇之說以釋此篇者，亦有兼存韓說者。

試考其大略。如《偕老》章“邦之媛也”，箋云：“邦人所依倚，以爲援助也。”則從《韓詩》作援。《車攻》章“東有甫草”，箋云：“甫田之草也，鄭有圃田。”則從《韓詩》作圃。《鴛鴦》章“摧之秣之”，箋云：“摧，今莝字也。”則從《韓詩》“莝，委也”之說。《思齊》章“古之人無斁”，箋云：“口無擇言，身無擇行。”則從《韓詩》古之人無擇之說。此用《韓詩》之字者也。

又如《衡門》章“可以樂饑”，箋云：“可飲以療饑。”療即《韓詩》之療字也。《十月之交》章“抑此皇父”，箋云：“抑之言噫。”噫即《韓詩》之意字也。《敬之》章“佛時仔肩”，《正義》曰：“箋讀佛爲輔弼之弼。”蓋弼字古文從弗，輔弼之弼，即《韓詩》弗字也。《抑》四章“用遏蠻方”，箋云：“遏當作剔。”《泮水》六章“狄彼東南”，箋云：“狄當作剔。”兩剔字之訓治，即《韓詩》之鬎訓鬎除也。此用《韓詩》之義者也。

他若《角弓》章“莫肯下遺”，箋云：“遺讀曰隨。”則本《敝笱》章，《韓詩》“其魚遺遺”，訓爲魚行相隨。《澤陂》章“有蒲與蕳”，箋云：“蕳當作蓮。”則本《溱洧》章，《韓詩》訓蕳爲蓮。此用《韓詩》他篇之說以釋此篇者也。惟《揚之水》首章“彼其之子”，箋云：“其或作記，或作己。"《韓詩外傳》引此詩作"彼己之子",則此章鄭意爲兼存《韓詩》耳。

又按:王伯厚謂鄭康成先通《韓詩》,故注《禮》與箋《詩》異。如"先君之思,以勗寡人",謂爲定姜生甫及申,謂爲仲山甫申伯之類,徵引特詳。而更有王氏所未及者,如《儀禮·士虞禮》注引"飲餕于坭",《周禮·射人》注引"宜豻宜獄",蜡氏注引"吉圭惟饎",《大司徒》注引"風雨攸除,各有攸宇",皆與《韓詩》説合。雖箋《詩》時不盡用之,要可爲鄭通《韓詩》之一證也。至近人樸園陳氏撰《韓詩遺説考》,意主網羅散佚,閒有牽合之弊。所稱鄭用韓義,未必皆本於韓,茲不縷述。

六宗以何説爲長斷義

黄 增

六宗之説聚訟紛如,其嚮壁虛造者,均無庸辨。惟馬氏以爲天地四時,本之《大傳》;鄭氏以爲星辰、司中、司命、風師、雨師,本之《大宗伯》;王氏及僞孔傳以爲四時、寒暑、日月星、水旱,本之《祭法》,獨爲有据。然馬説之非,司馬紹統駁以帝在於類,則禋者非天,當矣。王、孔之非,司馬紹統駁之云:"案《祭法》爲宗,而除其天地於上,遺其四方於下,取其中以爲六宗。"可乎? 此不足以駁王、孔也。上文云"肆類於上帝",据《中庸》郊社之禮,所以事上帝也之文,言上帝以該后土,是《祭法》所言之天地,上文已該之矣。下文云"望於山川",即《祭法》所言之四方,王、孔据《祭法》以解六宗,不得謂其除天地而遺四方。惟是禋取施燔燎,假煙氣之升以達其誠。《祭法》云:"埋少牢於泰昭,祭時也。"言埋則非燔燎可知。《左傳》云:"山川之神,則水旱癘疫之災,於是乎禜之。"《周禮·黨正》"春秋祭禜”，鄭注：“禜，謂雩禜水旱之神。”是水旱之神必有災，乃祭，名之爲禜，其不得以爲禋也明甚。則王、孔之説绌矣。鄭氏云：“禋，煙也……取其氣達升報於陽也。”六宗言禋，與祭天同名，則六者皆天神。因禋承類而言，以爲皆祭天神，郅確。《大宗伯》言“以實柴祀日月星辰”，而鄭不及日月。博士吴商申鄭義以“郊之祭，大報天而主日，配以月”，則日月在郊不在宗。不知冬至之郊祭天而不及天神，故日月統之於郊。若非冬至而祭天，則日月之祭别有其所，《祭義》所謂“祭日於壇，祭月於坎”是也。故《大宗伯》以“祀昊天上帝”與“祀日月星辰”别而言之。鄭据《大宗伯》之文而不數日月，似爲未審。鄭又云：“風師，箕也；雨師，畢也。”案：“箕星好風，畢星好雨”，何得有師之名？風師、雨師當爲司風雨之神。日月星辰主静，無以見司者之靈，故不言師以顯其神。風雨主動，有以見司者之靈，故言師以顯其神。然則《大宗伯》之司中、司命可統於星之内，而以日月星辰、風師、雨師當《尚書》之六宗，較爲有据而可從。

“既，小食也”，《論語》曰“不使勝食既”廣證

高涵和

古無餼字，氣即餼也。自後人叚氣爲气，與氣、餼始異用。《説文》“氣”訓饋客之芻米，即餼字之義，與气何涉？氣，古文餼，後增經典中凡言餼，雖用後增之字，而氣字本義不可磨滅。今《論語》“不使勝食氣”，氣非臭即餼。人道饗味，不同於神道饗氣，不得以食气爲解也。《説文》歆下云：神，食气，氣臭之氣，自當作气。既、氣亦同字，从皀，與氣从米義同。从旡訓歆，食气屰不得息，是旡亦从气得義。

合體會意之字，音義並同，知是一字無疑。經典中作餼之字固多，間亦有作氣、作既者。惟氣與餼本同字，故許於氣下引《春秋》傳云"齊人來氣諸侯"。惟既與餼亦同字，故《儀禮·聘禮》記云"如其饔既之數"。今《儀禮·聘禮》記既亦作餼，據彼注云古文既爲餼，可知經本作既，後人因注改之耳。

字學不明氣字，專以氣臭爲主，於既字又專用其引申義，於是餼字獨行，不與既、氣等字相涉。惟《儀禮·聘禮》記云"饔既"，《禮記·中庸》云"既稟"，與《論語》"食既"鼎足而三焉，既訓小食，小與稍同。《周禮·宮正》注以稍食爲禄稟，《禮記·中庸》注"既，稍食也"。此專以廩禄爲義。廩禄自有定數，無所謂小食。《中庸》正義以稍食爲稍給，失制禄之義矣。《周禮·膳夫》："凡王之稍事，設薦脯醢。"鄭司農注："稍事，非日中大舉時而間食。"鄭康成云："稍事，有小事而飲酒。"

此與《口部》嘰、《食部》餗同義。《説文》嘰、餗並訓。小食，《説文》作嘰，《禮記》作禨，《玉藻》《少儀》注云"禨，已沐飲也"，正合小事飲酒之義。《周禮·漿人》"共賓客之稍禮"，注云："稍禮，非饔殯之禮，王稍所給賓客者。"據《周禮》司儀、掌客注，並以饔餼爲大禮，別以殯爲小禮，不知小禮、小食並謂之餼。既與饔對，則既爲稍禮，饔爲大禮。既與食對，則食如王之大舉，既即稍事，小食易盡，故既字引申之義爲盡。《説文》"氣"下重文又有"從既""從米"之字，此即既字之後增。許合氣、槩、餼三字爲一，今分氣、既、餼三字爲三。古義既亡，即子春、康成尚疑氣、既爲餼之誤。《周禮·玉人》注：餼或作氣。杜子春云：當爲餼。《禮記·中庸》鄭注：既讀爲餼。向非許君，孰能明其本義乎？

賈誼董仲舒劉向贊各一首並序

陳景韶

　　自漢以下，三尺童子皆知賈生之屈。彼富於才而嗇與遇，憤悒良有由然。使其退養沖和，静俟時會，安必其爲屈原也？帝處之散地，未嘗不數用其議，戚於天年，俾終蕪没，惜哉！漢拾秦灰餘燼，斯文不絶如髮。江都推明孔氏，抑黜百家，洵翼道功臣之魁首。而廟災一書忤旨，竟不敢復言災異。太史公若有懲焉者，豈以氣猶有懾歟？抑時勢猶可得已，而不好數爲嘵嘵歟？子政生當末造，皇網解紐，其所處百於二子之艱。自以肺附王家，雖屢躓屢起，不一挫鋤强之鋒，計安漢鼎於千一，其志節有大過人者。三子均救時之刀圭，而其不得志於時亦等。然其人其言，殊非飾經術、媒名爵者所能髣髴也。士君子苟有一腔之真誠，必有萬世不可磨滅之精氣。吾於三子，蓋不勝執鞭之慕，而竊繫之贊云：

　　雒陽年少，鐵中錚錚。燭照龜卜，宏我漢京。一蹶不振，王佐虚生。長沙驥伏，方軌屈平。嗟哉孝文，自壞長城。六篇痛哭，千載猶聲。

　　咸陽刼灰，墜緒是寶。射策金門，正誼明道。笙簧麟經，秕糠一埽。蜩螗中傷，未竟其抱。出傅驕王，迴瀾既倒。萬世梯航，廣川一老。

　　孝成不網，漢祚中圯。恭顯前訌，音鳳繼起。昌言鋤奸，不惜九死。三統七略，擘肌分理。扶掖世教，緜亘千紀。污命國師，恨無肖子。

"夐,營求也",《商書》曰
"夐求得之傅巖"解

李　錦

《説文》之例，凡解義之字，多取疊韻雙聲，而同音尤多。夐訓營求，瓊從夐聲，瓊、營同韻，則夐、營亦叠韻字也。營，古讀如環，《韓非子》"自環者謂之私"，《説文》引作"自營爲厶"，是環、營音義相同。環，戸關切；夐，朽正切。夐、環雙聲，則夐、營亦雙聲字也。瓊字或作璇，從旋省，讀如旋，《集韻》亦音旋，環、還同音，還亦有旋音。夐、睘聲通，即與營聲亦通，則夐、營且同音字矣。此音讀之最古者。

營求之義，從聲而得其意甚明。至引《商書·説命序》"夐求得之傅巖"，夐求爲《尚書》之文，則營求當即《尚書》之義。自僞孔書序改夐作營，遂與許書不合。段注從今本之序改許書所引作營，反謂徐本作夐之非，竊謂未得許意也。夐、營音義雖通，但篆文作夐，則夐下引經亦必有夐字，方合體例。且解義作營求，引書作夐求，判然不同，並無含混。必以營求一義，疑《尚書》夐亦作營，斯誤甚矣。

抑許書此例甚多。如《玉部》璪："玉飾，如水藻之文。"引《虞書》曰："璪火黺米。"璪、藻音義通，今書璪正作藻使，亦因水藻之義改，所引作藻火，於書文合矣，而不知於許則謬。《言部》諞："便巧言也。"引《論語》曰："友諞佞。"諞、便音義通，今《論語》諞正作便使，亦因便巧之義改，所引作便佞，於《論語》合矣，而不知於許則謬。

夐之與營何以異？是璪不可改藻，諞不可改便，而謂夐獨可改營乎？考營訓市居，字從宫，宫有圍繞之意。《詩齊譜》"都營邱"，疏："水所營繞，故曰營邱。"則營亦言周徧圍繞也。營求者，疑當謂徧以求之，故《說命》言"旁求於天下"，謂求之非一方也。旁求、營求，意實相似。然則營求爲敻字之義，可以解字，即可以解經。經本作敻，蓋古文之僅存者，斷不可改，改之則經意反淺矣。非許書，曷見《尚書》真面哉？

"敻，營求也"，《商書》曰
"敻求得之傅巖"解

李　穎

營求者，敻字之義也；敻求者，書序之文也。許君作《說文》，既解字義，復引經文，則解字不啻解經，其意甚明。緣敻、營義可相通，音又相近，且說解中營求、敻求並見，最易致混。故後人傳寫，有改敻作營者，於音義雖不甚遠，而古經之真面已失矣。段氏作《說文解字》注，於引《書》獨從作營，而疑徐本作敻之誤，意在申許，而不知大違許意也。

案敻："營求也，從昍，從人在穴。"上引《商書》曰："高宗夢得説，百工敻求，得之傅巖。"又申之曰："巖，穴也。"引經不曰營求，而曰敻求，敻字極爲精妙，實經文之最古者，非後人所得輕改也。何以言之？昍，舉目使人也，使人以營求，而人適在巖穴之上，是傅説之求，可以敻字括之。若改作營求，則敻下所引之經，無復有敻，既於篆字不屬，而且從義引經，不從篆引經，本書向無此例。或謂厷下引《易》"突如其來如"，玠下引《周書》"稱奉介圭"，璲下引《詩》"瑟彼玉瓚"，喌下引《公羊》"叫然而哭"，所引之經，皆與篆文字異，於敻下引營求得無相似？不知厷、突、玠、介、璲、瑟、喌、叫，音義皆同，許特引之，以明古經文或省寫，或通借，有如此者。要皆從篆而引，並非從義而引也。至璪字云"玉飾，如水藻之文"，璪、藻音義通矣，而引《書》云"璪火黺米"，從篆不從義也。祘字，云"明示以筭之"，祘、筭音義通矣，而引《逸周書》"士分民之祘"，讀若筭，亦從篆不從義也。引書之例，可以類推。璪、祘二篆之例如是，於夐篆何得獨異耶？

抑又考之，夐音，朽正切，與《言部》訽、謏二字同音。訽，知處，告言之；謏，流言也。《廣韻》："謏，流言，有所求也。"皆與夐義合。《説命》云"旁求於天下"，謂求非一方也。營訓市居，《漢書》注："營，猶回繞也。"回繞即環繞，故營字古與環通。營求猶言環求，環而求之，則非一方矣。求不一方，則或因流言而求知，處所告而求言。求不一，而所以求之則一。總而言之，惟夐、求二字可以兼包諸義耳。然則《尚書》原文當作夐字，許蓋從孔壁真古文而引。若營求之訓，漢儒必有作是解者。僞孔改夐作營，則直以訓詁之字，易經字也。今人解經，不從許書，而從僞傳，抑何所見之不卓歟？

上不負天子下不負所學論

林羣玉

陸宣公丁叛亂之世，事雄猜之主，抗朱泚、希烈方張之鋒，撫李晟、渾瑊新集之卒，流離道路，艱劬不悔。吾度其心，必當以爲負。其曰不負天子，不負所學者，殆至憤至悲之辭，猶孟子之將去齊也。

夫賢者之仕也，措施之量，無有所窮。其受劫於奸回，見阻於資格，尤必彌縫曲折，以求萬一之濟者，思竟其量也。乃求萬一之濟，而究不得竟其量，於是賢智之事窮，節烈之事起，反其心，程其功，無一不足以自信，方微爲激壯之言，以明其不負。夫有天下者，至使大臣自明其不負，則不與其事君，不令展其所學者，誰實負之耶？

吾故曰：宣公之言，至憤至悲之言，非猶後世之習於夸大緣飾者之言也。且夫世之夸大緣飾者，亦正自以爲不負耳。其始荷戈執殳，以從討賊諸公之後，文告所至，詞氣凜凜，天下讀之，勃然有中興之思。戰功所積，果亦克符前說。因以此擁兵柄，取高位，持盈保泰，以爲古之大臣分如此也。夫向之困心衡慮，求濟於兵間者，自以爲負耶？不負耶？向惟自以爲負，乃始不負；今惟自爲不負，乃真負耳。且古之大臣，亦第擁兵柄，取高位，持盈保泰已乎？忘患難之事，則患難之事必至，非有所招而取也。惟不以此爲事，則事至亦不覺耳。而況敵國外患，訌於四境，星變水旱，叢於一時，此豈持盈保泰日乎？

嗚呼！吾思宣公之言，亦不覺其憤且悲也。且不特余自悲之，尤欲世之爲大臣者，知夫宣公之悲，始知余之所以悲者，非無爲也。

鄭氏以《禮》箋《詩》與毛傳異同考

高涵和

《詩》毛傳、鄭箋均多以《禮》解經，箋與傳時有異同，亦有似同實異，似異實同者。《關雎》傳："后妃能共荇菜，備庶物，以事宗廟。"箋云："后妃將共荇菜之菹。"《葛覃》傳："婦人有副褘，盛飾，以朝事舅姑，接見宗廟，進見君子。"箋云："衣謂褘，衣以下至褖衣。"《采蘩》傳："以豆薦繁菹。"箋云："夫人於君祭祀而薦此豆。"《簡兮》傳："教國子弟，以日中爲期。"箋引《大胥》："掌學士之版，以待致諸子。"傳又云："祭有畀、輝、胞、翟、閽者，惠下之道，不過一散。"箋云:"散受五升。"《柏舟》傳:"髦者,子事父母之飾。"箋引《禮》:"笄、總、拂髦。"《大車》傳:"毳衣,大夫之服。"箋云:"子男入爲大夫者。"《子衿》傳:"青衿,青領也。"箋引《禮》:"父母在,純以青。"《齊風·雞鳴》傳:"雞鳴而夫人作,朝盈而君作。"箋云:"可以起之。常禮。"《無衣》傳:"侯伯之禮七命,天子之卿六命。"箋云:"不敢必當侯伯,得受六命之服,猶愈乎不。"《終南》傳:"狐裘,朝廷之服。"箋云:"諸侯狐裘,錦衣以裼之。義本《玉藻》。"《七月》傳:"凌陰,冰室也。"箋引《周禮》:"夏頒冰,秋刷。"《東山》傳:"母戒女,施衿結帨。"箋云:"父母既戒之,庶母又申之。"《天保》傳:"尸,所以象神,卜,予也。"箋云:"尸叚主人,傳神辭。"《湛露》傳:"宗子將有事,則族人皆侍。不醉而出,是不親也。醉而不出,是媟宗也。又云:夜飲必於宗室。"箋云:"燕飲之禮,宵則兩階及庭門皆設大燭。"《沔水》傳:"水猶有所朝宗。"《巧言》傳:"會同,則用盟而相要。"箋並引《周禮》以證朝宗會同之義。《楚茨》之"工祝致告"告利成也,《甫田》之"以社以方"迎氣祭也,《[采]菽》"所以芼太牢",《瓠葉》爲"庶人之菜",《生民》"以弗無子"爲祠郊禖,"以興嗣歲"爲祈穀,箋皆與毛同。

亦有與毛異者。《葛覃》傳:"王后織(元)[玄]紞,夫人織紘綖,卿内子大帶,大夫命婦成祭服。"箋云:"女在父母之家,未知所適,故習之以絺綌煩辱之事,是未嫁與已嫁異也。"《卷耳》箋以兕觥爲"罰爵",引《禮》旅酬立司正,非懷人之義。《采蘋》箋以季女設羹爲非禮,非禮女之義。《著》傳云:"素,象瑱""青,青玉""黄,黄玉",箋云"紞之素""紞之青""紞之黄"。瓊華,士服;瓊瑩,卿大夫服;瓊英,君服。箋概以爲人君。《車攻》傳以"甫草"爲大芟草,引《禮經》"褐纏箭""裘纏質",箋以爲圃田。《賓之初筵》傳"有燕射之禮",箋據"烝衎烈祖"句云大射,"室人入又"句"復酌"非又射。《彤弓》傳"右,勸也",箋引《儀禮》"奠於薦右"。《鼓鐘》傳"鼓其淫樂",箋云

"嘉樂不野合"。《邶風·綠衣》非間色,《君子偕老》箋"展衣"宜白非丹縠,《褰裳》箋"他士"大國之卿,《大田》箋"騂黑"爲二色,非三牲,《絲》箋"鼛鼓"鼓役事,非二物,《楚茨》箋"燔"非取膟,"脅炙"非炙肉,"爲賓爲客"非繹。《卷阿》箋"純嘏"爲嘏辭,"以引以翼"爲祝,佐食贊尸之事。《女曰雞鳴》箋"以待賓客"爲燕具,翱翔非習射。又云:"士大夫以君命出使,主國之臣必以燕禮樂之。"《大東》箋以"簋飱"爲致饔餼牢禮,又以"既往既來"爲無反幣,以《抑》之"屋漏"爲祭末,以《鳧鷖》之"公尸"有宗廟、四方百物、天地、社稷、山川七祀之別,以《角弓》之"如食""如酌"爲族食族燕。是殆不然。

其最與毛乖忤者,昏禮取陰陽交會之月。《綢繆》傳以"三星"爲參星,"三星在天"是在秋冬之時。摽梅實落,將及秋矣,故傳云"今急辭也",《野有死麕》傳"春不暇待秋也",皆以秋爲昏期。箋以三星爲心星,心星當三月四月見於東方,不得其時。又云:"貞女思仲春,以禮與男會。"《野有死麕》箋。又云:"二月中,嫁娶時也。"《行露》箋。又云:"仲春之時,嫁娶之月。"《我行其野》箋。又云:"楊葉牂牂,三月中也,喻時晚。"《東門之楊》箋。又引《周禮》:"仲春之月,會男女之無夫家者。"《野有蔓草》箋。据《東山》詩,"倉庚于飛"下云"之子于歸",似嫁娶當在春時,而迨冰未泮,則在正月中以前,疑《東山》之詩,因行役而愆期耳。《匏有苦葉》箋云:"八月之時,陰陽交會,始可以爲昏禮。"則毛傳爲碻矣。《碩人》傳云:"夫人德盛而尊,嫁則錦衣加褧襜。"箋云:"夫人在塗之所服。"義與毛同。而丰箋又以"衣錦褧衣"爲庶人之妻嫁服。《南山》傳:"葛屨,服之賤者。"箋云:"喻文姜與姪娣及傅姆同處。"《葛生》傳:"夫不在,斂枕篋衾席,韜而藏之。"箋云:"夫雖不在,不失其祭。"又以"誰與獨旦"爲獨自潔明。《常棣》傳:"不脱屨升堂謂之飫。"箋云:"若議大疑,則有飫禮。"義亦申毛,而以"宗婦內宗之屬從后於房中"解"妻子好合",非毛意。凡此皆似同實異者也。

亦有似異實同者。《魏風·葛屨》傳：“婦人三月廟見，然後執婦功。”箋云：“未三月，未成爲婦。”《檜風·素冠》傳：“素冠，故素衣。”箋云：“素衣，謂素裳。”《唐風·揚之水》傳：“素衣朱繡。”箋改繡爲綃，据《郊特牲》《士昏禮》注引皆爲綃。鄭所据之本不誤，或毛傳偶誤耳。大抵鄭精禮學，其與毛異者，或失於牽合傅會，其餘實足補毛傳所未備。《碩鼠》箋：“三年大比，民或於是徙。”《蓼蕭》箋：“諸侯燕見天子，天子乘車迎於門。”毛皆無傳，揣毛意亦當如是。

亦有毛詳鄭略者。《駉鐵》傳引《周禮》“春獻狼，夏獻麋，秋冬獻鹿豕眾獸”，《七月》傳引《周禮》“大獸公之，小禽私之”，《魚麗》傳引《王制》“天子不合圍，諸侯不掩羣”，《車攻》傳引《王制》“充君之庖”，《四牡》傳引《禮經》“臣受命，舍幣于禰乃行”，《候人》傳引《玉藻》“一命縕绂，再命赤紱”，《瞻彼洛矣》傳引“天子玉璪而琘珌”，《江漢》傳“九命錫圭瓚秬鬯”，鄭不別立義，鄭亦與毛同也。

“士，事也”“推十合一爲士”解

李　錦

推十合一，各本無異。《玉篇》、《韻會》、六書故並引作推一合十，桂疏取之，段注不從，謂學者由博返約，故云推十合一，又云一以貫之，則聖人之極致矣。竊以皆爲未盡許意也。本書三下云：“天地人之道也。”王下引董仲舒曰：“古之造文者，三畫而連其中謂之王。三者，天地人（之道）也。”又引孔子曰：“一貫三爲王。”以一貫三與推十合一語意正同。竊謂三爲道，一亦爲道也。《説文》以一爲五百四十部之首，云：“惟初太始，道立於一，造分天地，化成萬物。"《甘部》："甘，從口含一。一，道也。"此一指道之確證。十者，數之具也。一爲東西，丨爲南北，則四方中央備矣。孔子《繫易》云："天一地二，天三地四，天五地六，天七地八，天九地十。"考《河圖》之數，一六居北，二七居南，三八居東，四九居西，五十居中，此即數具而四方中央備也。道莫先於天地，數莫始於圖書，數所在即道所在。許君於一言道，於十言數，是於士言數，始於一，終於十，猶言道立於一，數具於十也。疑推十合一者，即言推數合道耳。道統開於帝王而傳於士，士雖無帝王之位，而可有帝王之德。王貫三爲貫道，士合一爲合道，並引孔子之言，意可見矣。且士訓爲事者，義亦有此而得。《史部》"事"："職也。"字從史。"史"："記事者也，從又持中。"中，正也。《論語》"允執厥中"，皇疏："中謂中正之道也。"凡《尚書》所言中者，多指道言。持中猶之執中，事含持中之義，即含合道之義。合道爲事，離道則非事；猶合道爲士，離道則非士也。若僅就數之多少爲言，則十可合一，一亦可合十。所見既淺，縱或先一，或先十，究何關要義哉？

東山牛頭寨銘並序

黃元晟

出會城，至東山，陟其巔，有牛頭寨焉。甲申歲，穆將軍振旅而還，始經其地，人方知有險可據，實吾閩要害。豈知當時戚、周二公嘗立功於此，且設有軍屯防守。今國家承平日久，登眺之頃，漠然徒見山高而水清，欲問其事，而遺老盡矣。邇者海氛日熾，狡焉思啟者已垂涎及之，異日者或患不起於蕭牆，或變旋生於肘腋，固官斯土者之責，亦都人士之憂也。爰爲之銘曰：

無諸啟宇，控制蠻方。閩安急水，迭重邊防。東關十里，形勝中藏。

叢箐密篠，鳥道羊腸。車箱夾硤，石棧連岡。斗枴尺咫，渤澥毫芒。

內窺近郭，通津修梁。外瞰蒼溟，億艘兆航。壯哉門户，永奠金湯。

一夫守此，萬夫莫當。練兵紀効，厥有南塘。牛頭續著，鯨波不揚。

勒碑平遠，字剝風霜。亦越櫟園，巨寇披猖。射烏一礮，折脰絕吭。

奇軍繞背，盡埽欃槍。茲二百年，幾閲滄桑。深溝高壘，昔鎮巖疆。

殘旂斷鏃，今剩頹墻。興戎伏莽，易象孔彰。飲和食德，累世平康。

無滋蛟鼉，無縱豺狼。迂儒奢願，猶冀終償。資敵則弱，固圉則强。

同一絕險，得失宜詳。安得馬援，立柱炎荒。安得宗慤，破浪重洋。

隱爲扞蔽，顯作保障。榴花洞古，相與徜徉。武人磨盾，文士呻觸。

懲忿窒欲説

陳景韶

聖人作《易》，意在扶陽抑陰，然又時以過剛爲戒。觀乾爻有七，而戒剛者四。三曰"乾乾惕若"，四曰"或躍在淵"，上曰"亢龍有悔"，用九曰"見羣龍無首"，吉。合《象傳》《文言》静玩之，無非諄諄於過剛之戒，其他卦可類推也。

損之大象曰："君子以懲忿窒欲。"損艮上兌下，以損乾剛益坤柔而成卦，陰陽互易之象也。審卦義在三上二爻，三爲所自損，上爲受其所損。卦德下説上止，損而能止，且説其盈虚之妙於酌劑者也。然義主損剛，曷兼窒欲言之？蓋忿欲病二而實互爲其根。欲者，忿之母，忿者，欲之枝，相與狼狽以交戕吾天。客乘主位，厥罪惟均。虞氏以外卦爲窒欲，內卦爲懲忿，於理固也，然不如通言之之較爲完密。夫懲忿固在能説，而窒欲之功亦必以能説爲究竟；窒欲固在能止，而懲忿之功亦必以能止爲要義。止而以説行之，豈旦夕之功哉！嘗見忿之發如燎原之火，欲之肆如潰防之川，其端起於甚微，而其禍至於不可收拾。聖人哀之，故繫六十四卦，於陰爻，則防維之意居多，以杜欲之萌也；於陽爻，則懲創之意居多，以窒忿之隙也。而損之一卦，又專以此垂戒，蓋憂患深矣。然其大要，不外在居敬窮理四字。《論語》"忿思難，見得思義"，則以窮理、清忿欲之原也。《大學》"正心"傳"有所忿懥，則不得其正"，"有所好樂，則不得其正"，以及橫逆之三自反，非禮之四勿，則以居敬、輔懲窒之用也。二者夾行，不宜偏廢其功，責之於平日，而不能取必於倉猝。內卦剛而能柔，知進知退之君子也，在乾爲見羣龍无首之象也。外卦受益而歸於知止，則剛而不一於剛，在大畜爲童牛之牿、豶豕之牙之象也，其卦象爲山澤通氣，上崇下卑，各位其位而常相資，萬物所以發生也。卦言損而實非有心於損，君子之於忿欲，亦惟蠲其所本無，以還其本然之天而已，原非異端之虛無，寂滅之所得而藉口。至於百感清夷，天和洋溢，乾坤萬化，橐籥方寸之中，視乎山澤通氣者，其作用蓋恍惚之。《繫辭》曰："損，德之修也。"又曰："損，先難而後易。"君子不當三復斯言乎？

懲忿窒欲說

黄元晟

人生天地間，所爲銷鑠其精力，顛倒其夢魂，使自幼至老，自晝至夜，如環無端，如膠弗脫，入乎其中，而無能暫出乎其外者，非忿乎？欲乎？平居端坐無事時，似無忿無欲，然一念偶起，見有拂於其心，即忿也；見有順於其心，即欲也。物交之相引無論矣。今夫炎上之威，始但燄燄耳，及其燎原，胡可撲？橫決之性，始但涓涓耳，及其川壅，無不潰。有形之物，宜鑒之以懍於無形。讀《羲經》者，不留意於此，雖理探三易，數徹九家，曷貴焉？君子觀於損而悚然也。損其所當損，孰有急於忿與欲者？忿動乎氣，利用懲；欲動乎情，利用窒。懲之窒之之道當奈何？曰：讀書養氣，居敬窮理，忿欲之源清；平矜釋躁，矯輕警惰，忿欲之萌絕；秉禮守義，履中蹈和，忿欲之流遏。語其小，無非謹日用，慎樞機，祗屬老生常談；苟語其大，即窮神達化，參贊化育，究不出斯二者而已。獨是明日有怒容，見獵猶心喜，伊川尚不敢輕言懲窒，況其下焉者乎？善乎！子朱子之詩云："我已年來加損益，且將懲窒度餘生。"朱子爲此詩，一以矢古昔聖賢一息尚存，不容少懈之志；一以見本義成書，觀象玩占，深造自得之妙。其指示後學，至明且切。近世儒者，於省身克己之方，毫不加察，意氣用事，蕩檢踰閑，猶將依傍許鄭，揮斥程朱。昔嘗謂其不然，今因命題而愈通身汗下也。噫！碌碌半生，所學何事？欲明善而復初，舍懲窒信無入手處哉！

侯魏汪三家古文論

林應霖

古文一脈，膚濫於七子，纖佻於三袁，至啟、禎極矣。國初風氣還渟，學者復講唐宋矩矱，而商邱侯朝宗、甯都魏叔子、長洲汪堯峰稱爲最工，此宋牧仲所以合刻其文也。然而三家之文，各有所長，亦各有所短。朝宗則導源於腐史，叔子則濫觴於國策，而堯峰則氣體浩瀚，疏通暢達，上之直追廬陵、南豐，下之亦頡頏震川，此其所長也。所惜者，朝宗以貴公子而託庇強藩，輾轉依人，崎嶇戎馬，其文雖兼華藻，不免稍涉浮夸，迄今誦祭阮髯之文，幾於以嬉笑代怒罵，則文雖恣肆，所養未深沈也。叔子自入山以後，匿采韜光，不復與人家國事，觀所作地獄諸說，往往雜於縱橫，而未歸於純粹。若鈍翁則門人林吉人手鈔而刊，其文何嘗不仰如山斗，無如始與王漁洋相忤，繼與閻百詩相詬，則所謂學術既深，軌轍復正者，或亦阿其好也。

夫以三家之才如此，三家之學如此，其所造又彰彰如此，而不免尚留缺憾。然則後世之士，有志學爲古文，非得明師爲之指畫，益友爲之切劘，何能登作者之堂而嚌其胾，而況役志於聲律，分心於帖括，雖欲瓣香於三家，終慚於邯鄲學步也。雖然，文至商邱，已遠出二家之上矣，乃以勝國貴臣之後，而輕於一出，博此區區科第，是又立言不如立品也，惜哉！

釋　坫

官惟賢

坫之制，説者不一，皆未見其確。今案坫有四：

一曰堂隅之坫。《士冠禮》云："爵弁、皮弁、緇布冠各一匴，執以待于西坫南。"《大射儀》云："大師及少師、上工，皆東坫之東南，西面北上坐。"又云小射正"取公之決拾于東坫上"。又云："贊設拾，以笴退奠于坫上。"《既夕》云："設椸于東堂下，南順，齊于坫。"《士虞禮》云："苴刌茅，長五寸，束之，實于篚，于西坫上。"鄭注云："坫在堂角。"賈疏云坫有二："若《明堂位》云'崇坫康圭'，及《論語》云'兩君之好，有反坫'之等，在廟中有之。"此言坫者，皆據堂上角爲名，故云堂角。是賈以坫即堂角平地，非如崇坫、反坫之築土也。然《大射儀》"奠決拾于東坫上"，《士虞禮》"苴刌茅饌于西坫上"，則坫非平地可知。若置之于地，毋乃不敬乎？是亦必築土以爲之矣。《爾雅·釋宮》云："垝謂之坫。"郭注云："在堂隅。坫，墣也。"《釋文》云："墣，高貌也。"坫有高貌，明是累土。《漢書·食貨志》云："富商賈墣財役貧。"墣財是積財，凡物積累則高矣。張衡《西京賦》

云"直壝霓以高居"，壝為高貌明矣。且《爾雅》以垝釋坫，《説文》訓垝毀垣，垣是牆之卑者，毀垣則更卑，與坫相似，故曰垝，謂之坫，又可見坫為累土也。其下句云牆謂之墉，墉與坫連文對舉，牆築土而成，則坫亦築土又何疑乎？蓋堂隅設坫，一以為堂上奠物之處，一以為堂下侍立及設物相值之準，一以為堂之飾，且以為蔽。《説文》釋坫為屏固非，《正義》亦可見其築土而為堂隅之蔽也。然坫之制與屏不同，近焦氏循《羣經宮室圖》據《説文》謂堂角為小屏，殊不知屏為小牆，牆甚狹而長，若坫亦如之，豈可以奠篚與筓乎？此雖知坫是築土，而其形制亦繆矣。

一曰反爵之坫。《論語》云："邦君為兩君之好，有反坫。"鄭注云："反坫，反爵之坫。在兩楹之間。"人君與鄰國為好，會其獻酢之禮，更酌，酌畢則各反爵于其上。《郊特牲》云："臺門而旅樹，反坫。"《明堂位》云："反坫出尊。"鄭注亦皆謂反爵之坫，引《論語》解之。案：兩楹之間，古人以為行禮之節。《士昏禮》納采、問名、納吉、納徵、請期，皆用雁授于楹間。《鄉飲酒禮》："介授主人爵于兩楹間"，"司正立于楹間以相拜"。此固大夫士之禮，然諸侯若行昏禮及兩君燕飲，亦必如是矣。又《聘禮》"公受玉于中堂與東楹之間"，中堂謂東西之中。此時君雖稍偏於東，而賓必與君並立，方可授受。賓在君西，則正當兩楹之中間矣。古者以戶牖之間為客位，所以尊賓也。聘禮君立偏東，賓立正中，亦尊賓之意也。然則兩楹之間，正賓主行禮之處，安得設坫於此乎？孔疏謂坫"築土為之，在兩楹間近南"。云近南，固不礙於行禮，然築土而當中堂，亦礙人目，且于反爵之禮不合。以《鄉飲酒禮》考之，主人獻賓，賓奠爵于西階上；賓酢主人，主人奠爵于東序端；主人酬賓，賓奠觶于薦東；主人獻介，介奠爵于西階上；介酢主人，主人奠爵于西楹南。此皆奠爵，非反爵。及主人取西楹南之爵以獻眾賓，既畢，主人以爵降奠于篚，其爵不復行夫。此爵本取于上篚，既而奠于下篚，又旅酬卒受者，以觶降奠于篚。記又云：獻"工與笙，取爵于上篚，既獻，奠于下篚"。則不得謂反爵矣。奠爵于篚，是又無坫也。又以《燕禮》考之，設篚在洗西，設膳篚在其北，二篚皆在堂下。主人獻賓，賓即以其爵酢主人，主人以爵降奠于篚。又以象觚獻公，既獻，奠于膳篚，更爵自酢于阼階下，奠爵于篚；又公爲賓舉旅，卒受者以觶降奠于篚。又主人獻卿，既獻，奠爵于篚。又大夫卒受旅者，以觶降奠于篚。夫象觚爲君之觚，奠于膳篚，其餘悉奠于洗西之篚，是取于此者，亦奠于此，固可謂反爵。然有篚無坫，又在堂下，而不在堂上也。蓋鄉飲賓主雖敵，而爲大夫士之禮，燕雖諸侯之事，而賓主不敵，故皆無反坫。惟兩君好會，賓主敵體，乃有反坫在堂上。反者，反其故處也。鄉飲酒尊于房戶間，燕禮尊于東楹之西，房戶間正當東楹，東楹之西去楹亦當不遠，是二者設尊相近。蓋尊酒者，主人所以敬客，主人位在東階上，故設尊必在東方，以此爲主人之惠也。然則兩君燕飲，設尊亦必在東矣。兩君敵體，與鄉飲一類，是亦宜尊于房戶之間，與東楹相當。然鄉飲無坫，經文明言房戶間，尊當在東楹北，兩君燕飲有坫，尊當在東楹南，此爲異耳。兩君之坫，猶鄉飲之篚，篚設于尊南，與尊同處，則坫亦必與尊同處可知。《明堂》云："反坫出尊，天子之廟飾也。"天子反坫在尊南，則諸侯當在尊北，雖南北不同，要無不與尊同處。尊以盛酒，爵以酌酒，其事一類，故所設之處同也。由是言之，坫不在兩楹之間明矣。或者以燕禮爲諸侯之事，兩君好會，當與燕禮同尊于東楹之西，東楹之西亦可謂兩楹之間也。夫謂兩君之燕亦尊于東楹之西，是君臣無別，而謂東楹之西即兩楹之間，其名亦混。《禮經》或言兩楹之間，或言東楹之西，正所以別其異，豈可混而一之乎？至于天子反坫，說者皆以與諸侯同，今詳繹之而知其不然也。天子至尊，莫與敵體，惟諸侯來朝有客禮，故燕之于廟而有反坫。然諸侯亦人臣也，君臣尊卑懸絶，與兩君敵體不同，其禮當與諸侯燕禮相近。《燕禮》二篚皆在堂下者，以臣行禮堂下，取爵奠爵，得其便也。則天子燕諸侯，反坫亦宜在堂下。然《明堂位》言天子反坫出尊，尊在堂上，坫亦在堂上矣。夫臣既在下，而又升堂取爵，於事不便。且以人臣之爵奠于堂上，豈不嫌于泰乎？竊疑天子反坫有二：一在堂上，以奠天子之爵；一在堂下，以奠諸臣之爵，乃合於禮。堂上堂下雖殊，要皆在尊南，皆可謂出尊也。又案：阮逸《三禮圖》謂"坫以木爲之，高八寸"，其説亦非。坫字從土，明是以土爲之。若謂制之以木，則與字義不合。其高八寸，亦太卑矣。或疑土坫甚陋，非反爵所宜。然大射決拾實于笥，奠于東坫上；士虞刌茅實于筐饌，于西坫上。以此推之，兩君之燕，亦或實爵于筐，而奠于坫上，未可知也。崇坫康圭，圭必有藉，則反爵于坫，豈必無所藉乎？聶崇義謂坫即豐，然豐字從豆，其制當如豆而高，以木爲之，非築土也。且反坫非大夫所有，而鄉射爲大夫士之禮，亦得設豐，坫之非豐明矣。又《逸周書》有四阿反坫，此坫乃堂隅之坫，謂屋四隅之檐阿，反起于坫之上也。孔晁注以爲外向室，誤矣。全謝山又以《禮記·郊特牲》反坫爲屏牆之反向外者，其繆更不待辨矣。

一曰康圭之坫。《明堂位》云："崇坫康圭……天子之廟飾也。"案《覲禮》云："侯氏入門右，坐奠圭。"圭是重物，必不奠于地上，有坫以康之，宜矣。經不言坫者，文畧也。入門即言奠圭，則康圭之坫在堂下可知；入門右而奠圭，則坫在庭之東可知。反爵之坫在東，康圭之坫亦在東，正自相類。然反爵之坫在東者，明君惠也；康圭之坫在東者，明臣禮也。是其義不同也。坐而奠圭，則坫不高可知，而云崇坫者，以其奠圭，故特稱崇以尊之，非高于諸坫也。

一曰庋食之坫。《内則》云："天子之閣，左達五，右達五，公侯伯于房中五，大夫於閣三，士于坫一。"孔疏云："大夫既卑無嫌，故亦于夾室。"然則士亦于夾室可知。但不得爲閣，故築土爲坫，以庋食物。食物非坫可藏，必別有器藏之，而庋于坫也。夾室有左右，而士止一坫，當必於東夾爲之。蓋食以養生，生氣發于東也。夾室之中，亦必於東墉下可知矣。

總而言之，康圭之坫，惟天子有之；庋食之坫，惟士有之；反爵之坫，諸侯以上斯有之；堂隅之坫，則通上下皆有之也。堂隅之坫，其制必方，斯兩面可觀，且可以奠物，則諸坫皆方可知。康圭之坫，坐而奠之，其坫之高，不過三四尺；諸坫奠物，皆欲其便于取，亦不過三四尺也。此坫之大畧也。後之人讀其書而詳其制，可不深求其義而得其説之可據乎？

“如月之恒，如日之升”解

高涵和

此《詩》傳、箋“恒”均訓“弦”，《釋文》：“恒，本亦作縆。”“弦，胡田切。”“縆，古鄧反。”古音雖不同部，亦一音之轉耳。《説文》“絚”訓“緩”，弦則有急義。《心部》“慈”：“急也。”《弦部》領文三“盭”“紗”“絬”，皆取“彌戾”“急戾”爲義。

弦、絚義異。《玉篇》“絚”訓“緩”，或《説文》絚下“緩”字爲“綏”之訛。然緩以絲爲之，亦非絲轃之比。《方言》“轃”：“戾也。”《説文》“弦”：“象絲轃之形。”《説文》“縆”：“大索也，一曰急也。”知《釋文》“絚”當作“縆”。縆，古鄧、古恆二切，與絚音同。惟絚从二从回，縆从二从立心从舟。恆以心周施，與亘但訓回，義有微別。詳毛傳恆自訓弦，亦非从作縆之本，方得弦急之義也。《周禮·弓人》注恆，讀如裂縆之縆。知恆、縆本通。然此詩鄭箋亦不云恆讀如縆，則未嘗改字也。《説文》“恆”：“古文死，从月。”引《詩》“如月之恒”。知經文恆本作死，後乃作恒，因恒弦之義爲恆久所奪，別製縆字，爲弦急之專字耳。月行緩行，急均非正。《五行傳》“晦而月見西方謂之朓”，朓則侯王其荼，"朔而月見東方謂之側匿"，側匿則侯王其肅。"側匿即縮朒"，胐朒皆變也。詩人頌其君，何取於縮朒，而以急爲義？月之弦但象形耳，知訓急之緪亦非正字。𣎴上一象天，下一象地，月在天地間漸盛之皃，從夕從卜，非外也。夕月見時，卜亦象弓形，以此爲月上弦之正字，上弦仍闕。《説文》月本訓闕，𣎤象不滿之形，是以不滿爲盛。此猶日不言中而言出，亦以始出爲盛，漸進之義。月不言望而言弦，弦者漸盈，望則將生魄矣，非盛也。《説文》"日始出"爲"倝"。倝，光倝倝然也。朝從倝，又從舟，雖取舟音，亦取舟義，與恒從舟同意。舟者，周天也，日月皆以周天爲常度，曰恒曰升，皆無取其周天。頌揚之體，固不以極至爲盛，而但取其維新也。升訓十合，與日升義別。日升之字當作昇，《説文》昇新附字，据《易》下經升鄭本作昇，知古有昇字。𣎴昇，傳以月日爲義，知制字之始，但有月恒日升之義，訓常訓登，皆後義也。

"如月之恒，如日之升"解

郭曾熊

月之恒，日之升，取其常且盛也。傳云始進承"升，出也"句而言，非並承"恒，弦也"句而言。"恒，弦也"文氣一斷，"升，出也"言始進也，連讀則傳之意義見矣。箋云"就盈""就明"，誤以傳言始進句爲承上兩句，且釋本詩所取象於日升月恒之義。不知始進二字並出字，只作一升字解。如以爲釋日升月恒之義，則本詩上言山、阜、岡、陵，既象其委積之高厚，又狀以如川之方至，明其福之有加無已。此爲羣黎遍德而後當無始之可言。然則恒者言其恒久，升者言其光大也。傳以"弦"釋"恒"，以"出"與"始進"釋"升"，非略釋恒、詳釋升。言弦而恒之義已賅，言出兼始進而升之義始備。第言出，疑於明之未盛；並言始進，見其愈明也。至升登也，作出解。恒常也，不與弦同。傳云"恒弦"何故？或以恒亦作緪。緪，急也。弦，弓弦，喻急也。疑緪或與絃通，然如是則鑿矣。竊謂恒只訓常，而與絃之理自通者，日行於天而不忒，自朔至望，自望之晦，盈虛有常，終則有始，其象爲弦。其所以然者，則恒也。《易》恒卦云："聖人久於其道，而天下化成。"其德如是，其福亦如是也。不云月之盈而云月之恒，不云日之中而云日之升者，盈則虧，中則昃也。升，方盛之象。《易》升卦云："元亨，用見大人。"蓋言盛也。箋以傳言始進，不知止承升出也句，遂以上句"恒，弦也""弦"字僅指爲上弦，以取就盈之意。弦賅上下弦，可僅作上弦解乎？即云會其意而知之，而《天保》卒章可謂福隆德盛，何言始進乎？蓋當盛滿而後，望其恒久而已，頌其光大而已。下文南山、松柏，亦第嘉其貞，固而樂其繼承也。必以升弦爲始進焉。豈上文受天百禄，萬壽無疆，猶以爲未足耶？

"無若丹朱傲"，《釋文》云"傲字又作奡"，《説文》云"奡讀若傲，《論語》'奡盪舟'"疏證

周景濤

"傲""奡"聲同，古可通用。故《書·益稷》"無若丹朱傲"，《釋文》云"字又作奡"，非謂傲即人名也。《説文·夰部》云："奡，嫚也……讀若傲。《論語》奡盪舟。"引《論語》者，以明"奡"聲與"傲"通也。《説文》凡言讀若，皆以證聲，聲通者，義多相通，故《説文》讀若之字，率與本字互用。然如"卸"下云"讀若[汝南人]書寫之寫"，則其字義未必通矣。可知讀若一例，非將某字改某字也。

後人不知許旨，以爲《説文》讀"㚟"若"傲"，又引《論語》，則《尚書》之傲字必是《論語》之㚟字，丹朱、傲必是兩人，是何以異於高叟爲詩也。

㚟字，《説文》本訓嫚，《書》文即作"丹朱㚟"，何必定是人名乎？且㚟爲涃子薳兄，《漢書·古今人表》列㚟於涃後，其爲少康時人明甚。小顏注亦云即澆，豈有後數十百年之人，而禹能言耶？若謂㚟非澆，另是唐虞時人，則自安國、王逸以及顏師古、孔穎達、何晏、邢昺諸家皆誤耶？諸家之誤，猶可言也。許君既知㚟與丹朱同時，而以爲傲即㚟，乃"薳"下引《左傳》云"生敖及薳"，敖、傲古亦通用，許君不亦自相矛盾乎？是必不然也。近人孔氏謂傲即象，象傲故名之爲傲，如渾沌、窮奇、檮杌、饕餮之類，則瞽瞍頑，何以不聞目爲瞽頑？丹朱嚚訟，何以不聞目爲朱嚚耶？王應麟疑傲即丹朱，丹朱倨嫚，故名之爲傲。無論其無是稱謂，即當時有目朱爲傲者，而書言共工諸人，何以不云共工、窮奇、驩兜、渾敦、三苗、饕餮、伯鯀、檮杌耶？堯字放勳，舜字重華，禹字文命，史臣載筆於稽古帝堯、帝舜、大禹之下，皆加一"曰"字以别之，未嘗連書堯放勳、舜重華、禹文命也。丹朱若又號傲，則丹朱傲三字豈復成文？朱氏駿聲云：㚟即堯之子，朱之弟。於義尚無窒礙，惜無確證耳。故愚以爲丹朱傲之傲，仍是倨傲之傲，㚟盪舟之㚟，仍是涃子，而《説文》之引《論語》者，就聲而言，如此則可無穿鑿附會以求解矣。或曰堯時一㚟，少康時一㚟，説亦可通，然堯時有羿，少康時亦有羿，恐未必巧相兩合也。

"無若丹朱傲",《釋文》云"傲字又作奡", 《説文》云"奡讀若傲,《論語》'奡盪舟'"疏證

何爾鈞

《書‧益稷》篇"無若丹朱傲",《釋文》云"字又作奡",《説文‧夰部》引之亦作"奡",云"讀若傲,《論語》'奡盪舟'",是《益稷》之"奡",即《論語》之"奡"也。王伯厚因之,遂謂奡即丹朱,兩名連舉,於文義似爲不倫。吳斗南《兩漢刊誤補遺》知丹朱、奡爲兩人名矣,而不舉其人以實之,終覺疑莫能明。

竊謂奡與丹朱連舉,則奡者,堯庶子九人之一。近人朱氏駿聲之説,不爲無見。考《路史》:"帝初取富宜氏,曰皇,生朱,驁狠娟克,兄弟爲鬩,嚚訟嫚游而朋淫。"蓋惟其驁狠,所以兄弟爲鬩;惟其嫚游,所以兄弟朋淫。意當時庶子九人中,惟奡之凶德實類丹朱,故禹連舉以戒舜。而《管子‧宙合》篇亦云:"若傲之在堯也。"且本經下文曰:"朋淫于家。"朱與奡非兄弟,何以云家乎?古人以父子相繼,曰世朱與奡非皆堯子,何以云殄厥世乎?蓋《書》之"罔水行舟",即《論語》之"盪舟";《書》之"用殄厥世",即《論語》之"不得其死"。觀《路史》所載,堯之庶子自封留遷魯而外,皆後代所封,則九人中之殄世者,蓋不乏矣。禹與舜心創之,故諄諄告戒者,即在先朝家人父子之間,所謂殷鑒不遠也。他如近人孔葓軒説,則傲即爲象,是於舜前而面斥其弟,且有庳受封,亦不得目爲殄世也。詳玩經文,證以《路史》,朱與奡斷主兄弟説爲當。

"無若丹朱傲",《釋文》云"傲字又作奡",《説文》云"奡讀若傲,《論語》'奡盪舟'"疏證

陳景韶

《尚書》之丹朱傲,《釋文》云傲"字又作奡",知其通《論語》之奡也。《説文》奡"讀若傲",引《論語》"奡盪舟"爲證,知其通於丹朱傲之傲也。下有"傲虐"句,則上之傲自當作人名,"朋淫"爲二人之明證。"罔水行舟",又爲《論語》"奡盪舟"之明證。

案:《史記》無若上有帝曰二字,作舜戒禹之辭,於義較協。或據《管子》"若敖之在堯"句,謂傲即丹朱之名。然既名其名,而又名之以惡名,古無此立言之體。虞賓在位藩守,依然殄世一語,特爲危悚之辭,聲朱之惡以戒禹,即以戒禹寓戒朱之意,聖人之用心固如是也。或據《帝繫》"瞽瞍産重華""及産象敖",謂傲即象名。然《堯典》父頑、母嚚、象傲爲對文,皆作活字。孟子數象事,皆單稱象,未聞連象傲。言瞍之頑不曰瞍頑,朱之嚚訟不曰朱嚚,檮杌以傲很明德聞,而鯀亦不曰鯀傲,則《帝繫》之言未敢信也。或謂傲亦爲堯之子,此亦摹擬之談,殊無左據。然則誰實爲傲者? 蓋與朱同時之人,黨朱而相與昵比者也。薰蕕異器,以類相從,丹朱之所與朋,必其投於丹朱之好者,則丹朱所有之惡,皆傲之所共有,故二人連類言之,如前經連稱夔、龍、殳斨之例。"朋淫"即《洪範》"無有淫朋"之"朋"言邪黨也,"淫"如淫酗於酒、淫於聲樂皆是,不必定指帷薄。孔傳"羣淫於家,妻妾亂"云云,未免失於斟酌。《説文》"傲"訓"倨","奡"訓"嫚",音訓既通,故古文恆通用之。傲在舜時不能的指人,而《論語》之"奡盪舟",適符於"罔水行舟"之事,則傲、奡之爲

一人也無疑。何注但以與羿連文，疑羿即左氏所引之澆，然澆未聞有盪舟之事，而羿音亦與澆微別，未可強爲牽合。朱爲帝子，有封國，故傳之獨詳。羿名位不如朱，世賤其有凶德，略弗之數。驩兜名而不官，共工官而不名，三苗國而不名氏，猶此志也。夏商之前，書缺有間，後儒論古，率皆憑臆揣求，舉難傳信。雖《管子》《帝繫》諸篇，未可據爲實錄，苟因其可見之迹，依類以求乎情理之近，庶不至厚誣古人哉。

《小宛》爲兄弟相戒免禍詩繹義

黄元晟

《小宛》一篇，毛鄭謂刺王作，朱傳謂兄弟相戒免禍作。究之，相戒免禍之言，猶是刺王之意也。禍端莫解，由於王政多昏，釁起廟廊，毒流士庶。作詩者既非有參帷幄之大權，得竭才智以挽回天命，至不得已痛哭流涕，非明知其無益而出此哉？特如毛鄭解爲國家計，如朱傳解止爲身家計耳。雖然，爲身家計，非私也。嗟乎！燕雀處堂，既不凛厝火積薪之戒，封豕薦食而諱言，涸鮒告哀而弗恤，訑訑泄泄，無異於樂禍幸災。迨元黃戰血，玉石俱焚，始悔噬臍何及焉，晚矣！漢末京洛之富民，脂膏都歸郿塢；元季蘇松之大户，妻孥盡徙濠州。延及勝朝鼎革，闖獻交訌，搜括者窖不藏金，芟夷者野難留草，四海雖寬，逃生無所。前則酣豢沈迷，溺情紈袴；後乃流離顛沛，暴骨溝渠。以古準今，情形惟一，史册所載，閱之寒心。

然則《小宛》雖爲一時言，其即萬世之龜鑑也與！夫慘莫慘於兵戈，難免者數縱在天，可免者理仍在己。上即不能保其國家，下未有不欲保其身家者。保身保家之術，豈能外《小宛》所言乎？嘗取詩義而繹之，首章"先人""二人"，與下"無忝所生"相應，較爲明切。次章言不敬儀者不一端，酗酒可以括之，相戒之意，觀"各敬爾儀"各字可見。三章"教誨""式穀"，仰顧父母，俯顧子孫，人情也。四章邁征夙夜，正承"各敬爾儀"説下。五章、六章"啄粟""岸獄"，禍難免也。難免而可免者，其惟集木、臨谷之恭人乎？"各敬爾儀"，只"戰戰兢兢"四字盡之。雖有謂天命，不又王者言天命，下此不可言天命。不知民所恃者王，安危倚伏，吉凶同患之機。君民一體，天命苟去，王禍未有不及民者。詩言天命，正溯委窮源之語，非節外生枝語也。彼世之勢家豪族，日處承平之會，誠堪高枕無憂。窮儒筆硯生涯，本毫無所藉，然至《北風》雨雪"既亟只且"，則可藉者轉有時不可藉，不可藉者轉有時可藉，亦惟守敬儀戰兢之戒而已。晦菴解此詩，不啻三致意焉，其亦有感於斯旨也夫！

讀《伸蒙子》

林應霖

《伸蒙子》一書，唐林公慎思著。公雖爲唐季經學之大儒，實爲吾閩理學之鼻祖也。閩自李、常二公建學教士，所學者聲調而已，章句而已。求其闡聖賢之蘊，抉道德之精，概未有聞。公則紀事必提其要，纂言必鈎其元。於《槐里辨》三篇，則敘天、地、人之事焉；於《澤國紀》三篇，則敘君、臣、民之事焉；於《時喻》二篇，則敘文、武之事焉。莫不義正詞純，卓然與昌黎《原道》諸篇相頡頏。推之《續孟子》十四篇，間與《孟子》外書相參考，亦可補子輿氏門人之記注矣。於戲！海濱鄒魯，至有宋四先生而衍其派，又烏知公實啓其源哉！其自號伸蒙子也，以筮《焦氏易林》而名也。夫京房雖得焦氏之傳，而張博竊其緒餘，終爲所累。公於黃巢之亂，秉志不回，倘所謂殺身成仁者與？迄今讀其書，令人有餘慕焉。

"彼：往，有所加也"廣證

高涵和

"彼"與"其"略同。"其"字，指事之詞，經言"彼"亦各有所指。《詩・王風》"彼黍離離"，彼，宗廟宮室也。岐周之宗廟宮室已毀壞，其地盡爲禾黍，故觸目而心傷。《曹風》"彼其之子"，彼曹朝也，共公遠君子，近小人，三百赤芾之人，何足齒數。此皆有關於治亂興衰之故。其地其人，不當彼而彼之，指斥之詞，即感傷之意耳。《說文》"狋"："況詞也。從矢。"取罥之所之如矢也。如矢，謂直激而疾之往也。今一言彼，亦有直激之象。"彼"與"匪"通。《廣雅》"匪，彼也"，《詩・木瓜》傳"匪，非也"，《玉篇》"非，不是也"，皆直激之意。形況之罥，如引矢以相加，發於身而中於遠，彼亦往有所加。

彼者，對己之稱，歸罪於人則彼之。孔子嘗歌彼婦矣，以出走之罪加諸彼也。彼亦對此之稱，不善其人則彼之。孔子嘗彼子西矣，以此人之賢加於彼也。《論語》："我不欲人之加諸我也，吾亦欲無加諸人。"馬融注："加，陵也。"處下位者受人陵。《衛風》"彼美人兮"，《曹風》"彼候人兮"，其人雖賢，皆處下位者也。詳字義，凡據其上曰加。《詩》"髧彼兩髦""孌彼諸姬"，或幼或賤，皆有居其上者，故得而彼之。譖誣亦曰加，《說文》："加，語相譖加也。""譖，加也。""誣，加也。"譏刺之詞。雖非譖誣，然亦近於陵蔑。《唐風》"殊異乎公路"，《曹風》"不稱其服"，苟非其人，雖貴亦彼之，是彼爲陵加也。推恩亦曰加，言舉斯心加諸彼而已。《周南》"嘒彼小星"，星眾無名，言彼以見其加恩賤妾。凡此皆彼其人也。他如詠物之詩，有言浸彼者，苞稂生於下地，宜爲下泉所加。有言取彼者，狐狸可以爲裘，宜爲弧矢所加。二者皆彼其物。經凡言彼，意本不在彼。

如云"何彼穠矣""唐棣之華""瞻彼淇奧""綠竹如簀",以物相況,意不在地,亦不在物,故於彼恒從略,意別有加也。惟《魏風》"彼人是哉",《小雅》"彼都人士",語獨鄭重,然亦怨之所歸,恩之所在耳。彼從彳訓往,當以彼地爲解。於《汝墳》微行則曰"遵彼",於《岵岵》則曰"陟彼",身履其地,是足加之。然意之所嚮,亦可謂往。故凡加人以罪,予人以恩,陵人以勢,皆可言彼。彼者,通貴賤喜怒之恆言,非盡爲外之之詞也。

"彼:往,有所加也"廣證

李　錦

"往有所加",桂氏謂"加"當爲"如",所引亦無確證。竊謂非也。"如"有"往"義,《左傳》之"如棠",《七諫》之"超荒忽其焉如",《酒德頌》之"縱意所如",皆當訓往。許既言往矣,斷不更言如,自複其義。但往加之義,他書罕見,試即他説推之,可得數證。彼與往字,並從彳。彳,小步也,象人脛三屬相連也。人欲有所往,必以足步。《釋名》:"往,暀也,歸暀於彼也。"彼義言往,往義亦言彼,可以互通。證一。

往有去義,往去者,自内而至外也。《吕覽》"令困於彼",注"彼,亦外也",凡稱人以彼者,皆外之之辭,則彼與往義又通。證二。

《詩·小明》疏:"往者,從此適彼之辭。"《四月》疏:"言往者,因此適彼之辭。"是彼與此爲對文。本《書》"此,止也",止於此則不往矣。然加亦有止義,《淮南·主術》篇"雖愚者不加體焉",注"加,猶止也",蓋在此則止於此,往彼則止於彼。所加之地,即所止之地也。彼義當言加。證三。

彼，眾人也，見《後漢書》注。彼謂他人，見《呂覽》注。皆引申之義。彼言人，又與我字對，我施身自謂也。施、加義通，《呂覽》"光耀加於百姓"，注"加，施也"。《論語》："我不欲人之加諸我也，吾亦欲無加諸人。"與"己所不欲，勿施於人"同意。施即加也。身有所施爲我，往有所加即爲彼，義可對勘而明。證四。

《説文解字》多取義同，亦取聲通。凡以數字作解者，尤取諸雙聲疊韻。如"得"："行有所导也。""导""得"爲韻。"嗛"："口有所銜也。""銜""嗛"爲韻。"欼"："心有所惡若吐也。""惡""欼"爲韻。"眕"："目有所恨而止也。""恨""眕"爲韻。参聲、艮聲字同在十三部。此類甚多，不可枚舉。彼從皮聲，與加聲同在十七部，段氏謂彼加疊韻，是也。然則彼言有所加，正與得言有所导、嗛言有所銜、欼言有所惡、眕言有所恨同屬一例。若改作如，則與許例不合矣。證五。

許書最簡而精，其例亦謹嚴，無稍忽者。苟從聲義求之，亦何不可證之有耶？

殷周之際人心風俗論

黄彦鴻

從來一代鼎革之際，天爲之而人事無權也。然人心風俗之不泯者，必有所寄，以立於存亡絶續之交。宋之末寄於官吏，明之末寄於士林，惟殷周之際寄於無知之愚民。事最奇，心亦最摯，何則？商紂暴虐，毒流天下久矣。斂鹿臺之財而民不變，聚鉅橋之粟而民不變，斮脛剖心、焚忠良、刳孕婦而民仍不變，直至伐罪之師來自外藩，始相率而稽首以俟。然定鼎以後，挾其遺裔，振臂一呼，猶有斬木揭竿而起於東方者，豈新政之設施未善耶？豈長吏之拊循未至耶？毋亦故主之情有不能自恝也。特武庚童騃，管蔡鄙倍，不足有為。不然，洛邑於周爲頑民，於殷爲義士矣，此人心風俗之厚於殷者然也。然不特念舊情殷，即更新亦最速。三物六教，其相與而向興朝之化者無論矣。即殷遺酗酒，浸淫漸漬，其爲禍又豈在今日阿芙蓉下哉？然染之者不過妹土一邦，非有層見迭出，蔓延無已也。禁之者不過萍氏一職，非有星使重臣更番擘畫也。而令行民服，卒不聞奸宄之民有起而與法司爲難者。雖武周化神，然亦人心風俗去古未遠耶？使後之人事暴主而相安，去積習若捐疾，吾知其必不能矣。若夫微、箕之忠，夷、齊之節，南國之化，西土之仁，有純無間歷久彌新，其昭昭於簡策者，又自有公論在也。

　　　　　　　　　　　　　　　三山吳玉田鑴字

光緒己丑年

鄭氏《詩》"韎韐有奭"箋"茅蒐韎韐聲也"《駁五經異義》"齊魯之間言韎韐聲如茅蒐"解證

高　蒸

《詩·小雅·瞻彼洛矣》篇"韎韐有奭"，傳云："韎韐者，茅蒐染草也。"《説文》"韎"下引作染韋一曰韎《説文》作一入曰韎韐，所代韠也。箋既曰韎韐茅蒐染，又曰茅蒐韎韐聲，即申明傳中"一曰韎"三字，非於傳説之外又增出音義也。夫茅蒐韎韐四字，皆自爲音，何以兩相符合？《正義》引鄭《駁異義》云："韎，草名，齊魯之間言韎韐聲如茅蒐，字當作韎，陳留人謂之蒨。"是古人謂蒨爲茅蒐，讀茅蒐其聲爲韎韐，故云茅蒐韎韐聲也。以上皆疏。《説文》"韎"下云："從韋末聲。""韐"下云："從（市）［木］合聲。""茅"，韻會"謨交切"。"蒐"，唐韻音搜。直讀"韎韐"爲"茅蒐"，似非鄭君本意。據校勘記，此處二韐字皆當衍説本《晉語》，韋昭注《左氏傳》、《正義》所引亦無韐字。今但即箋文玩之，其云韎韐者，茅蒐染，茅蒐者，韎韐聲二語，箋本意專注韎字爲解，其云韎韐，祭服之韠，合韋爲之，箋亦專注韐字爲解，並舉韎韐二字者，連經文而未截斷耳。《晉語》韎韋之跗注，韋昭云：鄭（元）［玄］《詩》箋説以爲韎茅蒐染也。昭謂茅蒐今絳草，急疾呼茅蒐成韎也。案：呼茅蒐爲韎，亦猶呼登來爲得，不律爲筆者然。《説文》"蒐"："從艸從鬼。"許不云從艸鬼聲者，不以爲形聲之字也。鄭君以聲求之，或讀從鬼聲，故與韎音近。《駁異義》云"韎，

草名，齊魯之間言緎韐”句，此句只證實上句緎字之義。又云“聲如
茅蒐，字當作緎，陳留人謂之蒨”，蓋又由緎字、字義、音義及俗之所
呼者以推明之，非兼緎韐爲解，亦不得以“言緎韐聲如茅蒐”七字並
作一句。須知箋以緎韐爲士服，故上云服士服而來，下云祭服之
韠，合韋爲之，以此韋爲茅蒐所染，故云緎韐茅蒐染也。惟知緎韐
二字，箋有分訓，則傳中一曰緎韐，所以代韠二語，意自了了。《正
義》直以茅蒐聲爲緎韐，箋意反因而晦矣。茅蒐，茹藘也，《詩·鄭
風》：茹藘在阪注云。古謂之茅蒐，今謂之茜草，亦作蒨，染絳之草也，亦
可染赤，故《詩》云“有奭”，奭，赤貌。凡染赤之物，其色昧而不明，
故曰緎有昧義。《説文》“緎”：“茅蒐染韋也。一入曰緎。”段玉裁注
引毛傳亦有入字，以“一入曰緎”爲文，則毛公但言其色，鄭君兼指
其音也。考之音韻，參以方言，知非强爲叶也，並非臆爲斷矣。

鄭氏《詩》“緎韐有奭”箋“茅蒐緎韐聲也”
《駁五經異義》“齊魯之間言緎韐
聲如茅蒐”解證

林　珣

　　箋云：“緎韐者，茅蒐染也。茅蒐，緎韐聲也。”疏引《駁異義》
云：“緎，草名，齊魯之間言緎韐聲如茅蒐。”是“緎”聲近“茅”，“韐”
聲近“蒐”，鄭公屢言之，不當疑“韐”字爲衍也。謹案：小戴《明堂
位》“昧，東夷之樂”，《鼓鐘》傳引作“緎”。《書·堯典》“柳谷昧谷”，
今古文互用。宋祁筆記謂“卯”字本古文“柳”字。《周禮·天官·
縫人》“翣柳”，故《書》作“欑”，先鄭讀爲柳，後鄭引《堯典》“柳穀”爲
證，是緎與昧、卯、欑、柳音本同也。《左氏春秋》“王師敗績于茅
戎”，二傳作“貿戎”。《周禮·醢人》“茆菹”，鄭讀爲茅。《左氏傳》

"邢茅"，《潛夫論》用作"茆"。《説文》茆音柳，是茅亦與貿、柳同音也。若然，蕲、茅古音之轉而近，不獨齊魯然也。韔、蒐今音相去殊甚，即如郝户部所云：古"蒐，从鬼得聲"，亦與"韔"字音不叶。《左傳》孔疏、《國語》韋注所引皆無韔字，近儒多據之，遂指韔字爲衍，説似較順。究之，若是誤衍，不當並引《駁異義》處而亦衍之。且此疏與《左傳》疏同出穎達，又安知非彼疏之脱去韔字耶？阮宫保總校各本既然相同，似不當信彼而疑此也。考《左氏傳》有"蕲韋之跗注，君子也"，邱明魯人，"蕲韋"當即"蕲韔"之方言。啖氏助謂三傳本皆口傳，後代學者乃著竹帛，是左氏本讀"韔"爲"韋"，記者遂省作韋也。蓋韔从合得聲，獨齊魯之言从韋得聲等，諸圍、幃、違等字。韔从韋聲，蒐从鬼聲，古音多緩，韋、鬼音近，故韔、蒐聲相似也。《聘禮》"君使卿韋弁"注"蕲韋之弁"，鄭君北海人，習知魯之言韋、韔相似，恐人誤以"蕲韔"爲"韋弁"，故《聘禮》注既明"蕲韋之弁"，此箋並《駁異義》又明蒐、韔聲之相似也。然則茅蒐，本名茹蘆，因其色赤，可以爲蕲韔，故呼爲茅蒐，猶蘢古之名紅，染紫之名茈之類也。

《説文》"觶受四升""觚受三升"
以《五經異義》證之

高 蒸

《五經異義》《説文解字》同出一手，皆許書也。《異義》本《韓詩》説"二升曰觚""三升曰觶"，《説文》曰"觶受四升""觚受三升"，何其自相矛盾，前後判若兩人耶？案："觚""觶"之説，古《周禮》與《韓詩》同，鄭非自爲歧異。

蓋《説文》"一曰"之文多不足信，如使許以"觚受三升"之説爲然，當明出之説解，不必更有"一曰"二字。觚下云"一曰"，是許不以"觚受三升"之説爲然也。觶下云"觶受四升"，雖無"一曰"二字，然次於从角單聲之後，與許書全例不合。凡此皆疑後人附益唐時習《説文》者，旁註於説解下，傳寫者誤增入正文，非許原文也。

知其然者，據《禮器》正義引《異義》云："古《周禮》説爵一升，觚二升，獻以爵而酬以觚，一獻而三酬，則一豆矣。"謹案：一獻三酬當一豆，若觚二升，不滿一豆。許意蓋以古《周禮》所云"觚二升"當作"觚三升"，非謂觚當三升，合一爵滿一豆也。觀《異義》引《毛詩》説駁"觚大七升"之説，不明正《韓詩》説二升觚、三升觶之非，意可見矣。或謂許君所引《周禮》"觚二升"，"二"當爲"三"字之誤，許蓋據《周禮》以辨《韓詩》説。然觀《周禮·梓人》疏引《異義》云爵制"今《韓詩》説'二升曰觚，三升曰觶'"，古《周禮》説亦與之同。知許君所見《周禮》本無"觚三升"之説。觚三升者，或鄭君所據《周禮》今本，非許君所云古《周禮》本也。鄭亦誤會許意，疑許引《周禮》以正《韓詩》説，故直駁之云："觶字角旁著氏，與觚相涉，誤爲觚。"其實許意亦不以《韓詩》"觚二升"之説爲非，以今《周禮》"觚三升"之説爲是也。許、鄭所見《周禮》本有不同，故鄭必爲駁正。又南郡太守馬季長説"一獻三酬當一豆"，"豆"當爲"斗"，與"一爵三觶"相應。馬所據《周禮》必是善本，但云豆當爲斗，不云觚當爲觶。《周禮》本本作"觶三升"，故不云"一爵三觚"，直云"一爵三觶"。許未見此善本，故仍云古《周禮》説"觚二升"。

近人段懋堂引馬注《論語》"爵一升，觚三升"，鄭《駁異義》引季長説"一爵三觶"，"觶"當爲"觚"之誤，改"觚"爲"觶"始於鄭、馬，不爾也。果爾，則爵一升觚三升，更無二升之爵，古人命名或不如是。《韓詩》説："觚，寡也。"寡則止於二升，至三升則可以自適，故謂之"觶"。知"觚""觶"説解，必爲後人竄易無疑。許、鄭皆謂《周禮》與《韓詩》説同，特鄭明辨"觚"爲"觚"字之誤，許未明言耳。觀"觚"下不引《周禮》，知古《周禮》無"觚三升"之文。段乃云"觚受三升"，古《周禮》說，許作《異義》時從《周禮》，至作《説文》則疑焉，故言"一曰"，以見古説未必盡是，《韓詩》説未必非。游移鮮據，豈許君而爲斯語乎？亦段氏臆斷之説耳。

《書》"桓"是"廣"義

力　鈞

細玩鄭註，非惟可以正地里之譌，且可以補方言之缺。鄭以上文"和夷"當讀爲"桓夷"，故以此文"桓是"當讀爲"桓氏"。案《水經》："桓水出蜀山西南，行羌中，入於南海。"以形勢考之，當在梁州南境，非西戎諸國所必由之路也。特梁州既有桓水，又有桓氏，故從土音而變其文曰"和夷"，此正古經用字精細處。《漢書·酷吏傳》"桓東少年場"，如淳注："陳留之俗，言桓聲如和。"則鄭之讀和爲桓，必梁州方言然也。

《説文》"氏"下云："巴蜀山名岸脅之堆，旁著欲落墭者曰氏。"漢之巴蜀，即《禹貢》梁州，則鄭之讀是曰氏，亦梁州方言然也。且鄭明云"桓"是隴阪名，今其下民謂阪爲是，曲爲桓也。意康成受經扶風，或嘗游歷關隴，故耳熟其方言而能詳之歟？《説文》"阺"下云："秦謂陵阪曰阺。"揚雄賦"響若氏隤"，《漢書》作阺，師古曰"阺音是"。秦蜀接壤，方言自通，又可證鄭之以"氏"爲"阪"，亦梁州方言。古來地書，《禹貢》後以《水經》爲最，酈註於和水、桓水條皆從鄭，鄭之説可見，實有不可磨者。近儒釋《禹貢》地里，於鄭注皆有所發明。而鄭所云"雟、戎之間，人有事於京師者，道當由此州而來"二語，頗疑未愜。蓋上文所引《地里志》，漢之地里也；下文所引今方言，漢之方言也。則京師當指漢之洛陽，不當指夏之冀州明矣。且冀州在北方，雝州在西北，西戎又在雝州北。雝、戎之人有事冀州，則當東行，惟有事於洛陽，必南折而由梁也。江氏聲疑注中京師二字爲未安，王氏鳴盛謂過桓是而入西漢，爲有事京師之道，取徑甚紆，亦未見其必然。試即鄭注上下文繹之，則鄭所云京師可無疑矣。觀光武初都洛陽，用兵秦中，多出隴坻。夫所謂隴坻，不必即《禹貢》之桓是，而即由豫而梁而秦之道，亦可想當日由秦而梁而豫之道。此鄭氏解經之確，非後人所能及。至於地里之名，隨方言而異。而方言之輕重高下，則隨其土俗而轉移。若區區求氏是二字之通，亦已鑿矣。

相人偶疏證

歐　駿

　　人偶二字，漢人家常語也，有尊異親愛之意，故鄭之箋《詩》注《禮》，多用此語。案：物之所尊曰人。《太（元）[玄]·（元）[玄]文》。人，猶仁也。《論語·顏淵》皇疏云：與仁恭而有禮。又《廣雅·釋詁》四：人，仁也。仁，猶存也。《禮·仲尼燕居》：郊社之禮，所以存鬼神也。注。以人意相存問，如《鶡冠子》所謂"仁者同好者也"。《方言》十："沅澧之原凡言相憐哀謂之噴""江濱謂之思"，皆相見驩喜，有得亡之義，"九疑湘潭之閒謂之人兮"是也。偶，通作耦合也《爾雅·釋詁》。遇也，二人相對遇也《釋名·釋親屬》，又諧也《廣雅·釋詁》三，以人情相愛偶，如《莊子·知北遊》注"調耦和合"之謂，《左傳》"耦俱無猜"是也。

　　今試以經文考之：《詩》"亨魚""西歸"，皆云誰者，若言人皆不能，有能者必尊貴之故。下云"漑之"，云"懷我"，皆親切之詞，箋以人偶釋之，即此意也。又《儀禮·聘禮》"公揖入，每門每曲揖"，《公食大夫禮》"賓入三揖"，曲揖、三揖，皆禮文周折，愈近而愈親愛者。

且揖時必對立相視，曲致情文，故注皆云"相人偶"。而其注《中庸》"人"字，且云"讀如相人偶之人"，可知"人"與"仁"通，當讀如《孟子》"仁民"之仁，作愛字解也。且仁字本從愛人爲義，《荀子·大略》："仁，愛也，故親。"又《古微書》引《春秋元命苞》云："其立字二人爲仁。"《廣雅·釋詁》亦云："耦，二也。"耕者有耦，射者亦有偶，固有比而相親之義，則相人偶爲尊異親愛之言，無疑矣。

其爲人多暇日其出入不遠論

黃元晟

日健行，無一息停。人怯行，無一息不停。況雖不停，猶之停乎？今日思前日所爲，自問茫然也；今年思前年所爲，自問茫然也；今之齒落髮種，思前年富力強時所爲，自問愈茫然也。辟之行然，并力者兼程可至，卻步者尺寸難踰矣。炳燭之光，桑榆之補，懷是想者百，踐其實者無一焉。荀子此言，危悚之言也。謂其爲人多暇日，即其爲人之無餘日耳。且即其爲人之有餘日，亦無非酣豢宴安之日耳。噫！人不肯愛日，日其肯愛人哉？日其如人何？人其如日何？

其爲人多暇日其出入不遠論

林應霖

爲臣多暇，必誤其國；爲吏多暇，必殃其民；爲人多暇，必儳其躬。是故古之欲爲良臣，欲爲循吏，必自其爲人始。自其爲人始，則必激昂其氣志，愛惜其聲名，非聖賢之言不敢言，非聖賢之行不敢行,而後氣志自我而奮,聲名自我而全。幸而爲臣爲吏,日盡其所以爲國爲民者,於我心無憾;即不幸而不爲臣不爲吏,亦日講其所以爲國爲民者,於我志無虧。所以軒天地,貫古今,爲一世不多得之人,即爲一世莫與京之人,而要不過自皇皇求仁義來,豈皇皇求財利者所可同年語哉!誦《荀子·修身》篇,不覺有感於爲人多暇日,而出入不遠也。雖然,由荀子之言,爲人誠不可多暇日,抑知今之爲人者,於爲人則多不暇,於爲臣爲吏則多暇,於爲臣爲吏亦多不暇,於爲國爲民又多暇。何以明其然也?曰:今之自號爲學人者,日習詞章,日講聲律,父兄以是教,子弟以是承,較諸鑿壁之匡下,惟之董一,若日不暇給者。既而弋取科第,或内而爲詞臣、爲部臣,或外而爲大吏、爲小吏,則宮室之美,妻妾之奉,所識窮乏之得我者,酣豢日以隆,聲譽日以廣,方自命爲大丈夫,得志之所爲也。而當其奔走公卿,伺候形勢,欲得君,不憚爲浪子宰相;欲獲上,不惜爲由竇尚書。問其所以爲國者,果能出入於蕭、曹、管、樂乎?問其所以爲民者,果能出入於龔、黄、杜、邵乎?社稷安危之計,未嘗蓄於心;地方利弊之原,未嘗役其志。其謀國也,等於築室;其臨民也,視爲傳舍。猶欲與古之良臣循吏並駕齊驅,何異於商蚷之馳長河,跛牂之上峻阪乎?纓弁其躬而土木其形,彼昏不知,醉死夢生,則當其爲人,雖多不暇,又有甚於多暇者矣。可慨也夫!

"公既定宅,伻來來"解

林應霖

《洛誥》:"公既定宅,伻來來。"孔疏引鄭云"伻來來"絶句言:"使二人也"。其所以使二人者,史臣敘事,多以錯綜成文也。

案：召公相宅，卜吉經營，則周公所獻之圖，即召公所卜之王城也。及周公卜遷，殷民所獻之圖，則周公所卜之成周也。先後遣使，皆成王未至洛以前事。史不敘之《召誥》，而敘之《洛誥》者，錯綜也。玩上文以圖及獻卜語，勢尚未住，宜連下“肇稱殷禮”，而成王即“拜手稽首”言，故錯敘成王語於中間。蓋“旅王若公”，其時王已在洛，故鄭以王得周公所獻之卜而來，則上文伻來獻卜，乃周公述營洛事，此則使來告王之後，復錄王答公語，則遣使告卜，當在旅王以前可知矣。第伻來、獻卜，史於周公遣使不分先後，故於錄王言重言“來來”者，以見公兩遣使之意，則敘事之錯綜可見，即敘事之謹嚴亦可見。鄭以“伻來來”絕句，亦精於詁經矣。乃孔疏既引鄭注，仍伸孔傳云“來來”重文者，上來言使來，下來爲視卜，抑何其左袒僞孔若是耶？然而非孔引鄭注，後世何能由鄭之詁經，知史之敘事哉？

“子兮者嗟茲也”廣證

力　鈞

毛公傳例，凡經用叚借，傳則直指其字以釋之，即漢人讀爲、讀曰例也。案：《說文》以“嗞”解“諮”字，以“諮”解“嗞”字。嗟、諮、茲、嗞，古今字，單言之曰“嗟”，亦曰“茲”；衆言之曰“茲嗟”，亦曰“嗟茲”。特傳不以子爲茲嗟，而以爲嗟茲者，則義而兼聲也。傳以合適爲甕，合讀而甕之聲得矣；傳以童粱爲粮，合讀而粮之聲得矣。陳氏奐謂“子”讀爲“茲”，本《禮記正義》“子”“茲”聲相近之說，“嗟”“茲”合讀而得“子”聲，亦其例歟？

傳言歎辭者五首，見於《麟趾》篇，而《騶虞》《擊鼓》“夏屋”皆衆言于嗟，皆無傳者。蒙於《麟趾》傳也，“嗟茲”猶“茲嗟”，“茲嗟”猶

"于嗟"，知"子"之爲"嗟茲"，即知嗟茲之爲歎辭矣。且《文王》《清廟》傳皆云："於，歎辭也。"《那》傳亦云："猗，歎辭也。"於也，猗也，茲也，皆一聲之轉，則嗟茲之爲歎辭，更可知矣。歎謂之猗，加一與辭則曰猗與；歎謂之於，加一乎辭，則曰於乎；此歎謂之子，加一兮辭，則曰子兮，其例正相同也。《噫嘻》傳噫訓歎，嘻訓敕，歎之爲言嗟也，敕之爲言申也。而"嗟嗟臣工"，傳以爲敕；"嗟嗟烈祖"，傳不以爲敕。單言嗟，則但可謂歎；重言嗟，則可謂歎，亦可謂敕。此詩重言子兮，亦即嗟嗟意也。故傳第言嗟茲，而於歎辭轉略引而不發，使善讀者參觀互證，而知其例之所在也。至於《蕩》傳："咨，嗟也。"子、咨同聲，子嗟、咨嗟同訓，傳必兼嗟茲言者，以咨爲本字，但釋其義足矣；子爲叚借字，非形容其聲，恐其義未易遽明。合全傳觀之，於異處求其同，而毛公解經之苦心見矣。至子、茲之通，高郵王氏言之，詳不贅也。

"子兮者嗟茲也"廣證

林　珣

　　王氏《經義述聞》引《秦策》"嗟嗞乎"，以通《管子》《説苑》之"嗟茲乎"及揚雄《青州牧箴》之"嗟茲"，謂"茲"即"嗞"字之叚字。又引《楚策》"嗟乎子乎"，《大傳》"嗟子乎"通"茲"於"子"，謂"嗟子"與"嗟嗞"同。馬氏《通釋》從王説，引《説文》以證謂"謷咨"即"嗟嗞"之通借，謂"咨"音義與"嗞"同，"子""茲"一聲之轉。又引孔廣森云：《史記》"有負子之責於天"，即《公羊》"屬負茲舍之負茲"之説，以證成"子""茲"之通借。

　　謹案："嗟"通作"訾"。《逸周書》注："訾，歎恨。"《説文》："訾，苟也。"《集韵》："四箇切"，"訾""訾"音義本通。《爾疋》："訾，郭音些。"《一切經音義》亦云:"呰,古文些""王肅讀嗟遭哥切",是"嗟"音義同"呰"而音又同"些"也。《爾疋》:"嗟,咨蹉也。"咨又與茲、呰同訓。《説文》:"薺,咨也""嗞,嗟也"。《蕩》"文王曰咨",傳:"咨,嗟也。"是"嗞"通"茲","茲"通"咨",而"嗟""咨"又轉相訓也。聲訓嗟佐也。言不足盡意,故佐以聲。《廣韵》亦云:"嗞嗟,憂聲。"《易》鄭注亦云:"齎咨,嗟歎辭。"是"嗟茲""嗟咨""齎咨"分之則爲兩字,合之祇是一聲,猶茲其鉏鋙,合聲爲相之類。傳意亦謂"子兮"是一聲,故合"嗟茲"爲訓。而王伯申所引諸書,亦皆合"嗟茲""嗟子"爲辭。即如經中《泉水》之"茲之永歎",是合"茲之"爲之發歎辭也。_{箋訓茲爲此,竊謂毛意不當如是。}《下武》之"昭茲",《東觀漢紀》作"哉",是"茲"猶"哉",其爲有聲而無言可見。又《麟之趾》《騶虞》之"于嗟",《臣工》之"嗟嗟"、《猗嗟》之"猗嗟",亦皆合兩字爲聲。而"猗嗟"傳亦訓歎辭,是"嗟"亦祇爲聲也益明。又"猗"字,《伐檀》通作"兮"_{河水清且漣猗,漢《石經》作"兮",}《尚書・秦誓》"兮"通作"猗"_{斷斷兮古文作猗,}是"猗""兮"皆歎聲之佐,而"嗟"又祇是歎聲,所以佐言者也。故《麟之趾》則以"于兮"佐"嗟",《猗嗟》則以"猗兮"佐"嗟",故《爾疋》舊注云:"嗟,楚人發語端。""嗟"音如"些",楚詞哀怨多用"兮"及"些",而"子"又本通"茲",是"茲"即"子"義,"嗟"即"茲"辭,"兮"即"嗟"意,必兩字相佐,語意始顯。然則"子兮"與"嗟茲",不過方言、口音之互異,其爲憂歎之聲則一也。而疏之訓"茲"爲"此"者泥,而諸家僅通"茲"于"子",而於"兮""嗟"兩字不爲詳疏,故特申之。

《説文》"攲持去也"説

吴秉堃

《説文·支部》"攲"："持去也。"朱氏云："持去疑持夾之誤。"竊謂不然。如是譌字，段、桂二家宜早訂正，何以仍從其舊？

但段氏云："支有持義，故持去之攲从支。宗廟宥坐之器曰攲器。按：此攲當作㪻，《危部》曰：'㪻，㪻隁也。'《竹部》'箸'訓飯攲，此攲亦當作㪻。箸必邪用之，故曰飯㪻。《廣韻》：'㪻，不正也。'《玉篇》：'攲，今作不正之㪻。'"然則"攲""㪻"是一字，許君《危部》何以復出"㪻"字，是必不然也。"箸"訓"飯攲"，段以"㪻，裹入飯於口中"解之，説已牽強，況此持去之攲，許君明以"持去"爲訓，則與"㪻"字當有别。"攲器"之"攲"，經典亦用"攲"字，未有用作"㪻"者。段欲強圓其説，因特於"㪻"字指爲複舉，下又引"攲器"作"㪻"爲證，此毋乃近於強經就我乎？

故桂氏不從段説，但據通俗文以箸取物曰攲爲證。然則"攲"靜字也，攲爲靜字，則去亦當爲靜字，乃合釋字之例。今人習見去義，多從去來、去藏、去除爲訓，故於許君"持去"一訓，窒然鮮通。按：許書《去部》次於《凵部》，是去之本義原从凵字，孳乳而生凵、凵盧，飯器也，或从竹作𥱻。《士昏禮》注曰："𥱻，竹器而衣者，如今之筥𥱻籚矣。"筥、𥱻籚二物相似，𥱻籚即凵盧也。《方言》："籧趙魏之郊謂之去。""籧"注：盛飯筥器也，錢氏大昕曰："去籧即凵盧也。"是去即凵字。許君説解特未用凵字，去行而凵廢，故人多弗之通。按：去除之去可借袪，去藏之去可借胠，豈去盧之去獨不可借凵乎？況許書持下多用實義，如"秉"下云"持禾"，"㞚"下云"持巾"，"肅"下云"持事"，"叔"下云"持祟"。諸如此類，不勝臚舉，豈獨"攲"下去字特用虚義乎？是亦未之思矣。朱氏改作持夾，是其意亦以持下宜承以實義，特擅爲簒易，則過矣。"持去也"者，許蓋謂持取去盧之物也。持取去盧，勢必用箸，箸必傾側，故與豉義合。蓋豉即箸，箸即豉也。觀桂不引他書，但據通俗文爲證，此即桂之精，非桂之儉也。而繁徵他説，奚當焉？

漢宋小學論

董元亮

小學之有六書，猶轅之有輪也；小學之有幼儀，猶輪之有轅也。二者互資，而不容偏廢者也。爲漢小學者曰：吾知六書而已矣，幼儀云乎哉？而不知漢實不廢幼儀。爲宋小學者曰：吾知幼儀而已矣，六書云乎哉？而不知宋實不廢六書也。漢承戰國、吕秦之後，典籍悉去，文字異形，古文蓋幾絶矣。八體之試，小學元士之設，豈得已哉？世運爲之也。觀夫《班志》《孝經》《弟子職》與《爾雅》《小爾雅》並列，則當時言訓詁者，不廢幼儀可知，特不如宋之盛耳。宋雖反漢所尚，不以尋行數墨爲能。然明道先生移令晉城，躬爲兒童正句讀，又云："某書字甚敬……只此是學。"橫渠先生云："書須成誦。"朱子云："不可看注時便忘了正文，看正文又忘了注，須這一段透了，方看後板。"北溪先生云："制度名數，無非義理所寓，輕重疏密之間可見，故人纖悉處厭而置之，不幾墮釋、老空虚之病乎！"象山先生云："寫字須一點是一點，一畫是一畫。"之數子者，皆負卓絶之天資，窺性理之精蘊，然其教人篤實如此，何嘗薄漢小學哉！其不能不稍有異同者，則以箋疏大備之後，學者拘於訓詁，汩没性靈耳，亦曰世運而已矣，豈得已哉！是故漢之小學所以開宋之先，宋之小學所以善漢之後，皆無所謂失也。其失之拘牽，失之臆斷，學者爲之也。學者誠能守孔、鄭、揚、許之訓詁，循濂、洛、關、閩之範圍，則學漢小學也可，學宋小學也可，夫固各有所當也。

《齊風》"於著""於庭""於堂"解

力　鈞

毛公深於禮者，而《詩》傳尤多逸典，往往可以補禮家之缺。以瓊華爲士服，則俟著者，士之禮也；以瓊瑩爲卿大夫服，則俟庭者，卿大夫之禮也；以瓊英爲人君服，則俟堂者，人君之禮也。夫君與卿大夫昏禮無傳，傳者《士昏禮》耳。《士昏禮》親迎，揖婦以入，及寢門，即著也。以《禮經》之例考之，敵者迎於門外，尊者迎於門內。君之於臣，雖爲賓，不下堂而迎，降階一揖而已。是行禮於庭者尊於著，行禮於堂者尊於庭也。卿大夫尊於士，故俟庭而不俟著；人君尊於卿大夫，故俟堂而不俟庭。且士之納徵也，其幣則玄纁、束帛、儷皮，與大夫同者，攝盛也。天子則加穀圭，諸侯則加大璋。諸侯納徵異於士，亦異於大夫，其親迎之禮必異也可知。卿大夫之妻刺黼以爲領，士妻之被潁黼，假盛飾也。而天子諸侯后夫人則狄衣，夫人之嫁衣異於士妻，亦異於大夫妻，其親迎之禮必異也更可知。況親迎之車，士妻則夫家共之，大夫以上則自以車送之，車異斯禮異矣。親迎之服，士爵弁，大夫以上則皆冕服，服異斯禮異矣。諸侯曰夫人，大夫曰孺人，士曰婦人，稱謂異，所以迎之者必異。諸侯一娶九女，大夫一妻二妾，士一妻一妾，儀從異，所以迎之者必異。合觀禮家之言，皆可爲人君、卿大夫親迎異於士之證也。然證諸《禮經》，不若以詩證詩，以傳證傳之尤確也。

《大明》親迎於渭，天子之親迎也。《韓奕》韓侯迎止，諸侯之親迎也。天子諸侯皆可以人君統之。《鵲巢》傳諸侯嫁女，送迎皆百兩,有女同車,傳親迎同車,迎者百兩,送者亦百兩,迎女之車同於送女。《召南》之百兩御之,百兩將之,即《鄭風》之《同車》,雖人君必親迎,親迎必百兩,必同車,亦必俟堂,其服必素與瓊華,此可補人君親迎之禮也。《綢繆》首章傳"男女待禮而成","三星在天",可以嫁娶矣,明爲親迎之禮也。次章傳"三女爲粲",大夫一妻二妾,明爲大夫親迎之禮也。《草蟲》傳"卿大夫之妻待禮而行,隨從君子",一曰待禮而成,一曰待禮而行,文正同也。一曰卿大夫之妻,一曰大夫一妻二妾,義亦同也。同爲卿大夫,同爲親迎,則同俟於庭,況在天、在隅、在戶之星,非於庭亦何以見哉? 而服之青與瓊瑩不待言矣。此可以補卿大夫親迎之禮也。至於士之親迎,雖已見於《士昏禮》,而詩、傳亦有可以互證者。《東門之楊》序昏姻失時,男女多違,親迎而女猶不至,此則禮之變者。《丰》序昏姻之道缺,男行而女不隨,男行即親迎也,不隨即不至也,此亦禮之變者。惟三、四章"叔兮伯兮",傳"叔伯,迎己者"。按:《旄丘》叔伯爲大夫,《檬兮》叔伯爲羣臣,而首二章子字,亦與《大車》傳"子大夫"合。《丰》或爲大夫之親迎,未可知也。不然,豈士攝盛而用大夫禮,如《株林》傳"大夫乘駒",而《漢廣》非大夫亦言駒之例歟?《丰》之俟巷,即《士昏》之俟於門外也;《丰》之俟堂,即《士昏》之升自西階也。

要之,俟巷可以證此詩之俟著、俟堂,不特異於詩俟庭,且亦異於俟堂。毛傳簡貴,有增益一二字,而古制賴以存者,類如此。觀《葛屨》"宛然左辟",傳:"婦至門,夫揖而入,不敢當尊,宛然而左辟。"此正俟著之確證也。而俟庭、俟堂之亦揖、亦辟,可推矣。《靜女》"俟我於城隅",傳城隅"以(喻)[言]高而不可踰"。夫親迎無俟於城隅者,故毛以城隅爲喻。若謂"豈俟我於城隅"乎,何"愛而不見"也? 而此詩首章則曰:豈俟我而爲士乎? 何以於著而不見尚瓊華者? 次章則曰:豈俟我而爲卿大夫乎? 何以於庭而不見尚瓊瑩者? 三章則曰:豈俟我而爲人君乎? 何以於堂而不見尚瓊英者?

望其見而不得見，與《靜女》同意也。蓋毛公周秦大儒，具見古籍，師說獨遠。而孫氏志祖《讀書脞錄》、夏氏炘《讀詩劄記》所輯毛傳逸典各十數條，而此章詩傳轉畧，何也？

《齊風》"於著""於庭""於堂"解

林應霖

《齊風·著》篇，《詩序》云："刺時也，時不親迎也。"毛傳、鄭箋皆云："陳古以刺時，則於著、於庭、於堂，當屬之女家。"至朱注引《東萊》則云："直言以刺時，則於著、於庭、於堂，當屬之男家。"案：昏禮親迎，壻爵弁纁裳，乘墨車，至女之大門外。女之父迎於門外，再拜，壻答拜。女之父揖入，壻執雁從，至於廟門，著在門屏閒。此親迎之始事也。三揖至階，庭在堂階前。此親迎之繼事也。三讓而升，壻奠雁，再拜稽首。古人行禮於堂，此壻在女家親迎之終事也。由是壻降，婦從，壻御婦車，授綏，姆辭，壻乘其車，先俟門外。婦至，揖婦以入，則婦所及之著，男家之著也。又道婦及寢門，則婦所歷之庭，男家之庭也。又揖入，升自西階，則婦所登之堂，男家之堂也。親迎之儀節如此。

今是詩爲刺時之詩，宜合毛、鄭、朱、吕之說，其義方圓。蓋陳古即以刺今也。案：古之親迎，夏后氏迎於庭，殷人迎於堂，周人迎於戶，後代漸(文)〔袅〕。迎於房者，親親之義也説本何休。《著》在《齊風》，繫於《雞鳴》還後，當在哀公之世。以周人迎於戶例之，則女已纁袡宵衣立於房中，自堂而庭而著，絶不見其夫之俟，則所謂由著而庭而堂，不過所聞於古者如此耳。此陳古之刺可從也。然考鄭之《丰》篇"俟我乎巷兮""俟我乎堂兮"，《序》云昏姻之道缺，男行而女不隨，故爲刺亂之詩。若是詩，則男行而女終從男，則所謂於著、於庭、於堂者，直言之，刺，亦可從也。竊意是篇繫還《雞鳴》後，當由哀公荒淫，國人化之，至以習於田獵爲賢，又烏知親迎之禮爲至大禮乎？然而《雞鳴》思賢妃，則婦順之道，猶未盡泯。詩人託新婦之言，寫刺時之意，此所以語意溫厚，耐人尋味也。不然，何異於俟巷、俟堂，悔予不送，不將以熱中之情狀求偶之急哉？

《書》不言中岳與《公羊》注異義説

力　鈞

　　統天下之大勢言之，則有四岳；并畿内之名山數之，則有五岳。中岳隨所都而異，而四岳之名則不改也。唐虞當以霍太山爲中岳，而太岳之名見《禹貢》而不著於《堯典》，以霍太山在帝都，非巡狩之地，故略而不書。五岳之名，一見於《周禮・大宗伯》，一見於《大司樂》，而《爾雅》釋山，前後有二説。鄭君於《大宗伯》注從《爾雅》後説，於《大司樂》注從《爾雅》前説，亦無一定之見也。

　　夫經師之説，以毛傳爲最古。《般》傳云：“高山，四嶽也。”然第言四嶽，未見其果同於《書》説否也。《崧高》傳云：“嶽，四嶽也。東嶽岱，南嶽衡，西嶽華，北嶽恆。”又申之云：“堯之時，姜氏爲四伯，掌四嶽之祀，述諸侯之職。於周則有甫、有申、有齊、有許也。”東南西北之祀，《序》同於《書》，甫、申、齊、許之職，本於《書》，則毛即本《書》説以傳《詩》明矣。何邵公注《公羊》，引《書》而有“還至嵩”之文。不知嵩高者，於《禹貢》爲外方，於《左傳》爲大室。《史記・封禪書》武帝“以三百户封大室奉祠，命曰嵩高邑”，《漢書・郊祀志》“封崧高爲之奉邑”，則嵩高之名，自漢武始也。《禹貢・職方》但言嶽，而《封禪書》《郊祀志》於四嶽下增其文曰：“中岳，嵩高也。”案《地里志》：“潁川郡嵩高，武帝置，以奉大室山，是爲中嶽。”則嵩高爲中嶽，亦自漢武始也。而《爾雅》後説，邵氏晉涵以爲漢初傳《爾雅》者所增，信矣。所以《詩》之《崧高》，毛第云："崧，高皃，山大而高曰崧。"崧高即崇高，毛不以爲山名，則漢以前未有以嵩高名山明矣。且岱在今山東泰安府泰安縣，衡在今湖南衡州府衡山縣，華在今陝西同州府華陰縣，恆在今直隸定州府曲陽縣，而漢之所謂嵩高者，則在河南南陽府登封縣也。舜之東巡守水道，則當由河而潔而濟，由東而南，則當渡淮沿江，由南而西，則當絶漢逾洛而入渭，由西而北，則當渡河舍舟而陸，無復出南陽之理。蓋漢帝信讖緯，議封禪，廷臣往往媲美本朝，故司馬遷《史記》、班固《漢書》、許慎《説文》、應劭《風俗通》往往增嵩高中岳以配五岳之尊，非唐虞以嵩高爲中岳也。而何邵公之作《公羊注》亦恪遵時制，如出一轍，要非古義也。

漢武帝封田千秋爲富民侯論

林應霖

讀《漢書》至田千秋封富民侯，曰：漢武誠得醫國之要矣。夫天下之良相不多得，猶天下之良醫不易求也。非有良醫，何以瘳已深之痼疾？猶之非有良相，何以固已散之人心？然當其未深未散，苟培其元氣，不必皆和緩，而痼疾亦可瘳；苟滋其生機，不必皆伊周，而人心亦可固。故欲固人心，必先厚民生，未有民窮財盡，尚冀其不土崩瓦解者，此古今之大較也。漢武以好大喜功之主，騁遠駕長馭之規，既窮絶漠，復求神仙，外用計臣，內竭左藏，平準一出，海內騷然，極於楊可告緡，此正痼疾將深，人心將散候也。而輪臺下詔，悔過獨深，遂以千秋爲富民侯，與天下相休息。此其改過之勇，深知致過之由；猶治病之精，深知受病之處也。功收晚蓋，慶流後昆，不亦宜哉！竊怪後世之子元元者，既不能如漢武之威行四裔，甘受其辱嫚，而於天下之安危，民生之利病，一若無聞無見也者。仍任蚌其賦者，虎而冠者，日戕元氣，日戕生機，此豈子元元者之咎哉！毋亦今之爲富民侯者，罔知顧名思義，則庸相之誤人國家，更酷於庸醫之誤人性命矣。吁，可慨也夫！

漢武帝封田千秋爲富民侯論

梁孝熊

今夫富民有道乎？曰：有。其將胥天下之民，人人而盡富之乎？曰：難矣。是曷不觀漢武之封田千秋乎？武帝好勤遠略，天漢、太始間，財賦日匱，海內虛耗，於是求反本之治，務崇實之模，人所知也。其所以用田千秋，人不知也。以武帝聰明才略，雄視千古，豈不能如中主庸相汲汲求富之方乎？然而青苗之法立，而民苦矣；鹽鐵之官設，而民疲矣；采金開礦之使出，而民擾矣；蠲貨納粟之令行，而民煩矣。蓋天子者，天下一家，中國一人。因民之所利而利之，是謂富民；攘民之所有而有之，是謂專利。孟子曰："上下交征利，而國危矣。"可不慎哉！可不慎哉！

然則言富民者，是必勤耕耨，課蠶織，善畜樹，使人人有致富之本乎？非也。上無苛求於民之心，則民寬厚而知所養；上無急責於民之事，則民安舒而得所生。知所養，則民氣日醇；得所生，則民心日逸。如此而天下不富者，未之有也。則信乎富之之道，不在有迹之科條，而在無形之化育也。史稱田千秋無材能術學，而爲人敦厚。無材能術學，則不至以喜事擾民；敦厚，則能以寬大容民。斯二者，已足爲富民之本矣。武帝之封，意在斯乎？論者謂一言悟主，驟擁崇高，似開後世伏闕上書、梯榮干進之漸，不知武帝之用心也。即謂以富民封侯，似開後世言利之臣之漸，不知富民之道者也。

周三大祭樂不用商説

林 珚

《大司樂》祀天神、地示、人鬼，樂有宮、角、徵、羽，無商，鄭以三者皆禘。大祭無商者，祭尚柔，商堅剛也。疏以"商，西方金"申鄭箋，後儒疑是無商調，不知無商聲。而本經上文兩言"五聲八音"，其首且云以致鬼神，示鬼神，示即此六八九變之所禮也。上既明言聲音，則此之所用與所不用，皆非僅言調可知。至謂商入他調，亦非肅殺之音，恐未必然。果爾，何以鼓瑟而有殺伐之聲也？近安溪李氏始改圜鐘爲黃鐘，南吕爲小吕，黃鐘爲圜鐘，以商正聲爲太蔟，改經以求合《國語》，復引《國語》以自伸其説。愚終以僭《易》經文爲非是不敢信爲確義。

竊謂鄭於賓牟賈"聲淫及商"之註，以爲有貪商天下之心，李不從之固是，而此經堅剛之義，自確當不可易也。歐陽修氏曰："商，傷也。"正爲鄭君下一確證，老氏所謂過剛則折也。《玉藻》："佩玉，右徵、角，左宮、羽。"以玉聲所中言亦不及商，鄭於彼經不解去商之故者，義放此也。至謂獨去商不成聲，則景公之樂只角、徵；《莊子》孔子"歌焱氏之風"，無宮、角；曾子歌《商頌》，無宮、角、徵、羽。獨角、徵可成聲，去宮、角可成聲，獨商亦可成聲，安在獨去商不可成聲乎？歌《商頌》之尚用商，正蘇轍氏《商論》所謂商之治用剛也。鄭君用柔字，以明不用商之故，與此正隱爲對文矣。至十二宮、七始、三分之説，鄭注之見於本經樂正，小戴《月令》《樂記》篇綦詳，賈、孔二疏尤盡。宋人陳祥道氏至爲繪圖，今其書具在，可一覽而得也，不贅。

"質家立世子弟，文家立世子子"論

黄元晟

異義《公羊》説云："質家立世子弟，文家立世子子。"據殷多立弟，周多立子言也。下又云："《春秋》從質，故得立其弟。"《公羊》成十五年仲嬰齊卒，疏引之如其説，謂《春秋》與立弟，將立弟，正乎？曰：不正。夫嬰齊，仲遂子，歸父弟。魯逐歸父，立嬰齊。嬰齊即以弟爲兄後，爲其後者爲子。且準孫以王父字爲氏之例，《書》曰仲嬰齊，是嬰齊父歸父即祖仲遂子，可爲父孫，似孫亦可爲祖子。胡孔子於不父其父而禰其祖之衛，輒必以正名直折其非乎？質家、文家之目，本出緯書。殷固多立弟者，特年代久遠，篇簡缺如立弟處常處變之由，其詳每不可考。春秋之慕虛名，受實禍，若宋宣、吳、樊之往事可鑒也。降及後世，北齊高氏、北宋趙氏猶蹈其轍。究之演、湛貪位，殷與百年罹其殃；太宗食言，廷美、德昭被其毒。史册所載，始於家庭相讓，終於骨肉相戕閱之，可爲寒心。雖宋宣立穆，穆未必即爲宣子；吳、樊立餘祭，餘祭未必即爲樊子。而誰生厲階，則莫非質家立弟之説悮之者。然則質家立弟，無論爲子不爲子，有以知其非理之正也。如以立弟爲正，將反以立子爲不正乎？必不然矣。若夫承祧無主，大統攸關，則同父弟之後兄可也，即非同父弟之後兄亦可也。事當權其輕重，豈容執一論哉！何氏解詁，每黜左、穀而祖公羊。觀桓十一年"鄭忽出奔衛"注云："《春秋》改周之文，從殷之質，合伯子男爲一，辭無所貶。"茲之《春秋》從質，義與彼同。乃何氏本公羊家，而或引公羊説，或不引公羊説。且其注云："弟無後兄之義，爲亂昭穆之序，失父子之親。"是明見立弟之非，因無取乎公羊説。公羊疏不知，轉舉公羊説以證注誣。何氏並證《春秋》，得非過與？孔子脩《春秋》，明王道，立大法，於殷周之文物制度，其因革損益本無一定。舉其大者，則百世昏姻不通，殷不及周多矣。立弟立子之正不正，亦其類也。《春秋》何嘗從質，敢備論之，以質諸善說經者。

宋元祐諸臣論

林　玶

嘗觀哲宗親政之日，紹聖以下其於元祐之朝，宣仁之舊人，貶抑斥絕，幾至於盡。一若有藏怒宿怨於其祖母，而遷怒於所用之人，必芟除剗削而後快者。而宣仁彌留之日，諭諸臣以早退至於泣下，亦若窺見及此者。宣仁崩之日，諸臣中外洶洶，若不自保，亦似已知有紹聖之事者。其後林希掌制誥，至以老姦枋國，醜詆宣仁，亦若決哲宗之不怒而敢於嘗試者，抑又何也？

蓋嘗讀《宋史》蘇頌之傳，而知宣仁處置之過，哲宗脩怨之由，小人行閒之路，諸君子得禍之階，夫固有自來焉，無惑也。史稱蘇頌為相，以禮法自持，見帝年幼，大臣太紛紜，常曰：君長，誰任其咎？每大臣奏事，但取決於太后，帝有言，或無對者。惟頌奏太后已，必再稟帝，帝或有所宣諭，必告諸臣以敬聽聖語。其後諸大臣得罪，帝曰：蘇頌知君臣之義，無輕議也。嗚乎！觀於此，可以盡之矣。夫當日所謂大臣者非他，文彥博也，司馬光也，范純仁也，呂大防也，范祖禹也，呂公著也，蘇軾兄弟也，是皆當日之所謂君子也。而其疏若此，其召禍之速，無足怪者。獨是宣仁，固所謂女中堯舜者也，其平日料事至明。且哲宗之與相處有年矣，平日之氣質若何，宜乎洞見之而有以預防之矣，而坐令其禍之至於此極也。

天下禍患之來，其機至顯，而當幾者視之恆若至微而易忽，何也？彼固有所貪弄也，否則必有所便安也。權者賢人之所貪，而禮者士君子之所畏。苟可以多攬一日之權，則亦遷就而安之矣；苟可以脫略一時之禮，則亦遷就而安之矣。不然，使宣仁勿貪於一日之權，而早授哲宗數年之政，使得行其志，禍其少艾哉！而諸君子亦無憚於一跬步、一啓齒之勞，以其事宣仁者事哲宗，主臣交懽，使人主自視九年之中政如己出，又何至反覆手之閒，盡棄其所規畫之事，所引用之人，而別用其進退措置哉！

惟其怨之也甚，故其發之也速；惟其待之也久，故其毒之也深。宣仁與諸君子皆在孺子之側目中而不覺，孰非貪弄便安之兩念悮之哉！至於彌留，宣仁蓋亦悔之。微特宣仁悔之，當乎中外洶洶之日，諸君亦悔之矣。嗚乎！抑何晚也！不然，使盈廷皆早爲蘇頌，雖有章蔡，吾知其無能爲已。吾蓋觀於此，而知章獻之明而呂夷簡之智也。宸妃后禮之葬，非特爲劉氏子孫，亦爲呂氏功名計也。吾又觀於此，而知明張江陵之愚而太后亦持之太過也。人主年已十八，使之覽罪己之詔，赧顏以聽，雖其毒無所施於其親母后，而江陵且坐此籍矣。嗚乎！此亦元祐諸老之覆轍也。

宋元祐諸臣論

方家澍

《易》曰："君子道長，小人道消。"元祐諸臣承熙豐之弊，罷安石之法，雖爲治不卒，亦可謂君子矣。是時法令紛更，海内凋瘵，而主幼國疑，羣小在側。宣仁太后方欲革庶政，求賢如弗及，始以政要問溫公，見蘇軾而感泣，羣士慕響，僉壬斂跡。恕以書謫，蔡確以詩貶，章惇、李清臣以爭新法罷，斯亦君子小人消長之會已。宋之得人，於茲爲盛。執政則司馬光、呂公著、呂大防、范純仁，師傅則程頤，文學則蘇軾、蘇轍，臺諫則呂陶、王覿、朱光明，薦賢則梁燾，峭直則劉摯，重厚則范祖禹、傅堯俞，其餘不可勝紀。是以釐革敝政，興發善化，五臣進而四凶去，四凶去而庶績熙，唐虞之治，其復見乎！然癸甲之閒，曾不逾年，而楊畏清臣之徒發紹述之議，遂使生者竄逐，死者削奪，端人正士，一網而盡，豈長難而消易乎？抑諸君子有以取之乎？論者謂陳蕃、竇武卒死曹節之手，柬之五王且罹武韋之禍，獸困則鬭，人窮則反，勢所或然。然呂范稍議調停，楊李即乘其隙，畏虎兒而啓其柙，避仇敵而養其鋒，此必無之理也。夫藩籬不固，則内虛而外有所闞；芟夷弗盡，則邪勝而正爲所克。意者不其然乎？嗟夫！諸臣皆君子人也，顧不自衛其道，而受隙於小人，天固不欲祚宋歟？然吾於諸臣豈能無惜哉！

毛傳用師說考

黃元晟

　　作《毛詩故訓傳》者，毛亨，非毛萇也。《漢志》但稱毛公，不著其名。《後漢·儒林傳》始云"趙人毛長傳《詩》"，長字亦不从艸，毛公果不得其名歟？考鄭氏《師譜》，《譜》有曰：魯人大毛公爲《詁訓傳》于其家，河間獻王得而獻之，以小毛公爲博士，陸璣《詩疏》《疏》有曰：孔子刪詩授卜商，商爲之序以授曾申，申授李克，克授孟仲子，仲子授根牟子，根牟子授荀卿，荀卿授魯國毛亨，亨作《詁訓傳》以授趙國毛萇，時人謂亨爲大毛公，萇爲小毛公。據此二書，知毛公決是毛亨，作傳決是毛亨。且《詩疏》言卜商傳及毛公之流派最詳，欲考毛傳用師說者，得此方確有根據。蓋毛公雖親受業於荀卿，而荀卿之師承最遠，則不特傳義中與荀卿合者謂之用師說，即與自卜商以下合者皆謂之用師說，並有時與曾子、子思、孟子合者亦可謂之用師說。何以言之？卜商作《大序》，毛公祖之無論矣。趙岐《孟子注》謂："孟仲子，孟子從昆弟，學於孟子。"《譜》又謂："孟仲子，子思弟子。"是孟仲子本與孟子共師子思，後復師孟子，而孟子師子思，子思實師曾子。畧言其與曾子、子思合者，《桃夭》篇，毛上二章"宜"字指不踰時，三章"宜其家人"，毛曰一家之人盡以爲宜，指盛德所感言，與《大學》傳引《詩》合。《大學》相傳引出曾子，可據。"維天之命，於穆不已"，毛引孟仲子曰"大哉！天命之無極"，而美周之德，蓋毛引師説，以無極釋不已，故文王之德之純，毛亦訓純爲大。孟仲子師子思，今《中庸》於純亦不已後，即曰大哉聖人之道，發育峻極，言聖人之道大，與天無極，則所謂純亦不已，亦言文王之德大，與天無極，爲《周禮》所自出。下文"禮儀三百，威儀三千"，非美《周禮》而何？傳義皆本此。相傳《中庸》出子思，可據。其與孟子合者。《皇矣》篇，徂旅之旅，毛訓地名，鄭訓軍旅，《孟子》引徂旅作徂莒者，莒非春秋莒國之莒，旅、莒音相近，故異文，或《詩》文本作莒，傳寫誤作旅耳。人多疑毛地名之解，得《孟子》而始豁然，並覺軍旅之解爲無謂。至《唐風》弗洒弗埽，毛洒訓灑，灑即洗也。《孟子》願比死者一洒之洒亦同洗，不獨釋《北山》《烝民》二詩與《孟子》合也，可據。至毛傳引某人曰僅三條，一則《維天之命》，引孟仲子曰"大哉"云云二句，一則《閟宮》，引孟仲子曰"是祿宮也"，此二條正用其師説定之。方中復有引仲梁子曰"初立楚宮"，孔疏鄭答張逸問曰"仲梁子先師魯人"，蓋毛公魯人，春秋時魯有仲梁懷，爲毛所引，故鄭曰魯人。案：所引仲梁子本經師，左氏言陽虎逐仲梁懷；仲梁懷，季桓子之黨，與仲梁子似非一人，疏疑誤。《檀弓》亦引仲梁子帷堂、徹帷二句，似即此仲梁子。仲梁子疑亦毛公之師，故與孟仲子同引。但陸璣《詩疏》不言，其詳不可考。獨怪毛公親受業於荀卿，何以傳中第有引孟仲子説，無引荀卿説？不知申公傳《魯詩》，韓嬰傳《韓詩》，二書每好引荀卿説。蓋荀深於《詩》，其書每篇議論之末，多系以《詩》，且引逸詩尤多。今考"采采卷耳，不盈頃筐"，毛云："頃筐，易盈之器。"荀卿引此詩亦云："卷耳易得，頃筐易滿。"《行葦》"敦弓既堅"，毛云："天子敦弓"，"敦"與"彫"古今字。荀卿亦云："天子彫弓，諸侯彤弓。"惠氏《詩古義》謂此二條是用其師説，又引王伯厚曰："毛傳以平平爲辨治，又以五十矢爲束，皆與荀同。"其實不止此。且其用荀説也，暗用或多於明用。《東門之楊》"其葉牂牂"，毛云："男女失時，不逮秋冬。"孔疏據荀書"霜降逆女，冰泮殺止"，言霜降九月，冰泮二月。荀意謂九月至正月，於禮皆可爲昏。《邶風》"士如歸妻，迨冰未泮"，可證毛之不逮秋冬，正暗用荀冰泮之説也。《鴟鴞》"予室翹翹"，毛云："翹翹，危也。"《選注》引荀卿曰：南方鳥名蒙鳩，爲巢，編之以髮，繫之葦苕，苕折卵破，所繫之弱也。李善似以蒙鳩即鴟鴞，毛之危，正暗用荀繫弱之説也。且《小旻》卒章"不敢暴虎，不敢馮河"，毛釋之用不敬小人，則亦危殆之意，正暗用荀"狎虎"之説也。《兔爰》"尚無爲"，毛云"尚無成人爲也"，爲之文通於僞。荀卿："可事而成之在人者，謂之僞。"楊倞注："僞，爲也，矯也。凡非天性而人作爲之者，皆謂之僞。"毛之"成人爲"，言人所作爲而成之者也，非即用其師説者乎？《桑柔》"逝不以濯"，毛云："濯所以救熱，禮所以救亂。"荀卿每謂隆禮爲儒術先務，故毛釋《詩》亦多言禮。如《東門之墠》"其室則邇"，毛云："邇，近也。得禮則近，不得禮則遠。"《蟋蟀》"良士瞿瞿"，毛云："瞿瞿然，顧禮義也。"《破斧》"既破我斧，又缺我斨"，毛云："斧斨，民之用。禮義，國家之用。"《伐柯》"伐柯如何"，毛云："柯，斧柄。禮義，亦治國之柄。""匪媒不得"，毛云"媒，所以用禮。治國不能用禮，則不安"之類。《桑柔》之禮，所以救亂，非即用其師説者乎？略言之，可得其概矣。然則由荀卿上溯孟仲子，以及曾子、子思、孟子，皆毛公師也。其傳義有與諸書合者，皆用師説也。漢代經師相傳家法，首推毛傳，有以夫！

福州常平倉及義倉考

林羣玉

福州之常平始於宋，義倉則起於元。皇祐元年，初詔置常平倉，不言幾所。元之義倉，則閩縣三十六所，侯官三十八所。明易常平曰常豐，其他仍舊，然更革訖無定法。順治十一年，始議定各府州縣常平、義社各倉，責成各道員專管。康熙五年，嚴察福建採買麥料，毋得借端累民，意至善也。然而歲久玩易，弊端日滋，故有雍正五年清查福建常平虧空之舉，則朝廷之慎重倉儲，愛惜民命，亦至矣。

按：福州原設常平倉六座，計十八間。乾隆四十一年知府徐元，嘉慶四年知府彥布，十七年知府朱桓，詳准動項興修一次。閩縣分設二十座，計六十間，乾隆二十六年知縣祈煐修。侯官十九座，計五十七間，乾隆三十九年知縣潘鳴謙修。此福州常平之大畧也。義倉則久不整頓，自康熙四十一年巡撫張伯行飭置以後，至道光十四年，總督程祖洛始請建新倉，在慶城寺始爲紳管，今亦屬官。

附見

天下無無弊之法，能使舞弊者害多於利，則無弊矣。天下亦無必弊之法，惟知弊者立抉其弊，則有弊猶無弊矣。常平，弊藪也，病在倉無現糧，而但存估價。夫倉存劃一之價，而穀無必豐之年，起落相準，動見虧蝕。若易爲儲粟開銷者，不過氣頭與廒底耳。查戶部則例，福建省除臺灣四縣，並屏南、連城、福安、大田、德化等縣，不准開報氣頭、廒底外，其餘不過氣頭八合，廒底二合耳。雖有猾胥，虧蝕爲難。今則多半儲價於倉，縣官賠墊正欵以外，動借此欵。假令新官於交盤之日，動必檢查，上官於發覺之時，立行參究，則儲價於倉，何異儲米？

雖然，吾謂儲價萬金，猶不如儲米百石之爲便也。何言之？向者福州人稀，南臺常稅以外，未有關稅，以海禁未開，洋船未聚也。今者茶市盛，而潮州、汕頭之人爲販入福州者，耗糧十之一矣。洋藥來，而閩、漳之人爲販入福州者，耗糧十之二矣。法事興，而湖、湘之人從軍入福州者，又耗糧十之二矣。福州山多於田，所收不給所食，無事之日，仰藉於鎮江、上海、寧波一帶，脫有邊事，則此三等之人，將何所仰食乎？雖有數十倉，猶不能給，而況但儲空頭之價乎？

國初，巡臺御史張湄奏稱：臺灣之米，有出無入，猝有水旱，非同他郡。以臺之地曠人稀，必無不足之患。上游籌畫，猶且如此，況在福垣全省乎？故常平一倉，但當久儲，不必平糶。蓋向之平糶，所以防水旱，今之久儲，所以固邊防也以常時常有北米接濟，不必開倉。

義倉一欵，張伯行先生多取諸紳，例以殷實誠愨之人，收管倉廒，以公正廉介之人，謹司出入。捐至一百以上者，以區旌之。立制最善，不解何以不能久存？道光十四年，新倉之設，係防其制。今日若仍歸紳辦，則紳之耳目，較官爲先，遇賤而糶，遇貴而糴，總之以先正，司之以老成，苟有緩急，良足爲恃。想善籌者，固見及此耳。

福州常平倉及義倉考

黄彦鴻

《閩書》：常平倉、義倉始於宋時。國朝順治十一年，詔各府州縣常平倉、義倉積貯備荒，責成監司。而福州常平倉，福州府五十八間，福糧廳三十九間，閩縣四十間，侯官縣三十六間，皆在常豐倉內，即五代羅漢寺之故址也。道光間，紳富捐資建義倉於慶城舖忠懿王祠之畔。左文襄公督閩，又於常豐倉建增廣義倉二十九廒。今雖存其名，而平糶久爲曠舉矣。國初若張清恪、李拔諸人，皆拳拳於常平義倉者。後之良有司，其亦有考古而興其利者歟？

附見

福州負山面海，男子疾耕不足於食，倉儲之不容不講明甚。而常平義倉幾於有名無實,則非立法之弊,實奉法者未得其人也。蓋二倉以平糶爲意,故不操奇計,出入之時,非善於培補,則銷耗良多。乃貪污者既利其隙,廉謹者復苦其累,胥吏緣之以爲奸,往往凶年觀望不發,以至於紅腐相仍,雖虛造報册,某年月日糶若干,某年月日糶若干,而倉廥之塵封如故也。大吏視之,不甚愛惜,非惟不知,知亦不問。至管倉丁役,有極意夤緣爲縻重費者,則其暗中侵蝕,不問而知。閩省地氣卑溼,風雨不時,陳積愈久,朽蠹愈甚,發糶愈遲。其始不欲問,其後不敢言,見其弊不見其利,則以爲誠可廢矣。獨不思國家之制,新舊交代存七糶三,原以推陳出新,使常濟市賈之窮,而備不虞之急。而況閩地濱海,輪舶往來,各口之粟,朝發夕至,則收之易足。上游之田,奪於茶利,閩穀既少,則發之易消。贏絀伸縮,操之裕如耳。奈何數年以來,水旱頻仍,司牧者既未能修復舊制,而滬米之來閩者,又從而加稅焉,使吾閩生計,竟升降於市儈之手也。噫!

廣裴頠崇有論

林 琇

人知無之爲無,而不知有之亦爲無。自無而之無者,老莊曠達之說盡之矣。晉之清談亡國,其已事也,而自有而之無者,其弊亦相等,而世之人或不知而爭趨之。居今日而言無,天下皆知其爲晉人而薄之。有賤丈夫出曰:吾能言有也,吾能實事求是也。聖賢書胡爲者,非空談而無濟者乎?禮法刑政又胡爲者,非迂鑿深苦,而無用以文具徒存者乎?吾所爲有,豈屑屑與是爭者?器械,吾詩書也;淫巧,吾仁義也。古聖人之所攘斥懲膺,愚無知者望髮袿而畏之,吾能俯首下心,忍辱苟恥而與爲歡,此吾之經濟作用也。朝廷震而官之，愚夫愚婦眩於耳目之未經，而相與畏服以稱頌之，而天下遂以為若人能言有也。

嗚呼！有則有矣，機械戰於心而心無君，功利戰於國而國無治，率天下而皆不能人，吾不知主者能與此二三子共天下而行其説否也？故曰：自有而之無也。然其徒方聯襼而起，言滿天下而莫或非。嗚乎！王夷甫坐陸沈神州之責，則桓宣武爲知言，天下事有反之而亦敗者，安能不爲杞人之憂哉！

廣裴頠崇有論

池伯煒

或曰：鴻濛之始，六合皆虛；胚胎以前，百骸何有？是以蝸角蚊睫，寄居處於杳冥；蟲臂鼠肝，幻形軀於寥廓。或夢蝶而俱化，或得鹿而非真。綜觀微妙之詞，皆以虛無爲主。而頠乃獨崇乎有，其説得毋涉於拘乎？余曰：否，否。今夫萬物莫不以有生爲樂，百材莫不以有用爲榮。所以魚鳥之情，避乎鈞弋；松柏之性，願爲棟梁。昔者帝王迭出，神聖代興。父子君臣，既彝倫之攸敘；禮樂刑政，更制度之必詳。罔不好真而惡僞，貴實而賤虛。降及後世，鄙夷儒術，等諸城旦之書；放棄禮文，謂非爲我而設。無分貴賤，指南樓之月以同遊；不問職司，挹西山之爽而已足。或投轄以痛飲爲豪，或揮麈以清談爲事。失時廢業，誤國病民。凡流弊之所滋，皆尚無之所致。即或寄懷幽遠，植品清高，泊然其無欲，淡然其無求，伏處而以無位爲尊，潛往而以無名爲務，比諸恆流，似爲足尚。不知欲在道義，則廉不如貪；求在問學，則卻不如前；位與德適符，則沈不如升；名與實相副，則隱不如顯。而且氣節之地，不能以無爭，則勇者終勝於怯也；盤錯之時，不能以無爲，則勤者終勝於惰也。是故智者有思，不智者無所思也；能者有事，無能者無所事也。智者貴乎？不智者貴乎？能者尚乎？無能者尚乎？况夫晚近以來，釋氏尤熾，虚空爲心，寂滅爲教，其道較黄老而愈非，其禍視魏晉而益劇。裴子九原而可作也，更不知若何深惡而痛絶之，而吾子顧欲鼓其焰焉。噫！亦異矣。

爲龍爲光解

黄元晟

《詩》有三龍字，概不作本義解者，毛於《頌》“我龍受之”“何天之龍”皆訓和，《蓼蕭》“爲龍爲光”之龍獨訓寵，鄭則三者並訓寵。且“何天之寵”，箋云“龍當作寵”，是爲龍之龍宜訓寵，考諸傳、箋，無異詞矣。

顧“何天之龍”，釋文云：“龍，毛如字，鄭作寵。”鄭作寵者，不特讀作寵，而字亦作寵。毛如字者，字直作龍，不作寵。龍雖訓寵，亦不必讀作寵矣。或謂毛於訓和之龍，龍如字；於訓寵之龍，龍不如字。果爾，則毛於訓寵之龍，或曰龍作寵，或曰龍讀爲寵，今毛無之，是鄭作寵。既爲三龍字起例，毛如字不即爲三龍字起例哉？或又謂《易》“承天寵”，王肅作龍，左叔孫語龍光作寵光，似龍、寵古字通，龍未嘗不可作寵，鄭之作寵似勝毛，是復不然。龍、寵古字通，寵實龍之叚借字。六書叚借之字，有本義，有引申義。龍本純陽之物，本義叚爲寵光之寵，引申義與燕本鳦鳥叚爲燕安、燕享之燕，難本雁鳥隨陽去來難至叚爲難易之難，雅本鵶鳥叚爲大疋之疋，正同。但叚借後有不另製字、有另製字之不同，此有龍字，又有寵字，則叚借後之另製字者。然叚借後雖另製字，而某字本出於某字，其源終不可没。

故經典於龍之訓作寵者，其字或作龍，或作寵，俱無不可。王肅之作龍，用本義字也；叔孫之寵光，用引申義字也。知此，則於毛如字三字之意，自譨然以解。固無事伸鄭而屈毛，強分龍、寵爲二，復強合龍、寵爲一也。若是，則經典之相傳作寵者，讀不必作龍字，更不必作龍；經典之相傳作龍者，讀不必作寵字，更不必作寵字。惟如字而義益瞭如指掌，毛、鄭之別，即在此毫釐閒矣。非然者，"何天之龍"，龍苟作寵，與本章勇動辣總之音韻無一不合。毛胡不作寵而作龍，必云如字，且必於"何天之龍"章云如字，明見於釋文也。毛之解經，兩漢中實無與比，特不善體其義。毛義晦而《詩》義亦晦，史公所謂惟好學深思，心知其意，難爲淺見寡聞者道，正可爲讀毛傳者參一解云。朱傳於三龍字各異讀，非毛意矣。至於鄭云爲寵爲光，言天子恩澤光耀被及已，則光宜訓耀，茲不贅。

朔南暨聲教解

魏　起

朔，鄭訓北，義本於雅。《釋訓》："朔，北方也。"李巡曰："萬物盡於北方，蘇而復生，故北稱朔。"朔南與上東西對，非有一地之可指。或乃以朔爲《堯典》"朔方"，南爲《堯典》"南交"，更引《史記》四海咸戴帝舜之功，南撫交阯，北發息慎，證實朔南，殊失經意。

經文於東言海，西言流沙，朔南但渾以"暨聲教"總頂，當如鄭解，不言所至，容踰之乃得其義。踰之云者，非但北踰大漠之橫，南踰五嶺之阻，直以爲踰乎？《堯典》所言朔方、南交，《史記》所言息慎、交阯，蓋禹時疆域，東西縮而南北贏，冀之北境，地可分置幽、并、揚之南界，且云至於南海，其遠可知。則據《書大傳》言堯南撫交阯，及史稱戴舜之文，斷以交州、息慎爲虞南北之極，詎盡聲教所暨？胡氏乃以暨爲及境而止，不能越乎其外，重非鄭之言踰。引唐神功元年狄仁傑疏"北横大漠，南阻五嶺"二言，謂實可爲朔南暨注腳，似非定論。

"朔南暨聲教"當讀五字連文，如傳疏統上"漸"被"解聲教"所及。裴駰《史[記]集解》於"暨"字下具注而引鄭，其讀蓋以"聲教"下屬"朔南暨"三字句，絕然非鄭注有明文，則鄭讀正不必爾。矧證以《漢書·賈捐之傳》，言"朔南暨聲教，訖於四海，欲與聲教則治之，不欲與者，不强治也"。欲與二句文，正係釋"暨聲教"。暨，與也，顏師古注云讀預。從知古讀干與，相與不分去上二音。又荀悅《漢元帝紀》言："北盡朔裔，南暨聲教。豫聲教者則治之，不欲豫者不强治。"兩釋並符。某傳之云，皆與王者聲教，可見漢儒讀無不以"暨聲教"爲句，斯爲某傳解讀所本。暨之訓與，轉從聲同，通假讀預作豫，是即雅釋詁於兼於烏兩音，予兼予我、賜予兩義之例。《黃氏日抄》乃紀徐履見有老士人以"朔南暨"訓蒙，徐指其誤。老士人怒曰："獨'朔南與聲教'，而東西無與耶？東西皆有所盡之地，故以海與流沙言。朔南地廣，故渾以暨言，下文總之以聲教訖於四海。"此自讀依裴駰、林少穎合解，及《蔡集傳》胡錐指並裴之用。蓋在劉宋時，始有如是分句者，非古讀也。抑東西有盡，朔南地廣，老士人解，正依鄭言踰。但分句從裴，而暨訓與，按文殊覺不辭耳。聲教有主分説解者，有主串説解者。蔡以聲謂風聲，教謂教化。林云："振舉於此而遠者聞焉，故謂之聲；軌範於此而遠者效焉，故謂之教。"斯俱爲主分説。吳氏謂聲教者，雖不近見善教之，實亦遠聞善教之聲，則以聲之所樹，即教主於串説，兩均可通，要似分説較晰。至暨，《漢志》作臮，爲字之古別於今。《説文》"臮"者，"眾與詞也"。例以暨皋陶蠙珠暨魚，紀志皆作臮，明此《史紀》作暨，淺人改耳。

讀韓文公《進學解》

黄元晟

三代下，士之敦節義、重廉恥者，惟兩漢末爲最。吳門市卒，桐水漁竿，真古所謂蟬蛻軒冕者。至靈獻季年，如管邴之通遼東，申屠備工，袁閎土室，即降及厨顧之流，類多束身自好，曾不慮嶢嶢易缺，皎皎易汙。魏晉六朝，此風邈矣。士之卑靡，四唐爲甚。呈贄詩文，馬前拜謁，相習成風，毫不知怪。雖文公之賢，猶有《三上宰相書》，爲世詬病。

今讀《進學解》一篇，即其三上書之意，亦即其《送窮文》之變體也。假他人之嘲笑，伸一己之牢騷，參諸《城南》一詩，忽悲忽喜，故宋儒尤舉以議公。不知宋實不如漢，程朱諸大儒外，口談性理、志營勢利者，正復不少。顧欲以是議公，可乎哉？謂不處不去，取舍之分必先明，是則然矣。然使爲士者無非槁項黄馘，老死空山，於民物何補焉？況朝廷設官，有廉俸以養官；學校課士，有膏脯以養士。儻坐視其一家八口，嗷嗷待哺，其身率枵腹而親簿領、事詩書，誰肯爲官，誰肯爲士哉？聖門中稱肘見踵決者，莫如原思。至結駟連騎，孔子不以責子貢，知言非一端而已，夫各有所當也。且公之不忘情，富貴利達，特其窮約時耳。晚近之士，處窮約時，爲公所不爲者何限？甚至膴仕當途，苞苴暮夜，逍遥林下，市井經營，更有耳不忍聞，口不忍道者，轉藉口於公，以自文其短。惡知使庭湊諢潮州，非置死生於度外者不能。知人論世，宜權大節而略微疵，讀《進學解》，所爲喟然太息者也。若夫解中之論經傳文章，銖兩悉合，與柳州《答李翊書》，俱爲獨有千古云。

讀韓文公《進學解》

周長庚

余嘗山行入其幽，見大樹偃蹇於絕壑間，度其材似可爲梁棟任者，而以不得地故，翔禽唾棄而不巢，螻蟻蠕蠕穴其罅而蠹之。山有裂石銳墜而壓其幹，勢若將仆者。余愀然曰：彼茀䕺者，非所謂嘉木者乎？胡攢蹙抑鬱而不爲造物所愛，且險巇相阨若此也？噎噎然歸，竊怪夫彼蒼之有心忌才，若故設其阱以陷也者。乃於酒酣耳熱，隨取古文辭雜誦數篇，以助其悲歌而消其偪塊，遂信手得韓文《進學解》而讀之。讀竟，啞然大笑曰：噫嘻乎，奇哉！如文公者，其才也，其學也，其品也，且猶舉足輒蹶，沈淪而莫之或識，歸其室無以爲家人婦子歡，是宜憂愁幽思，投閒散而長太息者。乃其抑然自下，絕不作悲天憫人語，且猶自引其愆而若不遑。嗚呼！此其所以爲韓公乎？余向者拊膺扼腕，爲澗樹之失所，而奮然遂欲呼天而問焉。吾淺之爲丈夫也，自今以始，不復以偃蹇之樹觀蒼蒼之天，而以韓公之言平吾心之天，而吾學於是乎進。

讀韓文公《進學解》

郭曾熊

昌黎文公《進學解》，始讀之，增憤鬱之氣。其曰：夏暖而妻號寒，晝短而兒啼饑。然後知公前後《上宰相書》，託之陷水火而呼號求救者，蓋亦甚不得已也，而卒見拒於閽人。史遷云：士不置身通顯，而空說仁義，亦可羞也。雖然，子夏蓬戶甕牖，而歌聲如出金

151

石;子雲位不過黃門,而作《太玄》以自娛。夫窮愁而著書,其窮愁猶在也;即窮愁而不著書,其窮愁亦在也。等窮也,著書愈乎?吾卒讀之,而又釋然也。

其曰:沈浸濃郁,含英咀華,發爲文章,其書滿家,才何贍也!從來善讀書者,可以不著書;而善著書者,未有不讀書。公曰:"《春秋》謹嚴,《左氏》浮夸,《易》奇而法,《詩》正而葩。"可謂善讀書矣。夫始作,患心不苦;既苦矣,又誰知之?公之學,不能不假言辭以自見,而其勉進學者,何諄諄也!後之學者,即不敢居於作與述之間,但如公之兀兀窮年好古之儒,亦云近已。且天下惟讀書者可窮,凡不讀書者,皆未可以窮也。夫吾之所恃以不窮者安在?至其所恃以可窮者,乃並此而無之,更何以遣也?吾三讀之,而不禁瞿然懼也。夫業精於勤荒於嬉,公之遊箴曰:今吾飽食而遨遊。誠戒之也。夫才望如公,猶以飽食而遨遊是懼,況生質學問百不及公者乎?乃既不能置身青雲,而長處貧賤,徒以浮游之學,思附驥尾而名彰,延譽無人,而嗒然喪矣。嗚乎!士之不自努力者,雖公亦無如之何也!

擬閩闈增建號舍碑記

黃彥鴻

閩闈國初以來,遞增至九千九百餘號。去歲賓興,應試者浮於額,大府猝不及辦,撤巡綽以舍之,湫隘卑溼,僅蔽風雨。今歲恩榜特開,制府卞公恢拓舊制,至公堂西偏迤而北,增建千有六十號,凡以溥國恩,廣文運,使海濱士子知聖天子側席求賢之意,勤且篤也。竊以爲士之出也,不當問有司之繩尺,取數之廣狹,而當問我之挾持,可自信與否。吾閩嘉慶以前入闈者,尚不過二三千人,今幾四倍之。然二百餘年經濟文章，如李文貞、林文忠、朱梅崖、陳恭甫鄉先生中，卓卓可數者，不過數十輩。士果有真，少取之不見遺，多取之不爲掩也。然而國家用人，懃懃懇懇，與其不盡，毋甯兼收而博攬之。且海疆之俗，任氣而疾貧，引而觀國之光，無論其人之效與不效，而氣類所感，必有陰受其福者。方今夷務紛紜，政府焦焦，以乏才爲慮，名一材、能一藝者，無不録用，以至語言文字，佶屈聱牙，旁行斜上，唧唧於裔夷之間，無不建立學舍，俾專其業，以效馳驅，況其爲則古稱先者哉！憶自甲申之後，魚龍叫嘯，虎門戒嚴，閭閻之不罷者，岌岌乎殆。而茲幸昇平無事，揚雅頌之音，由後視前，不惟不及，而又加盛焉，則廣進賢之路，黼黻太平，潤色鴻業，抑亦有心者所不容已之責也。都人士誠能體此厚意，讀書積理，蔚爲國華，亦如斯闈之有加無已，則是舉也，豈徒壯觀瞻而惠寒畯歟！若夫不務其本，而旅進旅退，妄期弋獲，則甚非增建者之所望也。

擬閩闈增建號舍碑記

蕭　健

閩省貢院，舊有號舍九千三百八十六區，自王文勤公增建五百三十五區，數幾及萬。客歲戊子科，復不能容，權置板號。今歲又恭逢恩舉鄉試，當道諸公乃拓購牆後隙地，以移建謄録所，而即謄録所改增號舍千有餘區。嗚呼，盛矣！夫廣興文教，善政也。然貢院爲試士之地，非造士之地。今儒學徧宇内，名存實亡，不聞一人一士弦誦其間。天下書院又多若存若亡，而獨於貢院之號舍日增月盛，豈試之者固不由於造之者歟？或曰：鄉試之多，由於學額之廣。然其廣之也，以人材之盛而廣之歟，亦因緣隨例而廣之也？因緣隨例而廣之，則得之也易，而爲之也不力。夫場屋之文，通人所薄，由來已久，況至今日，江河日下，不知天下有治人無治法。四子書文，代孔孟立言，必理之明而後文之肖，又必行之有得而後言之親切。吾閩蔡虛齋、黃石齋諸公毋論矣，我朝若李文貞、蔡文勤等，何嘗不增重科名哉？且朝廷既廣其額以作興之，貢院以限於號而阻遏之，萬人觀光，一人向隅，則何如兼容並包，以聽賢主司之甄拔乎？溯計戊午、辛酉，閩省停試，己未、壬戌，合兩科爲一試，而皆不滿號數。乙丑補行甲子試，人數亦少。蓋皆遭亂之餘，士人奔散流離，至今日遲之又久，休養若而年矣。寬閑無事，則業其事者自求其名。然則號舍之增，雖以收入試之遺，亦足見國家承平，而爲士者安居樂業之爲幸也。其制度規模，一如舊式，縻費金錢，具詳碑陰。是爲記。

《書》録費秦二誓《詩》録魯商二頌説

池伯煒

嗟夫，聖人之心曷嘗須臾忘王室哉！《書》自《泰誓》以至《文侯之命》，《詩》自《小雅》《大雅》以至《周頌》，皆言周天子之事，而忽以魯若秦若宋諸侯之事終之，何耶？知周之降爲列國耳。平王東遷而後，政令不行於天下，《黍離》諸篇列於《國風》，夫子傷之矣。復於《詩》《書》之末，儕周於魯，若秦若宋，蓋於本朝三致意焉。夫子之作《春秋》也，意在尊王，是故齊桓、晉文名爲尊王者，則與之善爲之録，而惡爲之諱。秦有穆公，宋有襄公，皆嘗欲霸諸侯而尊周室者。而魯，周公之後，翊戴天子，宜莫如魯。始封之伯禽，中興之僖公，其力尤足以翊戴天子。録三國以繼周之後，所以望其爲桓文也。三國不能爲齊晉，三國之君不能爲桓文，則周將終降爲列國。夫夫子豈不知桓文之不能復，覩王室之勢將愈趨愈下，東周、西周之禍其早見之矣。故吾嘗謂《春秋》之始，於春王正月，尊王室也；《詩》《書》之終於費秦二誓，魯商二頌，傷王室也。《尚書》僞孔傳謂録二誓以備王事，猶《詩》録商魯之頌。然按徐夷寇魯，非寇周也，悔過自誓，更於王事何涉乎？宋大夫正考父得商頌於周，歸以祀其先王，不過前朝遺典。魯則成王賜以天子禮樂，已屬非禮，夫子必不以此等諸王者之後。其以三國繼周者，僭周於三國也。僭周於三國者，傷周之降爲列國也，蓋猶黍離意也。

《書》可無序《詩》不可無序說

丁　芸

《書》《詩》之序，攻之者以爲可廢，信之者以爲可從。平心論之，《尚書》之文，據事直陳，自唐虞以迄周秦，其時代至易明也；自典謨以迄誓誥，其體製至易辨也。即其中詳政事之得失，紀訓誡之文辭，詰屈聱牙，語難猝解，然按其事實，猶可意會而知，雖無序可也。至於《詩》三百篇，采之者非一國，作之者非一人，上自公卿大夫，下逮忠臣孝子、勞人思婦，有所感觸，輒假於詩以鳴其不平。其作之之時，人各一篇，篇各一意，或覩物以興懷，或撫時而增感，或主文以譎諫，或陳古以刺今，而其事之不可明言者，則又託爲迷離惝怳之辭，以寫其抑鬱幽憂之隱，而詩之所以作，終未自明也。當是時，太史録之，孔子删之。子夏肄業及此，以爲《詩》無序，則作者之意不明。作者之意不明，天下後世之説《詩》，必有附會支離，強經以就我者矣；必有依阿假託，立異以沽名者矣。於是創爲《小序》，以明作者之爲誰，與作詩之何意。其曰某王、某公、某人者，明作詩之人也；其曰某之德、某之化、美何人、刺何人者，明作詩之意也。其意未盡者，毛公更足成之。如《白華》，孝子之潔白也；《南陔》，孝子相戒以養也；《華黍》，時和歲豐，宜黍稷也。此子夏作也。
又曰有其義，無其辭，此毛公足成之語也。子夏作序，《詩》未亡也，
故知《白華》《南陔》《華黍》之義。毛公作傳，《詩》已亡矣，而其義賴
序以存，故曰有義無辭。《由庚》《崇邱》《由儀》亦同此例。《絲衣》，
繹賓尸也，此子夏作也。又曰："高子曰：'靈星之尸也。'"此毛公足
成之語也。子夏傳《詩》與高行子，高行子即高子，毛故引其語以足
之也。《桓》《賚》諸序，亦同此例。此其證也。而毛公所足成者，實
能引申子夏未盡之義，與體會詩人立言之旨。説《詩》者據序以解
經，大意既明，隻義單詞，皆可以意逆志得之，而詩人不得已之苦
衷，亦遂大白於天下後世。序之關繫於《詩》，豈淺鮮哉！鄭氏箋
《詩》，亦詳於序。如《甘棠》，箋之"召伯，姬姓名奭，食采於召"，不
釋於召伯所茇下，而言之於序。"何彼穠矣"，箋之"車厭翟，勒面繢
總"，不釋於王姬之車下，而言之於序。《揚之水》序"沃盛强"，箋
"沃，曲沃，晉之邑也"，不釋於從子於沃下，而言之於序，亦以序明
則《詩》明，辭之不可解者無不解也。然則《詩》安可無序哉！宋鄭
漁仲專攻《小序》，一時學者羣然和之。夫宋之與漢，相去千餘年
矣，後人之所見，未必能如古人之精也。古人之序不可信，己之所
臆測者反可信乎？且己之所見，果能勝於子夏、毛公乎？此必不然
之事矣。世之説《詩》者，慎勿以《書》可無序，遂概謂《詩》之序亦可
無也。

《説文》部目本《倉頡》篇説

力　鈞

　　吾子行《學古編》謂：《倉頡》十五篇，即《説文》目錄五百四十
字，許氏分爲每部之首。其説誤矣，若宋景濂則沿子行之説而誤

也。考之《漢書‧藝文志》，《史籀》十五篇，《倉頡》一篇。則《倉頡》非十五篇，十五篇者，非《倉頡》明矣。且漢之時，若《倉頡傳》《倉頡故》《倉頡訓纂》，亦皆一篇，無所謂十五篇也。即隋唐《經籍》《藝文志》所載《倉頡》，若杜林、張揖諸家，亦無所謂十五篇也。

且更以《説文》之言《倉頡》者考之。“厶”篆下引韓非曰：“倉頡作字，自營爲厶也。”此指始作字之倉頡，非指《倉頡》篇也。“奭”篆下引《史篇》徐鍇曰：“謂史籀所作《倉頡》十五篇也。”《倉頡》非史籀所作，《漢志》可據，而《史籀》十五篇與《漢志》合。此十五篇者，當是史籀推原《倉頡》以爲緣始，究非實指《倉頡》篇也。《説文》敘曰：“凡《倉頡》已下十四篇。”曰“凡《倉頡》已下”者，明不僅《倉頡》也；曰“凡《倉頡》已下十四篇”者，明十四篇不僅數《倉頡》也。蓋統《八體六技》及張敞、杜鄴、爰禮、秦近所説而言之耳。夫據許氏之敘，則《倉頡》篇未必爲十五篇；據徐氏之《繫傳》，則十五篇未必爲《倉頡》篇。

而吾子行以《倉頡》篇十五篇爲《説文》部目所本者，則未細讀許氏、徐氏之文耳。子行因敘有《倉頡》十四篇之文，與《説文》部目十四篇適合，疑《説文》有敘一篇，或《倉頡》亦有序一篇，此其致誤之由一也，而不知敘蓋言凡《倉頡》以下十四篇也。子行又因《繫傳》有《倉頡》十五篇之文，與《説文》部目並敘十五篇適合，疑《説文》十五篇即《倉頡》十五篇，此其致誤之由又一也，而不知《繫傳》蓋言史籀所作《倉頡》十五篇也。即如子行之説言之，始皇之時，古文初盛，何從而有自“一”至“亥”之部敘乎？無部敘，何從而爲十五篇乎？無十五篇之《倉頡》，竟謂《説文》部目十五篇本於《倉頡》，誤可知矣。《漢志》明云《史籀》“建武時亡其六篇”，許慎作《説文》當和帝永元十二年，是時已無《史籀》全書。以《史籀》爲《倉頡》十五篇，又以《倉頡》爲《説文》十五篇，誤更可知矣。

夫子行之一誤，景濂之再誤，或疑元明之世，《説文》未精，若桂氏馥、苗氏夔，豈非當世所謂精於《説文》者？未谷之作《説文》統系圖也，以子行附許慎、二徐之後，似不以子行爲非也。先路之作《説文》建首字讀也，以《倉頡》讀爲例，似不以倉頡之説爲非也。然苗氏之意，以《説文》部目可讀，如《倉頡》之可讀，非謂《説文》部目即《倉頡》也。桂氏之意，以《説文》未盛之時，能留意於《説文》，且能因《説文》而留意於《倉頡》，便可接《説文》之統系，初非以《倉頡》之説爲果可從也。北平翁覃溪、吳興丁小山兩先生詆子行之説，而力争於未谷，亦已過矣。嗟夫！世之治《説文》者，矜創解而輾轉貽誤，豈僅一子行已哉！

續司馬文正《保身説》

林羣玉

清議者，亡國之哀吹，而小人弦外之鵠、俎上之胾也。夫人非其所甚恨，而鵠之胾之，雖盜跖不爲。至抉籓發覆，探索幽隱，小人乃無幸而恣其毒矣。伏莽之盜，手白刃、決人脰而劫其貨者，其初無必殺人之心也，然一號而救者麕至，則必殺之以止救。

清議，鏡也；小人，魅也。鏡瑩而魅醜，不嘘氣以蒙之，則碎而擲之矣。黨錮諸公，其爲碎而擲之者亦至矣。天下鳴其冤而宫中不知，臺諫争其命而執法不赦，獄哭市奠，哀感行路，而瑠若無覩焉，何所讐而至是耶？抉籓而唾其匿，發覆而爪其潰，索幽隱而踐其蛇虺之宅，求逃所噬而不可得矣。彼養鋒而不試，斂智而不發，時有所不利，勢有所不可也。危吾言，張吾氣，盛吾黨，前顛而後踵，既振而復蹈，以萬金之軀市一字之史，無救於國，徒戮其身，此何爲者？嗚乎！此李杜之所以亡，郭申之所以存也。夫一往無前，利害不計，似郭申易而李杜難；善刀而藏，不爲苟試，則又郭申難而李杜易。有人夜行，經江村，乘北風而吟，甫出口，羣鵞奪門而噪，掇石而投之，鵞來益眾。夫一人之吟而鵞如是，苟聯袂而行，倡和相屬，必有愈怪而愈屬者，況又掇石以投，激其怒而使之必噬耶？高顧之講學，何罪於崔魏？陳吳之結社，何讐於馬阮？而顧髠之、鉗之、岸之、獄之、菹之、醢之？然則處東漢之時，居李杜之位，所以待羣小者，如何而可耶？曰：志在討賊，才不至焉，不可也；才足討賊，權不屬焉，不可也；權屬矣，而不得其時，據其勢，尤不可也。郭申，智者也，故翛然而行。而文正者，實有鑒於元祐諸公，逆知有章蔡之禍作，爲是説以自警也。嗚呼！吾續是説，吾知所以爲郭泰與申屠蟠矣。

續司馬文正《保身説》

黃彥鴻

司馬文正《保身説》，蓋逆覩宋元祐黨人之禍，而藉郭林宗、申屠蟠以爲法也。士君子身當末世險巇之境，百出相撓，稍一疏虞，禍即隨之，又甯待禁錮之來哉？故孔曰成仁，孟曰取義，苟得其死，所甘如飴也。不然，奉父母之遺體，微特桁楊不可加，即非分之詞色，亦有所不受。古之明哲，不待與人家國，始知其免於刑戮，即平日身無過行，口無過言，可以決之。獨怪夫浮薄者流，謬自張大，縱橫嘲笑，受侮者銜之刺骨，不旋踵而詛咒隨其後，卒之天怒人怨，摧傷掩抑，尚不知其致死之由，亦可悲矣。嗟乎！古來以不善保身罹黨禍者，晉、唐、宋、明不過數十百人，然識者哀其氣節，猶過而弔之。而天下才俊，以佻達不羈，不永其年，湮没無聞者曷可勝數。世變愈甚，人心愈漓，而所以陷其身者愈不可測，斯又智出黨人下，而司馬公所不料於百世後者矣。此經師、人師所以爲世矜式也夫！

孔子删《詩》辨

蔡　琛

兩端争勝，徒爲無益之論者，辨孔子删《詩》之誤，但以章句存逸爲是，非是也。自司馬遷有古詩三千，孔子删爲三百之説，辨之者互有是非。《毛詩正義》以爲《詩》存者多，逸者少，夫子所録，不應十分去九。吕氏《讀詩記》引歐陽公云：以康成圖譜推之，有更十君而取其一篇，又有二十君而取其一篇。由此觀之，何止三千之數？近解經之家，主子長之説者少，駁子長之説者多趙氏翼、崔氏述、朱氏彝尊皆力辨删《詩》之非，而王氏《説緯》引逸詩爲證尤詳。夫辨之誠當也，胡爲沾沾章句間，而適滋其聚訟乎？以爲孔子之時，果有三千之數歟？未可知也。止有三百之數歟？亦未可知也。户有樞，言亦有樞；射有的，言亦有的；厨有會，言亦有會。一握其樞，萬户皆開；一破其的，萬矢皆廢；一披其會，萬理皆解。删《詩》之誤，自可就孔子斷之，其他不足辨也。詩何爲而作也？小人歌之以貢其俗，君子賦之以見其志，聖人采之以觀其變也。閭巷之詠，隨乎風土之宜，以及盟會、聘問、燕享，列國之大夫賦詩見志，意各有取，孔子何所擇而删之耶？即删之，其誰肯奉守而行於世耶？且掌之王朝，誦之大學，頒之樂官，雖天子未嘗更張也。儻孔子删之，是考文也，爲下不悖之謂何乎？是蔑古也，述而不作之謂何乎？此不待辨而明者也。子長傳聞孔子正《樂》時，於《詩》有所删定，云：删《詩》者，定之也，非除之也。案《一切音經義》引《聲類》："删，定也。"《後漢書·孔奮傳》注："删定其義也。"可證。則子長之説，後人誤會之，而又從辨駁之耳，於子長乎何尤？然謂非除者三千，减爲三百，何歟？孔子自言之矣，曰："吾自衛反魯，然後樂正，雅頌各得其所。"蓋詩有辭有聲有義，三者備而後爲完詩。古之詩若今之詞曲，故可施於樂章。孔子正樂，重在聲音，有辭義、有聲，則秩之爲三百篇；有辭義無聲，則置之爲逸詩。曰正曰得所者，此也。以逸爲刪，斷不其然。

文筆辨

力　鈞

《易》之文言，《春秋》之筆削，此稱文筆之最古者。六朝及唐，猶分別言之。宋明以後，知有文不知有筆矣。夫自《漢書》《晉書》《南北史》以下，以文筆稱者以十數。其分別著明者，則劉勰《文心雕龍》"有韻者文，無韻者筆"二語，爲千古不易之定説。而《金樓子·立言篇》、梁《昭明文選序》亦皆與勰之説合，至於《南史·孔珪傳》《陳書·岑之敬傳》則以辭筆並舉者，《梁書·庾肩吾傳》《北史·蕭圖傳》則以詩筆並舉者。詩辭皆有韻之文，曰詩筆，曰辭筆，亦文筆並舉之例也。觀《南齊·王子懋傳》，以文章詩筆並舉，知詩可言文，即知辭亦可言文矣。若《任昉傳》之言載筆，《蔣偕傳》之言良筆，《徐陵傳》《陸瓊傳》之言大手筆，則專言無韻之文，與專言文者異矣。要之，六朝近於文，八家近於筆。今之駢體散行，即古文筆之名所變焉者也。夫文與筆，固不混而一也。然文之頓挫博扼，則筆見焉，不必無韻也。筆之排撰比合，則文見焉，不必有韻也。未有無文而可謂之筆者，亦未有無筆而可謂之文者。若沾沾無韻有韻之分，亦泥矣。

讀朱子《雜學辨》

黃元晟

三代下，二氏既興，儒者不能禁二氏之不與吾道爭，而宜使吾道之不爲二氏混。苟徒舉其所謂虛無寂滅者，煽惑愚頑，雖分門別戶，大暢宗風，猶彼爲彼而此爲此也。惟竊取二氏之語，以附會吾道之書，其言若逃墨而歸儒，其意實援儒以入墨，爭者其害淺，混者其害深。朱子《雜學辨》之作，蓋不得已而作也。雜學者，學吾道而雜二氏辨；雜學者，排二氏而剖吾道也。《易傳》《老子解》《中庸解》《大學解》，明者或能悟其非，使昧者觀之，玉石莫別，苗莠難分，一倡百和之餘，真者羣起而咻之，僞者且羣從而赴之矣。人參生人，烏喙似人參者能殺人。知人參、烏喙之宜辨，則二蘇、無垢、原明諸書之宜辨也，何獨不然？噫！納甲爻辰之說起而《易》微，守雌元牝之論伸而老橫，統戒懼慎獨爲一理而《中庸》晦，視格物致知爲無用而《大學》淆，不有朱子，孰從而正之哉？天右斯文，考亭特出，闡程張之奧旨，紹孔孟之微言，舉夫世之似是而非者，咸緘口結舌，跧伏而不敢動，譬諸日月一照，爝火無光。是今人雖未能實踐聖賢之學，而猶知由朱子之書以深明聖賢之學者，皆朱子力也。讀《雜學辨》，不禁爲之罩然思而曠然感也。

"種""穜"辨

池伯煒

《説文》穜埶，今書皆作種蓺；《説文》種稑，今書皆作穜穆，蓋隸變也。求諸古篆，則當以《說文》爲正。《詩》"七月""閟宮"皆作重穋，《說文》引作種稑，重爲種之省字，穋爲稑之或體，毛本與許書初無異義也。又《說文》："重，厚也。"先種後孰，歷時久，得氣必厚，故从重也。若如今俗作穜，則《詩》當省作童。五穀無名童者，惟稂爲童粱，童粱莠類，詩人所惡，必不以此厠於黍稷菽麥之中也。又按：山無草木曰童，田閒不得有木，草生則務去之，是穜蓺之地有童義也。語云"耕當問奴"，《說文》"奴曰童"，是穜蓺之人有童義也。其字當从童不从重明矣。考《說文》醯醋之醋與酬酢之酢互易，僮僕之僮與孩童之童互易，皆與種、穜二字同例。許書所以存古義，不得以時俗習用而没其真，故自叔重以後，如陸德明、王介甫以及近人段、桂各家，皆無異説。惟徐鍇《繫傳》有穜無種，意欲以穜字兼數義也。不知耕穜之穜就播穀言，嘉穜之穜統百穀言，種穋之種則專指一穀而言，二者非惟不當互易，亦不容以偏廢也。

釋窈窕楊雄義

魏　起

古者公宫之教，婦德先於婦言，婦容先於婦功。蓋以德根諸心而在内，容著諸身而在外，二者爲括心身内外之全。故楊雄之釋窈窕，以窈屬婦德，而謂善心爲窈；窕屬婦容，而謂善容爲窕。夫窈者，中之幽静也。幽静内根諸心，非德而何？窕者，外之寬綽也。寬綽外著諸身，非容而何？從知子雲義，乃分據婦德、婦容釋窈窕矣。刻《説文》云："窈，深遠也。"深遠，即幽静内根諸心之謂。《釋言》云："窕，肆也。"肆，即寬綽外著諸身之謂。楊義不更準之許書雅訓並合乎？又《詩》於"窈窕"下云"淑女"，淑之言善，楊以"善心善容"釋窈窕，兩善字正與下文言淑義一以貫。又《禮·内則》"姆

163

教婉娩聽從"，彼注云："聽從者，聽受順從於人，所謂婦德也。"娩之言媚，謂容貌。然則善心爲窈，斯爲《内則》之言聽從；善容爲窕，斯爲《内則》之言娩。參互取證，不益曉然，於楊括心身内外之全，而據婦德、婦容以釋義也夫！

釋 薆

池伯煒

《書·洛誥》"汝乃是不薆"，孔馬皆訓勉也，而所以訓勉之意未詳。疏謂鄭王皆以爲勉相傳訓也，蓋求其説而不得也。或謂孟訓勉也，薆與孟音近，故訓勉，然孟、薆字形迥異，何得僅以音近而遂通耶？或又謂薆即寢也，寢爲息，息與勉反，故反訓爲勉，然薆讀莫剛、武剛二反，與寢音迥異，而息反訓勉説亦近鑿。或又謂薆爲薨之譌字，然侵與死筆畫懸殊，且薆字僅見，薨字習見，僅見者易譌爲習見，習見者不至譌爲僅見也。鄙意字仍其舊，而所以訓勉之故，則可以大雅之傳注合而證之。《緜》篇"度之薨薨"，毛傳："言百姓之勸勉。"王注："言亟疾也。"亟疾即勉意也。薆與薨形近、音近而義同也。《説文》："侵，漸進也。"漸進亦有勉義，薆字從侵，自以訓勉爲是。又凡奮勉作事之人，必有不計利害勞逸之心，所謂不欲太明者也。《説文》："瞢，目不明也，夢不明也。"瞢省聲，薆亦瞢省聲，而訓爲勉，當是不太明於計較而後能奮勉之意。古人大智若愚，固非冥冥決事者比，是《説文》雖無薆字，而例固可通也。曰：然則許書何以不列此篆？曰：經典無而許書有者多矣，經典有而許書無者亦多矣，必一一比而合之，不亦鑿乎？

釋 又

陳鴻章

又，本右手字，引申爲再爲復，引申義行，而凡右手又字，皆以右字爲之，又字遂專爲繫前之詞，不知古人制字之意，有必不可揜者。《説文》"又"篆下釋云："手也，象形。三指者，手之剟多，略不過三也。""屮"下云："左手也。"以彼例此，知又字當云右手。今不爾者，以屮又本相對字，可互証而知，不云右手者，省文也。屮又雖並訓手，然手字以正視得形，屮又茇以側視得形，是故對之則爲卅，反之則爲州，覆手則爲爪，反爪則爲刃，兩爪對則爲臼，無不視而可見，望而見識，而皆以三筆錯出，象三指形。蓋手指中惟將指、食指、中指爲用獨多，故無論反視、側視、倒視，皆爲顯而易見。許特於"又"下詳之，舉凡手象五指正視之形屮篆右兩筆將指、食指也，中象中指，左象無名指、末指，其下腕也，爪象覆手三指形，亦可即是而推古人觀尸又之形，以定東西之嚮。東西不易辨而尸又易辨，故行禮之時，多以屮又言，而東西之位自見。《禮》："主人入門而右，客入門而左。主人就東階，客就西階。"夫入門而右，不問而知其爲東階也；入門而左，不問而知其爲西階也。《儀禮‧特牲禮》鄭注："凡鄉内以入爲左右，鄉外以出爲左右。"《禮記》："東方謂之右个。"《禮記‧喪大記》："先入門右。"疏："門内，東邊也。"此據鄉内之時言之也。鄉内又手在東，故得知其爲東也。《儀禮‧士虞禮》："陳三鼎於門外之右。"注："門，西也。"《禮記‧樂記》："右射騶虞。"注："西，學也。"此據鄉外言之，鄉外又手在西，故得知其爲西也。段令無屮又之形，又何以定東西之位乎？故凡經傳中以左右指方位言者，字皆當作屮又，不止如折其右肱、女拜尚右手之屬，手言者當作屮又而已。自後人

165

專以又爲繫前之詞，於是轉叚左右助義爲方位字，而又之本義幾晦，不知又得訓爲再爲復者，以侑食之禮而引申也。知然者，飲食之禮皆左執爵而右祭脯醢《士昏禮》《鄉射禮》《燕禮》《大射儀》《鄉飲酒》注皆有明文。《特牲饋食禮》"祝命挼祭，尸左執觶，右取菹，擩于醢，祭于豆間"及"尸三飯，告飽，祝侑，主人拜。佐食舉幹，尸受，振祭，嚌之"，是爲一成振祭者，亦以又手祭也。再成三成皆告飽，祝侑如初，則又手之祭當亦如初，故得引申爲再爲復。《賓之初筵》"室人入又""觩敢多又"，並以又指侑食言，此又字引申之初義也。因而凡繫前之詞者，皆謂之又。《穀梁》成三年傳"又有繼之詞"，《禮》"以待又語"，《詩》"天命不又"之又。又爲引申之後義，藉非參考許書，亦何從知古人制字之本意哉？

釋古書實字虚用

周長庚

古人用字，多一字兩用，開後人無數法門。五經、四子書中，多用此法。然皆因句中有兩見字，避其叠複，遂於兩字中，將其一字實者虚之，以見其妙。苟句中無重見之字，而以實字虚用者，如《易》之"乾以君之""君"字，《書》之"蒸民乃粒""粒"字，《詩》之"雨我公田""雨"字，《禮》之"齒路馬有誅""齒"字，《春秋》之"子我夕""夕"字，《孟子》之"踵門而告文公""踵"字之類，層見叠出，不勝毛舉，亦且未甚見其行文用字之妙。

今試於兩字重見中，一虚一實者，畧舉一二。如《易》有"知至至之，知終終之"之句，《書》有"汝萬民乃不生生"之句，《詩》有"無田甫田"之句，《禮》有"脂膏以膏之"之句，《春秋》有"偪陽人啟門，諸侯之士門焉"之句，《孟子》有"白馬之白也"之句，是皆於兩字中，將實字虛用其一，不煩取給他字，而叠而不叠，複而不複，所以爲妙。且更有先虛後實，先實後虛之法。如"明明揚側陋"及"塗之以墐塗""歸子而不歸"各句，皆先虛後實也。後人得之，則衍爲"人其人，火其書"之類。如"景行行止"及"君君、臣臣、父父、子子"，各皆先實後虛也，後人得之，則衍爲"解衣衣我""推食食我"之類。在古人，或者因文字簡畧之故，而後之行文者，遂得用字之法，而愈見運筆之妙矣。

釋古書實字虛用

董元亮

長言短言之別，肇自何休；緩言急言之分，創從高誘。古人以女妻人，即謂之女，以食飤人，即謂之食。初無所謂四聲也。《爾雅》"大山宫，小山霍"，"宫"本實字，用作環繞之義，則虛矣。《禮記·檀弓》"子手弓而可"，"手"本實字，用作執持之義，則虛矣。《詩·蓼莪》篇"出入腹我"，"腹"本實字，用作腹抱之義，則虛矣。尊者，酒器也，"尊"實字也，《儀禮》注曰"置酒曰尊"，則尊字虛用也。席也，筵也，敷布之具也，皆實字，《儀禮》注曰"席，敷席也；筵，布席也"，則席、筵皆虛用也。《左》宣十二"屈蕩户之"，"户"本門户之實字，而《左》則用之爲止，虛義。《國語·周語》"其母夢神規其臀以墨"，《考工記》"必矩其陰陽"，規矩本皆有實義，而《周語》則用爲規畫之規，《考工》則用爲刻識之矩。文，文章也，《論語》"文之以禮樂"，又曰"小人之過也必文"，則非文之實義已。四千人爲軍，軍，國也，《國策·齊策》"軍於邯鄲之交"，《吕覽·權勳》"以軍於秦周"，則非軍之實義已。此皆實字虛用之法也。

降而秦漢，亦多此例。如《史記·司馬相如傳》"手熊羆，足野

167

羊"，蓋手所拍即謂之手，足所蹹即謂之足也。《東越傳》即鏦殺王，以鏦殺人而即謂之鏦，《馮唐傳》"五日一椎牛"，以椎殺牛而即謂之椎之類是也。又有一處二實字，而上下異同者。《詩》"興雨祁祁，雨我公田"，則上雨實而下雨虛也。《左氏傳》"如百穀之仰膏雨也"，若常膏之，則上膏實而下膏虛也。《公羊傳》"勇士入其大門，則無人門焉者"，則上門實而下門虛也。《左》襄"九門""其三門"，則上門虛而下門實也。斯又一處二實字，而下上異用，尤其顯然者也。若夫《尚書·微子篇》："用乂讎斂，召敵讎，不怠。"《釋文》曰讎下如字上。徐云"鄭音疇"，是鄭注上讎字與下讎字異，言下視殷民方用刈穫之時，計疇而斂之也。又《酒誥》："朝夕曰：'祀茲酒，惟天降命，肇我民，惟元祀。'"上祀字讀爲已。《周易》"損""初九，已事遄往"，《釋文》曰"已虞作祀"，已者，止也，"已茲酒"，謂止此酒也。與元祀謂文王元年者，迥異。又《詩·文王有聲》篇"既伐于崇，作邑于豐"，下于字，語助辭；上于字，則邘之叚字也。《史記》："虞芮決獄之後，明年伐犬戎，明年伐密須，明年敗耆國，明年伐邘，明年伐崇侯虎，而作豐邑。"故詩人詠之曰"既伐邘崇"，而"作邑於豐"也。邘作于者，古文省，不從邑耳。此雖上下字同義異，然皆各有其義。苟屬諸實字虛用之例，則虛用之妙，轉淆矣。至於上下字異而義同，如《論語·衛靈公》篇："臧文仲其竊位者與？知柳下惠之賢而不與立也。"古文位、立同字，此章立字，當讀作位，不與立即不與位也。凡此之類，不勝枚舉。其法與一字兩用者，相輔而行，亦治古文者之所宜知也。學者誠解實字虛用之妙，則古文之蹊徑庶可漸造其深。若僅以點發了之也，則亦淺之乎言虛用矣。

三山吳玉田鐫字

光緒庚寅年

天子無下聘論

葉大綬

《公羊》説曰:“天子無下聘。”隱公九年:“天王使南季來聘。”《穀梁傳》曰:“聘,問也。聘諸侯,非正也。”説與《公羊》同。學者疑焉,以爲古者王於諸侯不純臣,間問以諭諸侯之志,歸脤以交諸侯之福,賀慶以贊諸侯之喜,致襘以補諸侯之裁,皆所以聯上下之情而固其交也。何獨於聘之名而重之?曰:所謂無聘者,非無聘也,間問亦聘也。間問亦聘而曰無聘者,不欲居聘之名,所以防偪上之漸,嚴天澤之分也。其不居聘之名,而又以問將聘之實者,何也?古者聘大而問小,聘以卿而問以大夫。天子之卿,其出則公侯也,而以使於諸侯,非諸侯之所敢當也。非所敢當而使之,則下慢;非所宜使而使之,則上替。故夫不聘而問者,所以重乎其名;重乎其名,即所以重其實也。周室東遷,天子下堂而見諸侯,而來聘之文,遂再見於隱,三見於桓,至僖而使宰周公矣,至宣而使王季子矣。王使愈貴,諸侯之視王愈輕。無他,聘之名不足重,則習以爲固然,報之可也,即不報之亦可也。彼其視王使之來直,不啻若兄弟隣敵之互相往來,又何怪乎求金求賵之數數,交質交惡之紛紛哉!

《説文》偁《詩》毛氏異文考

毛毓灃

許君自叙云《詩》偁毛氏。宗毛無異文也,間有異文,未必皆非毛也。經典中有古文，有籀文，有今字，有或體，今人一以今字改之，而《毛詩》遂有異文矣。

試即經文考之。州，古文；洲，今文。《説文·川部》引《詩》曰："在河之州。"今《毛詩》作"洲"，俗體也。《玉篇》云："叏，今作沽。"引《論語》："求善價而沽諸。"《説文·夊部》引《詩》："我叏酌彼金罍。"今《毛詩》作"姑"，殆後人以"沽"字改之，又誤作"姑"。傳云："姑，且也。"與市買多得之説不合，或由後人竄易，非毛氏故訓也。"螟蛉有子，蜾蠃負之"，"蛉"《説文》作"蠕"，"蜾"《説文》作"蝸"。"我藝黍稷"，"藝"《説文》作"埶"。"高山仰止"，"仰"《説文》作"卬"。"市也婆婆"，"婆"《説文》作"媻"《女部》。"側弁之俄"，"側"《説文》作"仄"。皆古字也。"滮沱北流"，"滮"誤作"滮"，"沱"別作"池"，非許氏《説文》，孰知《毛詩》之誤？此與《鳥部》所引"匪鶉匪鳶"，"鶉"誤作"鶉"，"鳶"誤作"鳶"，並宜依《説文》改正，不得謂爲毛氏之異文也。"婉兮孌兮"，此古文也，《説文·女部》引作"嫋"，則是籀文。"溯洄從之"，"溯"或從走朔《水部》引，今毛作"溯"，尤爲俗體。"罟"，重文"罜"。《网部》引《詩》："雉罹于罟。"今《詩》作"罜"。"絅"，重文"褧"。《糸部》引《詩》："縞衣絅巾。"今《詩》作"褧"。此與《示部》所引"祝祭于祊"，"祊"，重文"彷"，《肉部》所引"取其血膋"，"膋"，重文"脊"，《艸部》所引"不莨不莠"，"莨"，重文"稂"，皆無異義。

《説文》之例，有省字，有借字。《艸部》引《詩》"顏如蕣華"，"蕣"今作"舜"；《水部》引《詩》"江之羕矣"，"羕"今作"永"；《玉部》引"充耳璓瑩"，《骨部》引"髊弁如星"，"璓"今作"秀"，"髊"今作"會"，皆省字也。"彼薾維何"《艸部》引，"薾"《詩》省作"爾"。信誓悬悬《心部》引，"悬"《詩》省作"旦"。"懕懕夜飲"《心部》引，"懕"《詩》省作"厭"。"其人美且鬈"《髟部》引，"鬈"《詩》省作"卷"。此皆正字，不得爲《毛詩》之異文。"砅"，重文"濿"，《説文》云：《詩》曰：'深則砅。'"今《詩》作"厲"，又由"濿"省。"鳲彼鶌風"《鳥部》引，"鶌"《詩》

省作"晨"。"卬有旨蕱"《説文》作蘸，《玉篇》作蘸；"蘸"《詩》省作"鶛"。皆其例也。

古人用字，不拘音近形近之字，皆可通叚。"輶車鑾鑣"《車部》引，"鑾"《詩》作"鸞"。"衣裳齮齮"《黹部》引，"齮"《詩》作"楚"。"愁如朝飢"《心部》引，"朝"《詩》作"調"。"終風且瀑"《水部》引，"瀑"《詩》作"暴"。"湜湜其止"《水部》引，"止"《詩》作"沚"。"縷兮斐兮"《糸部》引，"縷"《詩》作"萋"。"憂心且怞"《心部》引，"怞"《詩》作"妯"。"左旋右揣"《手部》引，"揣"《詩》作"抽"。並是借字。大抵《毛詩》亦有古今本之異。"螓首蛾眉"，"螓"《頁部》引作"頴"。"衣錦褧衣"，"褧"《林部》引作"檾"。"我馬維駒"，"駒"《馬部》引作"驕"。"無我魗兮"，"魗"《攴部》引作"敆"。

疑許氏所據即《毛詩》之古本。以僻、厈、蜀、梀四字徵之："宛然左辟"，《説文・人部》引作"僻"，《詩經考文》云："古本作左僻。"知《毛詩》有古本。《漢書・地理志》注："厈，古錯字。"《説文・厂部》引《詩》："可以爲厈。""蜎蜎者蠋"，《説文》無"蠋"字，《虫部》引《詩》作"蜀"。"又缺我梀"，《説文》無"梀"字，《木部》引《詩》作"梀"。此與"靜女其袾"《衣部》引、"靜女其妜"《女部》引、"屢舞娑娑"《女部》引、"赤烏擎擎"《手部》引之類，兼采三家者不同，明係《毛詩》古文，非齊、魯、韓之異文也。

《晉書》陸機王羲之傳合論

葉大緩

才者，小人所共嫉；名者，天下所必爭。挾共嫉之具，而處必爭之地，其勢常足以危身。然則如之何而可也？有才而無急於見才之心，有名而不露其求名之迹，則雖嫉之者衆，固或諒於我之無他，而爭之不力。嗚呼！吾蓋觀於陸機、羲之之所以存亡，而知其說之不可易也。夫以士衡、逸少之才，當擾攘之世，固皆有志於功名之會，然以士衡之感激，卒見殺於成都。羲之累諫北伐，其言甚切，而湘東不之罪，長源不之忌者，其故何歟？毋亦陸躁而王靜，陸銳於進而王甘於退歟？是又不然。史稱羲之恥居王述之下，嘗發憤誓墓，其言至痛，則非無心於軒冕者也。一再不用，遂放浪於山水，流連於筆墨，而世遂不得而爭之嫉之。嗚呼！觀王之所以安，而陸之所以危者可知已。起家羈旅之中，依賈謐，事趙王倫，而終效命於成都，汲汲皇皇，若惟恐一日之不見用。而吾之才與名，舉不得以自伸，則固顯授小人以可疑之迹，而予以必殺之機，即無孟玖之譖，而穎果能終任之而不疑乎？此吾所不能不爲士衡惜者也。嗟夫！士有才而必待其汲汲自見，已不幸矣，又況夫有才而使之不敢自見其才，即思自見矣，而終不得不放浪於山水筆墨之中，以取容於當世，又孰使之然哉？

高宗夢得説論

魏　起

夢無憑者也。曾是天子側席求賢，而乃假此虛誕以爲旁招乎？斯未可信也。然飛熊入夢文於吕尚後，亦有然矣，而謂不堪以爲信耶？且《書・説命序》明曰高宗夢得説，使百工營求諸傅巖。某傳、皇甫謐皆謂使寫所夢之形象。夫夢雖虛誕無憑，而寫形象以營求，則虛者實之，豈不鑿鑿之有據！吾蓋嘗觀《荀子・非相》篇稱説“狀如植鰭”，從知彼形之有獨異，易爲求。又觀《墨子》稱説“傭築”，《史記》及《孟》言“舉版築之間”，益見得諸傅巖事非妄。否則人主進賢，如不得已，將使卑踰尊，疏踰戚，奚得以於夢寐之迷離託哉！惟然夢得一事，茲中之感應甚微，著迹不得。問：
高宗往求説耶？説自來入夢耶？譬懸鏡於此，有物必照，非鏡往
照物，亦非物來入鏡，大抵心之虛靈，自獲真誠通於其間耳。抑舊
勞于外，爱暨小人者，高宗也。是必知説之有素，第恐廷臣未信，
故託諸夢以神之。傅巖之得説，猶乎渭濱之得尚也，此際蓋有未
易名言者。或曰：殷俗之尚鬼，夢之無憑，亦鬼事也，故託之夢。
若然，豈其殷宗之中興，乃亦若彼叔季之宋，徵鬼而不徵人也夫？
噫！何其誣甚！

高宗夢得説論

郭曾熊

嘗讀《尚書》，至高宗夢得説，曰："殆誠然也。"人曰："是有託
焉，不則書或贗也。"噫！何其不信經而信心乎？其信心者何以爲
夢虛境也。求賢何事也？求而使相焉，此又何事也？而不惟其實，
惟其虛乎？此叔孫所以召豎牛之禍也。意高宗宅河之日，側聞之
矣，心知其賢而欲用之，託之以夢，使人神明之耳。余曰："否，否！
以不夢爲夢，是欺也。高宗不言蓋三年矣，豈一言即以欺天下乎？
且境之虛者，可以心之實者證之；言之虛者，不得以心之實者證之
也。求賢何事也？求而使相，此又何事也？而不惟其實，惟其虛
乎？此宋真宗所以受王欽若之愚也。昔孔子嘗夢周公矣，孔子未
嘗見周公，胡爲乎其夢周公也？又焉知所夢者之真爲周公也？然
夢者非周公，孔子必不曰吾夢周公也。孔子之夢周公，吾知其肖
矣。高宗之夢説，何疑於惟肖？且孔子又見文於琴矣，曰：'其爲
人也，黯然而黑，頎然而長。'孔子未嘗見文王也，而見之於琴。若
是，心之精誠可得而通也。古之人嗜欲淺，神明全，至人無夢，夢乃

不昏。不然，何以有掌夢之官，又何以獻吉夢於王哉？而顧以此致疑於高宗歟？"

高子曰"靈星之尸也"解

黄元晟

高子曰："靈星之尸也。"靈星即天田。張晏《漢書注》所謂"龍星左角曰天田"者，是靈星，又即農祥，韋昭《國語注》所謂"農祥，房星也"。房星，晨正而農事起者，是其星之神。教人種百穀者，亦名后稷。考高祖令郡國縣立靈星祠，常以歲時祠以牛，見《史記》《漢書》。靈者，神也，辰之神爲靈星，以壬辰日祠靈星，見《漢舊儀》。靈星祠在長安城東十里，見《廟記》。是漢祠靈星，鑿然可據，但其禮實本於周。《史記》諸書皆云，漢修復周家舊祠，祠后稷於東南，爲民祈農報厥功。知周家當日正祭社稷之外，復別立后稷祠，以祠天田之神，與周七廟既享先妣矣，復爲姜嫄立廟之意同。

夫祭有尸，靈星之祭亦有尸。祭有尸，因有賓尸之禮。靈星之祭，有賓尸之禮，當亦然。然則《絲衣》一詩，正周祭靈星賓尸所歌之詩也。高子，周人也，能言之，作《小序》者引其說，毛公引《序》冠篇即仍之。高子後於子夏，《序》何嘗皆子夏作？此《序》既云"絲衣繹賓尸"，又引高子語，則此《序》何必非高子以後人所作？使《序》本無高子語，毛公雖甚取其語，何不引入己《詩》傳中，必綴《序》繹賓尸後，以與《序》相紊？明乎此，是有謂引高子語，非《序》原文，或以爲毛公所引，或以爲毛公後人所引者，皆妄也。

獨是《序》既云繹賓尸，又引高子此語，何也？蓋有二義：一則《序》欲引高子語解此詩，恐高子第言靈星之尸，語未分明，特先言繹賓尸，後引高子言靈星之尸。若謂此詩是賓尸之詩，賓尸者，賓何祭之尸？即高子所言靈星之尸也。《序》意一串説，是一義也。一則《序》言繹賓尸者，言《絲衣》爲泛祭宗廟繹賓尸之詩。天子諸侯繹賓尸，與正祭不同日，謂之繹。卿大夫士繹賓尸，與正祭同日，謂之賓尸。此言繹賓尸者，繹是此祭之名，賓尸是此祭之事，在《序》原未嘗必以賓尸爲賓靈星之尸。因高子言靈星之尸，語似刼而有理，特取之以備一解，使後人擇善而從，作《序》采輯舊聞，其不師心自用與不没人長之美，均於此可見。縱《小弁》追蠡茅塞，孟子非不明斥其人，然既稱之爲叟，高子在戰國當亦是有齒有學人。今“靈星之尸”一語録入《序》中，單詞隻義，輝映千秋，使其語得附《小序》以傳不朽者，《序》之力，亦毛公之力也，是又一義也。

　且明乎此，始知“靈星之尸”爲《絲衣》的解，後人擇善而從，用高子此語作旁解可，即用高子此語作正解亦可。不然，“靈星之尸”與《絲衣》何涉？作序者胡爲録入《序》中？毛公引《序》冠篇，胡爲不删其語哉？孔沖遠不達斯旨，謂高子别論他事云：“靈星之尸，言祭靈星之時，以人爲尸。”後人以高子言靈星尚有尸，宗廟之祭必有尸，故引高子之言以證賓尸之事。如孔所言，是靈星與《絲衣》毫無干涉。《絲衣》自説祭宗廟之賓尸，高子自説靈星之尸。噫！祭必有尸，有尸必賓尸，常禮耳，誰人不知？奚待證？奚待舉他説以證？又奚待舉高子言靈星之尸以證？惟沖遠之疏，每近守株待兔，見靈星與《絲衣》毫無干涉也。不得已附會其説，欲藉以圓《序》義。孟子言“固哉高叟”之爲詩，恐“固哉”孔疏之爲詩，沖遠當亦無從解免也夫。

高子曰"靈星之尸也"解

陳祖新

疏以此句爲非子夏之文，故引《鄭志》答張逸語而決爲非毛公，後人著之。但此語既在毛公之前，則亦古義之未没者，要宜得其確解。若如疏所云，後人以高子言靈星尚有尸，宗廟之祭有尸必矣云云，則靈星本與宗廟無涉，今强引以爲證，模糊影響，莫甚於此，安在其爲古義之可貴乎？而毛、鄭又何以並存其文而弗去乎？且謂高子之言自論他事，則"之"字不知何指？詳繹語氣，似高子之言專爲申明子夏而發，其"之"字即指上文言之也。高子爲《詩》，見於《孟子》，後人蓋引其申明子夏之説，附於其下耳。若因孟子"固哉"之譏，遂謂其言無足徵引，則治經者有失有得，豈能概斥乎？蓋《絲衣》之篇，實祀靈星之詩，而或以爲用之宗廟，非也。何以言之？《詩》之始編也，實以類爲其次第。前此《載芟》序云："春藉田而祈社稷也。"《良耜》序云："秋報社稷也。"皆言因農事而致祭。今此篇《序》云："繹賓尸也。高子曰：'靈星之尸也。'""靈星"爲"農祥"，恰與上二篇"因農事而致祭"爲一類。《漢書·郊祀志》云："高祖詔御史，令天下立靈星祠。"張晏曰："龍星左角曰天田，則農祥也，晨見而祭之。"孔疏引其説，而以爲"未知高子所言"是此以否。案：漢立靈星祠，當必依仿古制。惟其有祠，是以有堂有基，與《詩》中之説合。高子所言，蓋既此也。若以爲宗廟之祭，則不類矣。大抵《閔予小子之什》，其次第之類有三：《閔予小子》《訪落》《敬之》《小毖》爲一類，《載芟》《良耜》《絲衣》爲一類，《酌》《桓》《般》《賚》爲一類。此外有不能以類相屬，而於説不可通者，則由後人亂其次第，不得執彼疑此。難者曰："《絲衣》爲祀靈星之詩，於《詩》之次第宜然矣。顧靈星何以列於祀典，而靈星之祀又何以有尸，豈有據乎？"曰："有。"古者天地日月皆有祀，昭昭矣，而其次則及於星辰。《祭法》：“幽宗，祭星也。”《釋天》：“祭星曰布。”《周禮·大宗伯》職云：“以槱燎祀司中、司命、飌師、雨師。”注引鄭司農云：“司中，三能三階也。司命，文昌宫星。風師，箕也。雨師，畢也。”《校人》職云：“夏祭馬祖。”注云：“馬祖，天駟。”是星辰之列於祀典者，不一而足，何獨於靈星而疑之？且《周書·作雒解》云：“設兆於南郊，以祀上帝，配以后稷、農星，先王皆與食。”是靈星之祀，由來已久也。案：餘星之祀，不聞立祠，獨靈星有堂基之制者，殆以靈星農祥重本計故也。至靈星所以有尸者，其事與先嗇相類。《小雅·甫田》云：“琴瑟擊鼓，以御田祖。”傳云：“田祖，先嗇也。”箋云：“御，迎也。”案：祭祀迎尸，屢見經傳，則茲所謂“御”者，亦迎先嗇之尸耳。先嗇之神主農事，靈星之神亦主農事，故其有尸從同。餘星之祀，不聞有尸，而靈星獨有之者，與有堂基同。如謂先嗇人鬼，人鬼有尸，人所易曉。靈星天神，天神不聞有尸。然《大雅·鳧鷖》章箋以次章之“公尸”爲“天地之尸”，三章之“公尸”爲“社稷山川之尸”，四章之“公尸”爲“七祀之尸”，明天神亦有尸矣。近人趙氏坦讀“靈星”爲“櫺星”，其説非是。

哉生魄哉生明解

魏　起

“魄”之稱於《尚書》者，《康誥》及《顧命》皆言“哉生魄”。其他則《漢書·律曆志》劉歆述《武成（叀）》篇有曰：“旁死霸，既死霸，既旁死霸。”霸爲月魄本字，絶無有云哉生明者。哉生明特出僞撰古文所別增。於《書·召誥》但謂之朏，朏、霸同義。故馬融云：“霸，朏也。月三日始生兆。”朏蓋本《戴記·鄉飲酒》義。月三日則成魄，遠傳自古焉。《説文·月部》出霸，云：“月始生霸然也。承大月，二日；承小月，三日。”引《書》“哉生霸”解，義正與《月采》篇“月三日曰

177

朏者"合。是知朏即《康誥》《顧命》之言"哉生魄",亦即僞撰古文所別增之哉生明矣。夫明生於月之三日爲哉生魄,四日斯名既生魄。此後漸盛,至於望日,而體之明者普徧,以名宛生魄。又謂既宛生魄,宛之爲言普也徧也,均以言望也。此後漸虧至晦死魄朔,斯爲既死魄。朔之次日,月魄未生,普徧昏黑,以名宛死魄,是盡據月明暗之體分生死,而謂其明爲魄,非以輪郭無光處言。某傳乃緣劉歆誤解宛作宛近之宛,而謂死魄爲朔,生魄爲望,復誤解魄與明反,因謂哉生魄爲月十六日,明消而魄生,殊大舛謬。僞撰古文假託,蓋與僞傳出一手,故別於朏及哉生魄外,別增哉生明之目,以爲月之初三。豈知三日成魄,古於朏魄同義,固有碻然而不可易者乎?宋咸注楊子《法言》月未望則載魄于西,既望則終魄于東,以爲載魄當朏之作,抑猶辨未爲審。至於魄之字,古作霸上,自《説文》《漢志》及古鐘鼎文,無不皆然。俗以霸音必駕反,爲王霸字,而月霸字假用魄,非其本義耳。言經之舊文,斷當依古切,普伯从月霝聲爲是。

閒民轉移執事解

黄元晟

太宰九職,九曰閒民。先鄭閒民謂無事業者,解本渾融,無事業實兼失業在内。何謂失業?如因地利有變遷而欲藉無資,人事有破耗而爲謀不遂之類皆是。是先有業而後無業者,故曰閒民。閒者,不得已而閒,與惰民、游民大異。賈疏乃謂其人性不營己業,而好與人傭賃,如此直惰民耳、游民耳。且性既不營己業,而轉好與人傭賃,豈人情哉?其曰轉移執事,先鄭謂若今傭賃是也。蓋閒民雖失業,其始必嘗習其業,習其業,則人有業而不能獨理其業者,可往爲之助理焉。耐沾塗之苦,親操作之勞,或寄食於其家,或得錢以自給。執事曰轉移，謂不拘定在一家，執事於此可，於彼亦可。《周官》法良意美，於此可見。然則閒民無常職，足附九職任民之末者，太宰即以轉移執事之職任之也。顧有謂《地官·載師》"凡民無職事者，出夫家之征"，及《閭師》"凡無職者，出夫布"，與此閒民無常職同。但同一無職之民，在太宰則使之轉移執事，在地官又使之出夫征、夫布，周公斷不爲此虐民之法。或初令其轉移執事，有不從上令，甘爲惰民、游民者，特重其罰，能畏罰即免其罰，仍以轉移執事之職任之也。獨是漢世所稱傭賃者，果何人與？傭賃雖至微至賤，而梁鴻、申屠蟠在焉，大爲此輩人生色，然非有物色之者，至今孰識有梁鴻、申屠蟠其人哉？《左氏》疑年之絳老，亦猶是也。第不知在《周官》轉移執事中，亦有其人焉否耶？

閒民轉移職事解

劉　涵

成周之世，一夫受田百畝，餘夫二十五畝，是天下無不受田之家，一家無不力耕之子矣。然此亦言其大略而已。若泥其說，無論山林藪澤，無可授之田，即徧授以田，而百工商賈，果可耕且爲歟？以此知閒民無常職，不必皆單丁下戶，力不勝耕，亦非游手好閒，罰以夫布矣。且夫貧富不同，貴賤非一，古與今無異致也。向使人盡授田，家給而戶足，則傭保之夫，奴隸之役，誰復忍辱爲之？唯務農力穡者，或不免啼饑，而因利乘便者，每轉邀重賞，於是有不願歸農，而以轉移爲事者矣。若此之人，將謂其無職與？則彼所任之事即其職。將謂其有職與？而彼所職無常事。故列於田園虞衡諸職之後，而目之曰無常職也。雖然，古有授田之制，農工商賈，十居八九，即有閒民，衣食易足。後世田不井授，富貴者少，貧賤者多，辛苦墊隘之餘，迫而爲巧僞變詐之習，風俗遂因而愈壞矣。今者異類雜處，以鬼斧神斤之巧，運追風逐電之機，視滄海若康莊，穿高山爲複道，水陸輻輳，頃刻千里。我中華之人，樂其神速之效，不惜重價使之轉移，而曩日之篙師、柁工、驢夫、車户，半皆失業矣。就目前論之，中華閒民，已形支絀，數百年後，不知更當何如？所望有心世道者，從中爲之調劑，於通商之法，寓便民之心，如轉漕悉由内港，鐵路勿效外洋之類。凡轉移之事，仍任閒民，庶無常職之閒民，尚有所事事哉？

"朱張"鄭作"侏張"述義

高鳳謙

《論語》逸民章"朱張"，鄭本作"侏張"。"侏"，陟留反，與"疇"音相近，音同義必通。所謂"侏張"者，猶《書》之疇張也。竊以爲鄭以"朱張"作"侏張"，而經意始顯。蓋"侏"與"疇"音義既同，《玉篇》訓疇張爲誑，誑或讀作狂，則侏張亦狂也。意者古有隱士，陽狂避世，人以其狂也，因號爲侏張。《論語》緣其號而稱之，故闕其名也。按：《堯典》"放勳"二字，爲史臣論堯功德尊稱之辭，而孟子乃有放勳曰之語。《左傳》季文子論四凶之事，不曰讙兜、共工、三苗、鯀，而曰渾沌、窮奇、檮杌、饕餮。然則不名其名，而即以其行名之，古書時有此例，則侏張之爲人，明矣。或者又疑夷齊、仲逸、惠連，孔子皆論其行，何獨於侏張而不然乎？曰：謂爲侏張，斯是行矣，又何行之可言？不然，既謂之爲侏張，又詳舉其侏張之行，聖人論斷，固不若是之拘墟，亦不若是之辭費也。或又以侏張屬之柳下惠、少連，此尤非鄭意也。考柳下惠行事，不類狂者。觀於其妻之誄，稱其不伐不竭，誠信無害，此豈狂者乎？至於少連，《雜記》稱其善居喪,《家語》稱其達於禮,則少連之非狂,又無所用吾辨者。況古今人表列朱張於第二,與少連相屬爲文,非侏張爲人之明證乎？學者解經,不必强經以從我。苟審乎侏張二字爲以行爲號之辭,則可知經文簡貴,一字之間,皆有深意。而鄭氏説經,亦可謂不刊之論也已。

"朱張"鄭作"侏張"述義

葉大綬

《論語》:"逸民:伯夷、叔齊、虞仲、夷逸、朱張、柳下惠、少連。"《釋文》云:"朱張,鄭作'侏張'。"是鄭意以逸民專屬於夷齊爲一類,以夷逸爲逸於夷,蒙上虞仲爲一類,謂若此者逸於夷者也。以侏張冒下柳下惠、少連爲一類,謂若此者佯狂而不合於正者也。"侏"從"朱"得聲,故得段"朱"爲"侏"。侏儒,襄四年《左傳》、《漢書·刑法志》、《淮南·主術》皆以爲朱儒,是"侏"可通爲"朱"也,則"朱"亦可通爲"侏"矣。《周禮》"鞮鞻氏"注:"四夷之樂,西方曰朱離,亦作侏㒧。"是其證也。侏張即侜張。楊雄《國三老箴》"姦宄侏張",《釋訓》:"侜張,誑也。""侜張"又作"輈張"。《後漢書·孝仁董后紀》"汝今輈張,怙汝兄耶",注:"輈張,彊梁也。"《爾雅》"侜張",郭注引《書·無逸》"無譸張爲幻",作"侜張",是"侜張"又即"譸張"。又可作"倜倡",《太(元)[玄]》"物咸倜倡",注:"張也。"大抵重言形況之言,有聲無義,故凡聲轉相近之字,皆得相段。以無實義可訓,故其義亦隨文而變。此處以"侏張"目柳下惠、少連,必不訓爲"誑",爲"彊梁"。鄭意第以形況柳下惠、少連陽狂輕世之意。少連事迹雖不盡可考,然以孟子之言、柳下惠證之,則祖裼裸裎,猶與之偕,不卑小官,不羞汙君,皆是輕肆之意。故本節下孔子論二人,以爲降志辱身,則二人之意氣大畧可見。鄭知"朱張"非人名者,以孔子論不之及故也。鄭君時古文未亡，意必本作"侏張"，不作"朱張"。傳寫既久，遂或叚"朱"爲"侏"。後之人疑"朱"爲姓，遂大失其故訓耳。

囊橐考

陳鴻章

囊橐之説，互有異同。《詩·公劉》篇毛傳："小曰橐，大曰囊。"《史記·陸賈傳》索隱引《詩》傳："大曰橐，小曰囊。"與今本異。干寶《晉紀》引《詩》呂向注亦云："大曰橐，小曰囊。"此大小之不同也。今本《説文》囊、橐互訓，而《釋文》引《説文》云："無底曰囊，有底曰橐。"孫氏《示兒編》引與《釋文》同。《秦策》"負書擔橐"，高注同。《史記·陸賈傳》索隱引《埤倉》："有底曰囊，無底曰橐。"《蒼頡》篇："橐，囊之無底者也。"與《釋文》所引《説文》異。《文選序》五臣注、顏注《急就篇》、《漢書》"刑法志""趙充國傳"，皆主《埤倉》有底曰囊，無底曰橐説。此有底無底之不同也。《正義》引《左傳》趙盾食靈輒，爲之簞食與肉，置諸橐，以證橐小。引《公羊傳》陳乞盛公子陽生於巨囊，以證囊大。近人劉履恂《秋槎雜記》引《秦策》伍子胥橐載以出，以證橐大。引《史記》平原君譬如錐之處囊中，以證囊小。

謹案：囊、橐散文則可以通用，對文則必有其別。毛傳囊大橐小之訓，正足以定有底無底之制。蓋囊、橐雖皆所以裹餱糧，然囊大則所盛必多，勢不容無底。橐小則所盛亦少，或束於腰，或提於手，即無底亦可。竊意古者之囊，即今之布袋；橐，今之腰纏袋。兩端皆口納物於中，而約其兩端束之於腰，必無底者便於探索也。《埤倉》、《蒼頡篇》、師古《漢書注》所云"有底曰囊，無底曰橐"，誠與毛傳相爲表裏，本無可疑。自《釋文》有"《説文》云無底曰囊，有底曰橐"之誤，信許學者遂奉之以攻舊説，輾轉詰駮，莫折其中。不知《釋文》釋《詩》，當順經文；今經先言橐，後言囊，則《釋文》不應先囊而後橐。當日《釋文》意必作"《説文》云無底曰囊，有底曰橐"，傳寫久而互誤。高注《秦策》、呂注干寶《晉紀論》、孫氏《示兒編》，亦皆後人據誤本《釋文》所改，惡得謂爲許君舊義，即如今本《釋文》所引云云乎？今本《説文》雖無二語，然《繫傳》亦云："無底曰囊。"楚金治《説文》，假令許書果作有底曰橐，又安肯背之而別從雜家之説？楚金之説，其即許君之説可知。囊惟大於橐，故古人之言包捃者，皆取諸囊以爲形容。《管子·任法》云："皆囊于法以事其主。"賈誼《過秦論》："囊括四海之志。"《文選·風賦》："盛怒於土囊之口。"注："土囊，大穴也。"之類是也。橐小於囊，而《史記》言范雎扶服入橐，《秦策》伍子胥"橐載以出"者，此自散文便用，雖橐而實囊也，不能據以攻毛義。

《洛書》即九疇説

董元亮

自陳摶、關朗、种放、劉牧之輩出，而《洛書》之説歧；自九圈十圈、太乙下行、九宮諸圖興，而《洛書》之義晦。迨至《易經》《書經大全》作，《洛書》之真湮矣，而世且以爲補苴古人罅漏，張皇夫幽渺也。夫《洛書》之演爲疇，猶《河圖》之演爲卦。古所謂圖，今所謂畫也；古所謂書，今所謂字也。伏羲因畫以成卦，大禹因字以第疇，是《洛書》之初固有字而無圈也。《莊子》云："九洛之事，治成德備。"《漢書·五行志》云："凡此六十五字，皆《洛書》本文。"其書之疇九，故曰九洛；九疇之字六十有五，故曰《洛書》。而大劉及顧氏以爲龜背先有"敬用""農用"等二十八字，其初"一曰"等字，禹所加也。小劉以爲"敬用"等字亦禹所第敘，其龜文惟有二十字。説雖小異，而

《洛書》即今九疇,則斷斷無疑也。《隋志》云:"濟南伏生之傳,唯劉向父子所著《五行傳》是其本法。"歆以《洛書》爲文字,蓋亦本諸伏生者。伏生爲秦博士,及見古書,則《洛書》即今九疇,又斷非臆説無疑也。乃或以龜書見於緯候,非等馬圖之載在《禮運》者,此後世孫皓在位,石文成字於歷陵,武后臨朝,寶圖獻瑞於洛水,實龜書之説啓之也。不知執聖人之真以鏡後人之僞則可,以後人之僞上疑聖人之真則不可。《繫辭》云:"河出圖,洛出書,聖人則之。"《論語》曰:"鳳鳥不至,河不出圖。"蓋聖人在上,天乃出圖與書以應之。昔魏明帝青龍四年,張掖有寶石負圖,狀象靈龜。秦苻堅建元十二年,高陸縣民穿井得龜,大二尺六寸,背文負八卦古字。夫物固亦有然者矣,矧天平地成,聖人首出時乎?揆之以世,斷之以理,則洛之有書,書之有字,字有九疇,又斷斷其無疑也。今九圈、十圈諸圖並無文字,顧名思義已失其實,奚論其他哉?江君《河洛精蘊》乃信先天圖果出伏羲,其亦未之深思歟?

"哭具也,顨哭也"解

王元稺

"哭"於經典無解作"具"者。《易·雜卦傳》:"哭,伏也。"《説卦傳》:"哭,入也。"《書·堯典》傳:"哭,順也。"馬注:"哭,讓也。"《論語·子罕》馬注:"哭,恭也。"皇疏:"哭,恭遜也。"《史記·仲尼弟子列傳》《魯卦》"哭"字、子欽。從哭之字皆有具義。《説文》饌、僎均云"具也"。《楚辭·大招》:"聽歌譔只。"王注:"譔,具也。"《方言》:"選,編也。"《詩》:"舞則選兮。"傳:"齊也。"皆具義。《説文》無撰字。陸氏《釋文》曰:"撰,具也。"《漢書·司馬遷傳》注:"籑,讀與撰同。"《説文》:"籑,具食也。"以哭本從皿,皿,大徐音義均闕,小徐作士戀切。顨字從顛,亦士戀切,解曰:"選,具也。"故《廣韻》皿下亦曰"具也"。是顛、皿音義均同，从顛、从𠃬之字亦宜同也。《説文》𢁆篆下有古文，有小篆，𢁆爲籀文，可知辨別最爲明晰，不應更出重文之𢁨篆。山陽吳山夫《説文引經考》以𢁆、顛、𢁨三字義同音近，蓋一字重文，竊不謂然。竊謂顛、𢁆本爲二字。八卦乾、坤、震、艮、坎、離、兌皆有字義，即以爲卦德，顛獨無之。𢁨从顛，顛訓具。具不足爲卦德，而經典有訓爲伏、爲入、爲順、爲恭、爲讓之𢁆字，與𢁨卦之德相似，故即以𢁆卦爲𢁨卦。𢁆卦行而𢁨卦廢矣。以𢁆訓伏、訓入、訓順、訓恭、訓讓，而訓具之義亦廢矣。不有許書，何以存古字古義？不有饌、倸、譔、選、撰等字，何以證𢁆之本訓爲具哉？

元穉：嗣讀遵義黎氏近刊原本《玉篇》殘本，丌部十一字幸存，以丌、边、典、𢁨、巽、𢁆、𢁇、𢁌、莫，其亢爲次内；其亢，《説文》另立部。《説文》"典"下有重文簊，《玉篇》例入竹部，餘九字悉與許書合。"𢁨"下曰："《説文》：'𢁨，巽也。'此《易·𢁨卦》'爲長女，爲風'。""巽"下歷引入伏、從、恭諸訓。又曰："《説文》，此篆文𢁨字也。""𢁆"下曰："《説文》：'𢁆，具也。'字書，此本撰字也。""𢁇"下曰："《説文》，古文𢁆字也。"始悟不特𢁨、𢁆爲二字，即巽、𢁆亦爲二字。今本《説文》列字次序，𢁇篆與巽篆互訛，知巽爲篆文𢁇。即巽字。桂氏《義證》"𢁇"云"《汗簡》引作𢁌。"爲古文不知巽爲𢁨之篆文，𢁇爲𢁆之古文，而於"𢁇"下曰"古文𢁆"，"巽"下曰"篆文𢁆"，後之讀書者始坐𢁆以籀文矣。桂氏亦云"此本籀文"。又譌"𢁨"下之"巽也"爲"𢁆也"，乃愈聚訟矣。其誤蓋由今傳宋陳彭年等。大廣益本《玉篇》首列巽字曰卦名，《説文》曰具也，繼列𢁆字曰同上，是原本《玉篇》爲陳彭年等所未見。陳彭年等所見者，乃梁蕭愷、唐孫强删改增加之本，今并亡矣。今本《説文》因襲其謬，段氏疑之，遂𢁨篆於𢁆、巽、𢁇下，以免𢁇字橫梗之病，亦未能見及此。使知訓具之𢁆與經典承用之巽兩不相蒙，𢁆本撰字，其用偏旁得訓具者，皆从𢁆不从巽，當渙然釋也。黎氏原跋：此殘本分得之日本高山寺、東大寺、崇蘭館及佐佐木宗四郎家，惟自放部至方部爲栢木探古舊藏古寫本，相傳爲唐宋間物，祕惜殊甚。別寫以西洋影相法，丌部實次於放，蓋在殘本中之尤可寶貴者也。庚寅臘月，課藝選成，適命。

元穉任讎校之役，亟請於函文而附識之。

晉文王稱阮嗣宗至慎論

王元穉

晉阮嗣宗未嘗臧否人物，司馬文王稱爲至慎。彼蓋見漢、魏以來，文人之好騰口説，身罹禍害者多矣。士不幸而生亂世，舍是奚法？不猶古人危行言遜之訓哉！竊以爲不然。自古奸雄篡竊，有不畏王章，未有不畏清議者也。魏、晉、六朝，禪讓儀文，比隆三代，斯世不稍予假借者，賴有士林清議所謂臧否人物者以持之耳。不然，操、莽之徒，自謂伊、周繼武矣。吾觀漢之黨錮，宋之僞學，明之東林，其人皆是非過明，好臧否人物，而昧明哲保身之義，卒之綱常名教因而不墜，天地正氣賴以常伸，所繫豈一人一家禍福得喪之故哉！使世之爲士相率而效之，亂賊之流必視以爲吾之勍敵，篡竊之事有所動色而不敢發。嗚呼！若阮嗣宗者，宜其爲司馬氏之所稱歟！

晉文王稱阮嗣宗至慎論

黄元晟

嘗讀《繫辭》，至"亂之所生，則言語以爲階，……是以君子慎密而不出"，廢書歎曰："嗟乎！口舌者，其禍福之門乎！"當夫識匪汝南，漫務月旦，捕風捉影，肆意雌黃，所毀譽者非必其人，即在其前也，無如屬垣有耳。苟吹噓者每鮮銜恩，被詆訶者無非刺骨，至變生不測，莫知咎所由來。賀若敦臨死刺子弼舌出血，戒之而自悔無及，悲哉！《論語》云："不在其位，不謀其政。"夫是非得失，主持自有其人，我無其權，雖言何補？顧言徒無補，猶之可也。所患者，出一言而危其身，並危及天下。所發甚微，所關甚鉅，黨錮、東林之覆，輙明鑒在前矣。噫！阮嗣宗之時，何時也？爽誅芳廢，髦弑經死，漢祚移於委鬼，魏祚又將移於典午，有志之士，莫不寒心。劉伯倫、畢吏部，即魏末晉初人也，皆隱於佯狂以辟禍，嗣宗亦其類耳。其詠懷詩有云："驅馬舍之去，去上西山趾。一身不自保，何況戀妻子。"至爲沈痛。且其時與嗣宗齊名者，莫如叔夜，乃嵇不免而阮免，則慎與不慎之故也。文王所寵者賈充，所任者鍾會，嵇觸其鋒，焉得獨免？高貴鄉公論文王曰："司馬昭之心，路人皆知之。"彼固無人心者，何嘗惡嵇而愛阮？蓋不臧否人物者吉，而臧否人物者凶，其勢使之然也。昭豈有知人之鑒者哉！

"南仲大祖，大師皇父"解

劉　涵

《常武》傳："王命南仲於大祖，皇父爲大師。"箋云："南仲，文王時武臣。顯著乎，昭察乎，王之命卿士爲大將也。乃用其以南仲爲大祖者，今大師皇父是也。"是毛以南仲、皇父爲二人，鄭以皇父爲南仲後只一人。疏謂大將只當命一人爲元帥，不應並命二人。又引孫毓説，宣王大將復字南仲，傳無聞焉，以明南仲爲皇父之祖。蒙竊以爲不然。謹案：春秋時大國三軍，每軍皆一將一佐。天子六軍,應有六將六佐,豈命一人爲元帥,其餘俱不命於天子,而聽元帥自擇乎?此必不然之事也。又按《禮·檀弓》云:"幼名,冠字,五十以伯仲。"春秋時以仲稱者,如管夷吾稱管仲,公子無佚稱齊仲見《國語注》,皆非字也。他如公子遂爲襄仲,臧孫辰爲文仲,晏嬰爲晏平仲,則並謚稱之,亦非其字。然則南仲也者,氏南序仲,孫毓以爲字,誤矣。或者謂《出車》篇南仲,文王時人,不應宣王時復有南仲,與其祖同稱。不知仲既非字,不妨與祖同稱。春秋時趙盾稱趙孟,其孫趙武亦稱趙孟;季文子稱季孫,其後悼、平、桓子亦稱季孫,是其例矣。況稱自詩人,非其人自稱,亦猶《崧高》之召伯與《甘棠》之召伯,不嫌重見也。孫又謂命將古未有於大廟,其説亦非。何則?《王制》云:天子將出征,受命於祖。雖主天子親征而言,而命將出師,亦必受命於祖。《左傳》授兵於大廟,是其明證。鄭箋與毛傳意雖不同,要皆各成一是。至於孫説,則失之遠矣。竊意南仲、皇父當是二人。春秋時有南遺、南蒯,後世有皇姓皇侃著《論語疏》。又有皇甫複姓。其系果出於二人與否,雖未可知,而南與皇之並爲氏則明甚。父爲男子之尊稱,詩中稱父者,如祈父、家父、顯父、蹶父之類甚多。《十月之交》篇又有一皇父,則父亦非字可知。南仲與皇父兩兩作對,而大祖之文處中,疏以爲並命於大廟,斯言得之矣。

"南仲大祖,大師皇父"解

黄元晟

《常武》篇:"南仲大祖,大師皇父。"毛謂:王命南仲於大祖,皇父爲大師。鄭謂:南仲文王時武臣,宣王命卿士爲大將,用其以南仲爲大祖者。今大師皇父,如毛則命二人,如鄭則命一人,義俱可通。《稽古編》微祖鄭謂封申伯遠舉四岳,錫召虎追泝康公,以及

《韓奕》言先祖受命,《烝民》言纘戎祖考,數詩每推本祖德以爲榮,命皇父先述南仲,體例同符。且宣王出師遣將,《六月》則吉甫,《采芑》則方叔,《江漢》則召虎,皆止一人。《常武》之程伯休父,名隔下章不計。外如毛説,則既南仲,又皇父大將有二人,不分輕重,殊乖常制,似宜從鄭。然此篇句義,毛實勝鄭。舉以證之,其説有三:

　　孫毓駁毛,孔疏引之。孫云:古命將皆於禰廟,未聞於后稷大祖之廟。不知孫何所本而云然。《王制》明言天子將出征,造乎禰,受命於祖。祖禰兼舉,不舉禰而遺祖。班固《白虎通》云:天子遣將軍必於廟,示不敢自專,獨於祖廟何?制法度者祖也。是命於大祖,古有明文,足爲毛左證。況《白虎通》又引《詩》王命卿士,南仲大祖,知《常武》南仲在宣王時,自有南仲,非《出車》文王時之南仲。毛後鄭前,東漢之初,諸儒已同毛説,其證一也。

　　成周官制,卿專職,公兼官。《顧命》叙六卿,首言大保奭,則召奭以?冢宰兼大保,卿兼公也。大師當亦然。《十月》言皇父卿士,《十月》之皇父,雖非即《常武》之皇父,其時必任六卿,故名在司徒?冢宰上,則六卿可通稱卿士。南仲、皇父,毛謂二人者,毛意南仲、皇父皆卿士,皇父特於祖新命兼大師耳。鄭不從毛,自不用於祖新命之説,意必以卿士、大師皆皇父舊官。如是,當卿士即大師,大師即卿士。《詩》欲舉皇父一人之爵,言大師可,言卿士亦可;舉大師復舉卿士,舉卿士復舉大師,不幾贅乎?其證二也。

　　《出車》之南仲,毛謂文王之屬,則南仲,文王之臣,《常武》之南仲,自是其後。蓋南氏仲字,祖孫不嫌同稱,《春秋》家父與《詩》家父豈一人哉?夫南仲,文王臣,宣王時,其後南仲復爲大將,是南仲本世族世官。然使至春秋而南氏泯滅無聞,則宣王時無南仲,鄭未嘗不可從。乃《春秋》於魯隱經書“天王使南季來聘”,杜注:“南季,周大夫。南氏,季其字。”知南季又爲南仲之後。東遷後,南氏猶存,縣縣延延,世族世官不絶矣。無徵不信,毛其免夫!其證三也。

若《常武》之皇父，實非《十月》之皇父，雖《十月》之皇父，序指幽王，鄭指厲王，要與《常武》之皇父無關焉，不復辨。

釋丱上

王元穉

“丱”之見經傳者，一爲《詩・齊風》“總角丱分”，一爲《周禮・地官》“丱人”，段玉裁《説文解字注》據《五經文字》《九經字樣》，以“丱”爲“卵”之古文。今考《五經文字・艸部》“丱”下曰：“古患反，見《詩・風》，《字林》不見。又古猛反，見《周禮》。《説文》以爲古卵字。”《九經字樣・雜辨部》“丱”“卵”下曰：“上《説文》，下隸變。”是唐時《説文》明以“丱”爲“卵”古文。今大、小徐本均於“磺”篆下出“丱”字，曰“古文磺”。《周禮》有“丱人”，段氏據以删之。竊謂附“丱”於“卵”，固見存古文古義之功；删“丱”於“磺”，未能守多聞闕疑之訓。楊氏慎曰：“古人訓詁緩而簡，……雖一字而兼數用。”蓋見於古文者尤多。以許書證之，“疋”下曰：“足也。”“古文以爲《詩・大雅》字，亦以爲足字，或曰胥字。一曰疋，記也。”“丂”下曰：“古文以爲亐字，又以爲巧字。”“旅”之重文“㫺”下曰：“古文旅。”古文以爲魯、衛之魯。亥篆下出豕曰：“古文亥爲豕。”又曰：“與豕同。”此亦言豕古文也。其大徐本奪去、小徐本尚存者，如《且部》“㠯”下曰：“古文以爲且，又以爲几字。”此猶一篆連類以及者。其分見兩部者，《十部》“廿”下曰：“二、十，并也。古文省多。”是廿爲古文。《疒部》“竊”下又曰：“廿，古文疾。”《𩫏部》下曰：“度也。民所居度也。”即今之郭字。《土部》“墉”下又出“𩫏”篆曰：“古文墉字。”其兼見他書者，如“巛”爲古文“川”字。《玉篇・川部》“巛”下注曰：“古文坤字。”《家語・執轡》篇王肅注：“巛，古坤字。”䓫爲籀文嗌字，《漢書·百官公卿表》曰："蒹作朕虞。"顏注："蒹，古益字。"以此例之，安知"卝"之爲古文"卯"，不又爲古文"礦"哉！段之言曰，鄭曰"卝之言礦也"。凡漢注云之言者，皆謂其轉注段借之用。以"礦"釋"卝"，未嘗曰"卝"古文"礦"，亦未嘗曰"卝"讀爲"礦"。其言甚辯，足徵讀書善於體會之功。然據以存疑則可，據以刪改古書則不可。鼎臣楚金誠爲叔重功臣，而欲以張參一家之言，輕改千百年小學家珍守流傳之本心，終以爲未安。《九經字樣》爲唐開成時所上，明言多依司業張參《五經文字》爲準，則《九經字樣》亦多本於張參也。況參明言卝見《周禮》，《説文》以爲卯字，《説文》以爲云者，是《説文》別爲一説，不必與《周禮》混而一之也。惟古文之叚借，多有意義可尋。段謂金玉錫石之樸，韞於心中而精神見於外，如卵之在腹中，説誠圓惬。至"總角卝兮"，毛傳曰："卝，幼稺也。"謂出腹未久，如魚之未生已生，皆得曰鯤。此屬牽强。近人德清俞氏《羣經平議》解此曰：卝之言貫也。《説文》"絆"下曰："織以絲貫杼也。從絲省，卝聲。"卝者，絆之叚借。是則可從也。

釋卝下

王元穉

"卝"爲古文"卯"，"卝"又爲古文"礦"。古文有一字數用者，既引許書以證之矣，惟段於是篆斷爲妄人所益所刪，訾其誣經誣許，必如段始復許書之真。反覆思之，竊不謂然也。

段言卝人，鄭注未嘗曰卝古文礦，亦未嘗曰卝讀爲礦也。《周禮》古文奇字甚多，如《廞人》《遫師》之類，亦未嘗注爲古文魚。古文原讀爲魚，讀爲原，此不必疑一也。段言凡漢注云之言者，皆謂其轉注、假借之用。段意蓋謂如膳人、庖人之注，膳之言善，庖之言苞也。不知迹人下亦注迹之言跡,校人下亦注校之言校,迹、跡本通,以本字爲訓詁,不必皆有轉注、叚借之用。今廿、礦以古今字互訓,亦如許書以與釋輿之例,其不必疑二也。使廿僅屬古文卵字,廿人即係卵人,《周禮》設官命名,無不繫所職掌。今廿人所掌乃金玉錫石之礦,所命乃無乳卵生之名,全書無此體例,其不必疑三也。

古文於象形外,六書鮮通,甚有製字極不可解者。今廿爲古文卵,其篆爲卯,象人大腹孕育之形。人之孕子如山川之孕礦,同音相讀,又不失象形之意。是廿爲最先古文,僅存《周禮》《毛詩》廿係用假借。後人遂製磺、礦、鑛諸形聲之字以易之,又製形聲會意之字鉚、砒以易之。觀於、後製之字,益悟廿爲礦之古文。段義多窒,必兩存廿卵、廿礦而始通。

五百四十部爲建類一首,凡某之屬皆從某,爲同意相受説

力　鈞

古人造字,某字從某,類聚羣分,互相牽屬。許氏以古人造字之類,歸古人每類之首。説解中凡某之屬皆從某者,皆轉注例,而以爲分部之訓者,誤矣。

凡某之某類也,從某之某首也,某類之屬皆從某首者,建類一首也。首以冠類,類以從首,而其意可推者,所謂同意相受也。建類者,如《一部》"元""天""丕""吏"等字爲類,《示部》"祜""禮""禧""禄"等字爲類是也。一首者,如"元""天""丕""吏"爲類,部首共屬一字,"祜""禮""禧""禄"等字爲類,部首共屬示字是也。

同意相受者,如《一部》字皆本一字之意以相受,《示部》字皆本

示字之意以相受之類是也。謂之轉注，如水之灌輸，轉相注耳。五百四十部皆如此，而考、老其顯者。後人以《說文》中無轉注明文，而各自爲說，於是有以文之反側爲轉注者，則戴侗、周伯琦諸儒也；有以轉聲爲轉注者，則楊慎、顧炎武諸儒也；有以數字成文爲轉注者，則劉泰也；有以諧聲之不轉爲轉注者，則趙宦光也。此皆不明轉注之例，而不足以讀許氏之書也。若戴震、段玉裁、曹仁虎、戚學標、朱駿聲者，不可謂非能善讀許書，而思發明轉注之例也。戴氏之言曰：轉注猶互訓，故考下曰老也，老下曰考。按：考、老互訓，適同部以解轉注，似巳。若《人部》“但裼也”，《衣部》“裼但也”，《足部》“踰越也”，《走部》“越踰也”，謂之同意相受則可，謂之建類一首則不可。戴氏之言轉注，非許書之旨也。曹氏之言曰：“既曰建類一首，則必字部之相同，而字部異者，非轉注也。既曰同意相受，則必字義之相合，而字義殊者，非轉注也。”轉注舉考、老以見例，而從丂得聲，字音異者，非轉注也。按：考者類也，老者首也，考與老同訓者，意相受也。舉一考而儿耄、耋、耆、耇諸字，無不類聚於部首之字，而與老同意相灌注矣。曹氏以字音異者非轉注，則又混諧聲以言轉注矣。曹氏之言轉注，亦非許書之旨也。戚氏之言曰：“考、老皆從耂，爲建類一首，考、老互訓，爲同意相受。由考而老，猶云挹彼而注茲，故謂之轉注。”按：以“某”與“某”“同”“意”諸字爲轉注，第解“同意”二字，而於“建類一首”及“相受”六字無涉。“建類一首同意相受”八字一貫，說下謂“建類之字共此一首，又同此首一字之意，轉相輸受”。“考建類而老一首”，“考”與“老”同意，而“儿”從“老”之字皆轉相輸受也。戚氏之言轉注，更非許書之旨也。而段氏以釋詁爲轉注，朱氏以段借爲轉注，雖欲自異於不讀許書者，而按之許書之旨，亦未之能合。甚矣，不明轉注不足以讀許書，不讀許書不足以明轉注也。許書前叙所言“建類一首”，指五百四十部，部各有類，部各有首也。“同意相受”，指儿從某之屬皆從某，以明轉注之例也。後叙所言"其建首立一爲耑"者,謂建類一首以《一部》爲始也。"方以類聚,物以羣分"者,統論五百四十部,如"元""天"等字屬《一部》,"祜""禮"等字屬《示部》是也。"同條牽屬,共理相貫"者,謂每部之中建類一首同條而牽屬也,同意相受共理以相貫也。前叙後叙,互相發明,許氏自言其轉注之例如此,而讀許書者乃好爲異説,何也?

《説文》云"道立於一",按"一"字在許書其用最廣其義各異釋

池伯煒

《説文》始一終亥,亥而生子,復從一起,則一者許書之起訖。而其閒用一字以指天地萬物而各殊其義者,尤更僕難數。其指天者,雨不是也;其指地者,屯至坕或才之毛、旦、韭、且、宜是也;其兼指天地者,亟五是也;其兼指天地與人者,三王是也。七、丙、午、夘、戌,指陰陽也;日指天象,巛涇地理;寸、丂、亏,指人身也;正、干、人、毋、兀、立、乍、匕、辛、音、毌与士,則指人事;乑、氏、本、未、朱、朿、兩、勹、夫、戈、巴、血、刃,則指物類也。且孔子曰:"一貫三爲王。"則横者爲一,直者亦爲一也。推之十字,一爲東西,丨爲南北;東西爲一,南北亦爲一也。又推之畫字,兩横兩直,象田四界;兩横爲一,兩直亦爲一也。此用一字之變例也。二爲地數,土字從之,象地之下、地之中,是合兩一爲字也。三爲三才,王字從之,王者參通之義,是合三一爲字。此又用一字之變例也。馬、豕、隼、刃、办等,篆一之形;側、卒,篆一之形;曲、冂,篆一之形,引而下垂。此又用一字之變例也。至其義之各異,元、天、丕、吏等字,由一會意,此一義也;上、下、本、末等字,以一指事,此一義也;丕、至字,從一象

形,此一義也;聿字,從一得聲,此一義也。

總之,道立於一,天地萬物靡所不包。許君之敍,溯原犧《易》,犧《易》始一。由是而二,而三,而六,而八,而六十四,皆生於一,故許書亦始一。由是而二,而三,而五,而十,而百千萬,皆起於一。然則許君雖不等,楊子雲之儗《易》,殆亦有意存於其間者乎?

《説文》云"道立於一",按"一"字
在許書其用最廣其義各異釋

王元穉

《説文》"道立於一",原本《老子》未有文字,先有卦畫。一爲卦畫文字最初未分之字,故舉以冠全書也。舉一以冠全書,非以其字形僅一畫也。如以一畫論,如丨、如丶、如厂、如乁之類,不下十餘部,散見於中,不蒙一而類厠之,以其非一比也。六書以指事、象形、會意、形聲爲體。許書從一之字,實兼四者而備之,惟形聲爲少見。今考全書,聿下從聿一聲,戊下從戊一聲。形聲之字,爲後來孳乳,古籀又多緐重,故有從某省聲之説。一則省無可省,形聲之少,不足異也。其有不言形聲而可以意會得者,如一之重文弌,曰古文一,小徐本一弌,猶言一箇一枚,是其字爲會意。以全書體例求之,可云從弋一,一亦聲。然弋字既爲古文,一居部首,以常例求,當爲小篆,竊有疑焉。弌既從一,不應未有一字,先有弌字,即不應弌爲古文,一爲小篆。蓋一者畫卦最初之字,實在古文以前,似此類者實鮮,故不別立名目。由古文而大篆、小篆,遞至八分、隸、楷,他字可變,獨一字不可變,此一所以取義於道也。在許書中,用一指事爲最多,取義又各異。上下二篆,即以一爲上下兀,下高而上平也。從一在人上,爲上之引申。他如十下,一爲東西,此一字無意義,按:如後世測量儀器之類,其繪

195

作十字形者,用以辨東西南北之方位。蓋象形而兼指事也。寸下,十分也。人手卻一寸動胍,謂至寸口,从又从一。此一字自以數言之。一者,十分也。度始於人身,去手十分爲胍所動處,謂之寸,故十分即謂之寸。从又从一,可云會意兼指事也。臣鍇曰:"一者,記手腕下一寸,此指事也。"其取荐義者,葬下一,其中所以荐之。荐義爲地,爲下所引申,荐在下也。全書中如丌部、豆部、豐部、豐部、虍部之屬,有荐義者,皆可謂之从一,此許不言而可以意會者也。其取礙義、止義者,礙者物礙之,止者人止之,或自止之,相似不相同也。如丂下气欲舒出,ㄅ上礙於一也。亏下从丂一,一者其气平也。以平訓一,平者不礙,猶以亂訓治,以縮訓直也。正下从止一,一以止。臣鍇曰:"守一以止。"按:一,道也,是其字爲會意。江沅曰:一所以止之,止之義在一,仍爲指事。毌下穿物,持之也。从一橫貫,持有止義。按:此字爲指事,又通象形。毋下,止之也。从女有奸之者。文義未明。段據《曲禮》釋文、《大禹謨》正義改爲"从女一,女有姦之者"。一,禁止之,義爲長。乇下从匸一,一有所礙也。臣鍇曰:"出亡得一以止,暫止也。"指事。全書中如可部、兮部、号部之屬,有礙義、止義者,皆可謂从一也。其取覆義者,亡下从乚上,有一覆之。臣鍇曰象形,段注曰會意。此義爲天,爲上之所引申,以荐義例之,亦爲指事,冂下从一下。罙,段注:"一者,所以覆之也。"全書中如冃部、冎部、网部、网部、而部之屬有覆義者,皆可謂之从一也。其以一爲誌記者,於一之義無所取。按:猶古人讀書有以乙之之意。如本下从木,一在其下。臣鍇曰:"一,記其處也。"朱下从木,一在其中。臣鍇曰:"一者,記其心。"末下从木,一其上也。臣鍇曰:"指事也。"蓋統上从一言之。刅下从刃,从一。臣鍇曰:"一刃所傷,指事也。"段注:"一者,傷之象。"全書中如"韌"字、乐"字本"大於末也"之屬,有誌記義者。小徐"寸"下曰:"一者,記手腕下一寸。"亦猶是。皆可謂之从一也。一又有開義,不止則開亦爲止所引申。易下从日,一勿。臣鍇曰:"一,所以開也。"段注:"从勿者,取開展之義。"蓋一以數言之。一又有執義,亦爲礙義、止義所引申。隼下

196

雛,或从佳一。臣鍇曰:"埶之也。"段注:"謂壹宿之鳥。"亦以數言之。其
爲象形之字,屯下从屮,貫一。段注:《說文》多說一爲地,或說爲天,象形
也。"日下从○一,象形。小徐《說文通論》:○者,轉而不窮。員以利轉也。轉
而不一,不可以訓,故以从一也。段注:"一象其中不虧。"此以一訓不變之義。
全書中如旦部、晶部、月部之屬,皆蒙日有不變之義者,皆可謂之从
一也。夫下从大,一以象箸也。血下从皿,一象血形。众下从人,一
象三人之形。來下一來二縫,象其芒束之形;戈下从弋,一橫之象
形。此數一字,皆無意義可尋。據形似言之,全書中如立部、麥部、
食部、會部之屬,蒙夫、蒙來、众者,皆可謂之从一也。有字不言象
形,用一以象形者,西重文卥下曰:"一,閉門象也。"全書門部如闔
字、闌字、閾字、閉字、閣字、闇字、關字,即開之重文閈字之屬,凡有
止礙義者,皆可謂之从一也。其爲會意之字,一取義於天。不下,
鳥飛上翔不下來也。从一,一猶天也。許云象形,其實通於會意。雨下,
水从雲下也。一象天,门象雲。全書中如大部、雲部,皆含天義,皆
可謂之从一也。一又取義於地。如中下、才下、屮下、旦下、韭下、
宜下、立下、止下、至下、氐下、或下、坙下、且下、毛下,皆云一地也。
全書中如木部、東部、林部、币部、出部之屬,皆含地義,皆可謂之从
一也。一又取義於道。王下,一貫三爲王。按:一者,道也。干下犯
也,从反入,从一。臣鍇曰:一者,守一也。音下从言含一,甘下从口含
一,一,道也。一又取義於陽。七下从一微,㣇從中衺出也,是一爲
陽。丙下从一入內,一者易也。辛下从一辛。段注:一者,易也。戌下
九月,易氣微,萬物畢成。易下入地,戌含一也。執是言之,凡从二
之字,如亟下曰"人口又二",二,天地也。土下曰"地之上",地之
中。恒下曰"在二之間",上下一心。臣鍇曰:易、恒注曰:"長易長会,合而
相與,可久之道也。"五下曰"从二会易",在天地間交午也。九下曰"陽
之變也",是數字者,不言从一,可以从一賅之也。又以數言之,士
部數始於一,又曰"推十合一爲士"。勺下一,勺爲与。再下一,舉

而二也，從一壽省。執是言之，凡許書蒙二、蒙十之部，如圡、如垚、如里、如畾者，不言從一，亦可以從一賅之也。凡若此者，實兼指事、象形、會意、形聲之義，而本天親上，本地親下，在天之下，在地之上，皆可執一以擬之，信乎其爲用廣也。

論古書序目在後

池伯煒

漢以前人作書，不自爲序目。何者？時代不隔，意向易明，無以序爲也。著作尚簡，篇數無多，無以目爲也。傳之既久，聞見異辭，古人所以作書之意，勢將漸晦，於是乎通人者出，不得已而爲之序。又其編殘簡斷，或存或佚，篇次多寡，無可考稽，於是乎又不得已而爲之目。序目出自後人，則列之於後，固其宜也。孔子序《書》，子夏、毛公序《詩》，序在而目即寓焉，要皆綴於篇末者也。後人或移置簡端，過矣。漢時許叔重、司馬子長、班孟堅始自作書，而自爲序目。彼三子者，皆有不獲辭而撰述之，故誠不能以無序。且其編帙繁富，亦不可不有目録。然三書序目亦皆在後，則去古未遙，先型猶在也。自唐以後，序目皆列於前，即閒有爲後序者，然前序亦不廢也。甚有爲《説文》注釋，置篆書目録於後，而別爲正書目録於前。而校刊《史》《漢》者，不知馬之自序，班之叙傳，目録已備，而復加目録於前，其意固欲便人之檢討也，然而陋矣。夫知治此三家之學者，其人亦可謂好古矣，而猶有此失，其他則又何論哉！

論古書序目在後

蕭　健

古書序目在後，終篇乃見；今書序目在前，展卷憭然。似古書較今書爲不順，不知乃所以爲順也。蓋古人既成一書，乃舉其甘苦之言，曲折之故，總爲序目，故在書後。此不特自爲者然，如《史記》《漢書》之類。即《書序》《詩序》不必自作之書，亦必反覆玩味，俟有得焉而後奮筆。後人於書不求研勤，故移序目於前，略觀大意，則以爲予既知之矣，所謂目録之學也。其所自作，漫然而爲之，則亦漫然而置之；問其所以然，即彼亦不能自道。故雖有序目，已非猶古人之序目，而序又或乞名人爲之增重。其書既莫能自明，彼人亦不暇深索，則亦漫然而爲之已矣。嗚呼！古人每事求實，今人皆趨於文，獨序目也哉！

“西南其户”考

黄元晟

《詩·斯干》“西南其户”，毛傳“西鄉户，南鄉户”說最渾融，不專主燕寢，而實該燕寢在内。鄭箋則專主燕寢，解“西南其户”說亦最明確。自孔疏誤解鄭箋，致鄭義晦，毛義晦而《詩》義遂晦。

何則？天子路寢如明堂，鄭説也。明堂五室，室有四户，固不止西南其户。人君左右房即東西房，大夫士東房西室，亦鄭説也。但左右房唯天子燕寢爲然，諸侯大夫士則路寢東西房，燕寢皆東房西室，東房西室止一房，房東室西，由堂入房，由房入室，室東鄉開户以達房，東其户非西其户，無所謂西其户。房南鄉開户以達堂，房户非室户，併無所謂南其户。箋云："天子之寢左右房，西其户者，異於一房者之室户。"箋雖言室户，其實房户。箋又云："路寢，制如明堂。每室四户，是室一南户爾。"本正言燕寢左右房有西南户，與東房西室異。然箋説"南其户"易明者，是室一南户對上每室四户言，謂左右房之室特一南户耳。而箋説"西其户"則難明，得慎脩江氏説而始明。古注禮家多云室與左右房無户相通，江氏不從其説，故云燕寢有西户者，謂東房西南隅開一户以入室，是西户者左房之户，與室相通，南户者室之户，與堂相通，西是西，南是南，極爲明劃。孔疏乃云：東房西室有東房，無西房。故室户偏東，與房近左。右房有西房，則室當其中，其户正中，比一房之室户爲西。如疏説，似仍指南鄉偏西者言，非西而以爲西。南實而西虚，西其户猶是南其户，將《詩》何以云"西其户"？毛何以云"西鄉户"？鄭何以異於一房者之室户，必云"西其户"哉？然則鄭謂"異於一房者之室户"，正言燕寢有東房，"西其户"；異於東房西室無西房，僅"東其户"也。大抵經文，字字有着落，如疏説反無着落，得江申鄭經文，西字方有着落。不此之考，徒摭拾注禮家堂階室户之制，輵輵紛紜，何關本義？則不唯不暇徵引，抑亦無藉徵引矣。至知此詩言燕寢，非言路寢者。《斯干》雖宣王考室，顧必云居處笑語，攸芋攸寍，以及莞簟安寢，生男生女，其言燕寢非言路寢也明甚。又知不專主燕寢，而實該燕寢在内者，路寢如明堂五室，每室四户，户有西鄉南鄉，即有東鄉北鄉，故前人云：《詩》言"西南其户"，猶《詩》言"南東其畝"。是如鄭專主燕寢言，則第舉西南也可；如毛不專主燕寢言，則謂舉西南以該東北也亦可。毛、鄭二義有相通無相戾也。若孔疏申鄭之誤，奚疑焉？

"西南其户"考

魏　起

《詩·斯干》"西南其户"，毛傳云："西鄉户，南鄉户。"蓋泛以所考之室言，爲室非一，其在東者西户，在北者南户，猶云"南東其畝"也。否則天子諸侯下及大夫士，正室皆南鄉，曷有西鄉之户哉？箋專以燕寢言，謂"異於一房者之室户"，蓋以比於大夫以下無西房，其室户偏東，則天子燕寢制同諸侯，路寢有東西房，斯户較爲西矣。又以比於"宗廟路寢，制同明堂，每室四户，則燕寢惟一南户"，故更謂"南其户"也。然此特異於毛而爲曲説耳。

考古正室之制，户東牖西，其一定者也。是以言禮之行舉，無不在户牖之間，取堂之正中。若無西房，但爲東房西室，則户牖間乃爲迫於堂之西偏，豈禮之行於大夫士皆在旁側耶？且但於東有房室，户正偏於西，何得爲偏於東？鄉飲賓席牖前南面，衆賓席於賓席之西，若無西房，則賓坐牖前，已偏於西，迫西序席西之餘地無幾，又何能容衆賓之席耶？矧證之《聘禮》還玉賓館言賓退負右房，《禮記·鄉飲酒》言薦自左房，房有左右，明大夫士固亦未嘗不備東西房。箋乃以西其户爲異於一房者之室户解，豈爲得哉？顧言宗廟路寢，制同明堂，每室四户，則義正爲此西南其户的解，初不必更專燕寢而以之比也。何則？周初鎬京廟寢，皆仍文武之舊，不更作依然侯制，故《儀禮》及《書·顧命》所言堂室户夾，俱不符明堂。至經厲王亂後毁壞，無復先王之可因，則宣考室自必制用天子同明堂。明堂五室，每室旁開户，室固有西其户者。四隅之室，有在西北隅，有在西南隅，以對中央太室，室更有户之西南。是知《斯干》"西南其户"，《詩》即據制之同明堂而言天子路寢。夫豈待主燕寢而以一房者之室戶比其西，更轉以明堂室四戶而比其一之爲南耶？竊謂即毛之云"西鄉戶、南鄉戶"，亦可以即天子路寢制同明堂，通爲考焉。

九兩繫民師儒居其二説

林應霖

九兩之繫民曰師曰儒，猶七屬之官人任師任賢也。文王以之官人，周公即以之繫民。蓋師以賢得民，故學則任師；儒以道得民，故先則任賢。凡命國之右鄉移之左，命國之左鄉移之右，至於移郊移遂，非師孰變化之？入其國，子與子言孝，父與父言慈，兄與兄言友，弟與弟言悌，非儒孰諷諭之？是故師必如荀卿所云，尊嚴而憚，耆艾而信，誦説不凌，知微而論，然後六德六行少而習焉，其心安焉矣。儒必皆如商子其人，使之觀橋而知父道，使之觀梓而知子道，然後六藝六儀少而習焉，其心安焉矣。以賢得民者師，以道得民者儒，牧長訪焉，子弟從焉，此大宰之繫民與司徒之本俗相表裏也。九兩無師儒則無以淑人心，猶之六俗無師儒則無以厚民俗。繫民以師儒則國無異教，人無殊俗，近者樂之，遠者趨之，四海之内親若一家，凡有血氣心知莫不服從，非得民之神者與？蓋自文王官人，以師以賢任之，周公又分七任爲九兩，而以師以儒繫之。惟其有師有儒，故上以佐牧長之治，下則若宗、若主、若吏、若友，皆有所矜式，而民亦得享夫藪之富也。降及春秋，師道不立，至原伯魯之子不悦學，而賓孟、尹氏相繼而立王子朝矣，非簡賢之明徵乎？以儒爲戲，至齊人有魯皋之謡，而弑簡立平，國人皆歸陳氏矣，非悖道之殷監乎？馴致戰國，賢其所賢，則有申、韓之師；道其所道，則有楊、墨之儒。鼓舌搖唇，以誣斯民，卒之秦政阮儒，令天下以吏爲師，而陳勝、吳廣之徒揭竿而起，繫民者果安在哉？若夫兩漢之世，若董江都，若鄭康成，以皆經學相承；若陳仲弓，若王彥方，皆以身範爲化，猶不失古師儒之家法焉。然而求之邦國間，何能多得？良由平王東遷，政教不行於天下，由是邦國之民能得經師、人師者，更有幾人？即能得大儒、名儒者，復有幾人哉？此又讀《周官》者所當沿流泝源也夫。

《書》稱"嗣天子王"，《詩》曰"王于出征，以佐天子"合解

陳景韶

《孟子》言班爵五等，曰天子、公、侯、伯、子男。命於國中者，曰卿、大夫、上士、中士、下士。爵不曰王，曰天子。然則天子定稱也，王常稱也。君爵五，臣爵六，其定稱者皆不常稱。故公、侯、伯、子、男得通稱爲諸侯，侯、伯、子、男得通稱爲公，卿、大夫得通稱爲子，士不顯區之爲上中下，是故從定。稱者非恆辭，恆辭固有其常稱者也。《曲禮》："君天下曰天子。"注引漢法，於蠻夷稱天子，於王侯稱皇。注云："不言王者，以父天母地，是上天之子，此尊名也。"崔靈恩云："夷狄惟知畏天，故舉天子威之也。"今《立政》稱"嗣天子王"。《詩·六月》曰："王于出征，以佐天子。"合天子王而稱，是何義例？蓋於恆辭之中，寓尊重之意耳。《立政》"戒成王以任用賢才之道"，《六月》爲宣王親征之詩，事繫重大，故舉爵以示別異，不比之尋常之辭。《夏書》："允征爾眾士，同力王室，尚弼予欽承天子威命。"王天子亦連文。《西伯戡黎》："祖伊奔告於王曰：'天子，天既訖我殷命。'"其書王者，紀事從恆辭。稱"天子"者，怵於世變，故呼天子感動之。"嗣天子王"，語氣與下文"子文孫孺子王"相似。此稱天以

臨,下稱祖以臨,稱天子者尊之,稱孺子者親之,皆元公忠愛懇懇之口吻。《詩》以天子言佐天子,意謂何? 蓋禮樂征伐自天子出,故《出師》稱"天罰""天討",此云天子,亦稱天以臨之義也。知變文尊稱之體,則"嗣天子王"當連讀,不必從孔傳"今已爲王"之訓。"王出征"當作"親征"解,不必仍鄭箋讀"于"爲"曰"之義。合定稱、常稱以爲稱,非別異以尊重之者乎?

《金縢》《豳風》相印證考

魏　起

《書·金縢》今文家説,多與毛傳解《詩》"豳風""鴟鴞""東山"等篇義合。鄭則解《書》箋《詩》,義均異於今文説及毛傳。是將於此兩者考其相印證,當分於義之異者各爲考焉。

今文説盡以《金縢》"居東"爲即東征。《鴟鴞》作詩,風雷感變,皆在《大誥》以後,故伏生《大傳》《大誥》次於《金縢》之前。毛釋《鴟鴞》首章"既取我子",謂"甯亡管蔡",蓋同斯説,爲在管、蔡既誅斯。《金縢》之言"弗辟",辟解"刑辟"及"罪人斯得",可與《鴟鴞》之言"取子"相印證矣。而"居東"《金縢》言"二年",《東山》序乃言"東征三年"者,蓋《金縢》別於二年言于後,後於二年即三年,斯不又與《東山》之言"自我不見,于今三年"相印證乎? 此皆毛傳之用今文説,得略爲考其相印證者也。鄭解"弗辟"爲"避居東都",則"居東"非即《東山》《破斧》之"東征"。"罪人斯得"謂周公之屬黨與知居攝者盡爲成王所得,則取子非即爲誅管、蔡。而爲詩詒王,乃傷其屬黨無罪將死,恐王刑濫,又破其家,正與所解"鴟鴞""毀室"等句相印證;"大熟未穫",爲公避居二年之後,明年秋非在黜殷誅叛之後,而出郊新逆,正與《伐柯》《九罭》之言"我覯之子,籩豆有踐;我覯之子，袞衣繡裳"，謂疑於王迎之禮相印證。凡此皆鄭之解《書》、箋《詩》自相印證，得略爲考其異於毛傳、今文説者也。然以屬黨爲罪人，以詩之詒爲傷屬黨，義俱未安。是當參用蔡傳，謂斯得者遲之之辭，流言方起，成王未知罪人爲誰，二年之後，乃始得知流言爲出管、蔡；"取子毀室"，當謂武庚既愚管、蔡而取之，不得更毀我周新造之邦家。所以篇中極道綢繆積累之艱難，手口羽尾之勞瘁，志在救亂懇懇，冀王之察已焉。毛用今文説，按之當時情事，豈盡然哉！

釋 愮

王元稑

《説文》："愮，起也。"引《詩》"能不我愮"。《谷風》傳云："養也。"箋云："驕也。"陸氏《釋文》："愮，許六反。毛：'興也。'鄭：'驕也。'王肅：'養也。'《説文》：'起也。'"正義釋傳箋云：偏檢諸本，皆云愮養。孫毓引傳云愮興，非也。案：晉孫毓作《詩評》，評毛、鄭、王肅三家同異，所引傳作愮，是毛公不訓愮爲養矣。陸以訓興繫之毛公，訓養繫之王肅，辨別甚明。

蒙謂起爲愮之古義，其訓興義實相近。訓驕者，《甫田》"維莠驕驕"，驕亦有興起義，三訓本相通也。自有段畜爲愮者，《小雅·蓼莪》"拊我畜我"，箋云："畜，起也。"幾以愮可與畜通矣。而王肅之異説，因以起細辨此詩文義，以愮訓養，淺而易憭；以愮訓起，深而意長。《國語》"世相起也"，韋注："起，扶持也。"有揹拄門户之義，正婦人所以自居其功者，與下文"既阻我德"二語亦甚聯絡，箋所謂"隱蔽我之善也"。以愮訓養，意索然矣。且與讎字亦不叫應，蓋讎與德對。何謂我德？即我之能愮也。《説苑》尹逸對成王曰："民善之則畜也，不善則讎也。"此畜字亦與讎字對。晏子對景公曰："畜君何尤？畜君者，好君也。"蒙按：此亦愷之叚借字，起之引伸義。蓋渾言之，畜訓好；析言之，愷爲興起之好也。興之反訓爲敗，好之反訓亦爲敗也。今俗語亦以發跡爲起家。自王肅好與鄭難，以畜之訓養，移以訓愷，無知者見其文義淺而可喜，遂據以改毛傳。幸有孫、陸二釋，足爲毛公辨誣，何《正義》亦爲所欺而以不誤爲誤也！《玉篇》："愷，恨也。"漢《韓勑後碑》："憤愷之思。"憤愷則心不能平，起之所引伸也。《漢書·賈誼傳》："一二指愷。"注："動而痛也。"言動亦有起義矣。

王齋日三舉廣義

力　鈞

　　鄭司農以齋日三舉爲變食。三舉爲變食，明常食一舉也。變食爲齋日，明非齋日不變食也。然欲明三舉之説者，必先明一舉之説。上節云："王日一舉，鼎十有二，物皆有俎。"後鄭注謂王日一舉，以朝食也。一舉朝食，則三舉必兼日中與夕。後鄭又謂鼎十有二，牢鼎九，陪鼎三，則三舉必有三十六鼎，牢鼎二十七，陪鼎九。後鄭又謂牢鼎之實亦九俎。然陪鼎庶羞多在豆，惟牢鼎在俎，三舉則豆九而俎二十七。考之《聘禮》云："宰夫朝服設殽，飪一，牢鼎九，羞鼎三。"一牢，一舉也。殽，朝食也。鼎，牢鼎也。羞鼎，陪鼎也。此即王日一舉，鼎十有二之義。而齋日三舉，亦可以《聘禮》之例推之矣。《內饔》："王舉則陳其鼎俎，以牲體實之。"考之《少儀》云："凡膳，告於君子。太牢以牛，左肩、臂、臑折九箇；少牢以羊，左肩七箇。"則王舉之牲體，以肩不以膊，以左不以右也。蓋王之齋，卜得吉，內宰宿后夫人，王齋於外，后夫人齋於內，王與后同庖，王三舉，則后亦三舉可知矣。且《玉藻》云："朔加日食一等。"則朔食雖不得三舉,必二舉可知矣。案:少牢爲大夫禮,特牲爲士禮,王齋三太牢,則大夫齋三少牢,士齋三特牲可知矣。夫三舉者,不食餕餘,惡其褻。以齋取潔清之義,則凡玉府之共食玉,鬯人之共浴鬯,玉潤澤,食者取其潔清;鬯芬香,浴者亦取其潔清。知此,則知齋之義,即知所以不餕之義,並知所以三舉之義矣。或以舉爲樂解者,不知古人舉食必有樂,言食可概乎樂。下文"不舉",司農引《左傳》爲説,其證也。若以下文爲例,疑"日三舉"爲"則不舉"之誤,則鑿甚矣。

"每懷靡及"解

黄元晟

《詩·皇華》篇《内傳》之"五善",謂咨、諏、謀、度、詢,本文甚明。《外傳》之"六德",謂懷、和爲每,懷與諏、謀、度、詢,忠、信爲周,本文亦甚明。忠信爲周,言咨於忠信之人,即《内傳》"訪問於善爲咨",無異義也。首章"每懷靡及",毛傳訓懷爲和,正用《外傳》義。末章毛又云:"兼此五者,雖有中和,當自謂無所及,成於六德。"五者指五善,中和與上懷和應,中字對外而言,當讀斷。蓋諏謀度詢外來之善,而和謙咨訪中心之善,毛言雖有中心之和謙,猶自謂無所及,乃成六德,紬義之申毛極確矣。鄭箋破和爲私,不據《魯語》而據《晉語》,縱欲懷安以釋懷。文中子云:《詩》無達詁。用此説爲斷章取義則可,用此説作懷字正解則不可。毛後鄭前,和無有作私者,作私自鄭始不解。韋昭注亦承鄭誤,引後鄭和當爲私,且以諏謀度詢咨周爲六德,明與《外傳》本文不合,何哉?王肅以中和即懷和,孔疏謂其述毛,信然,又謂鄭亦述毛,但其意與王異,則徇鄭之過耳。無論破和爲私,顯與毛背,即答張逸問,逸本問和,既爲私,毛何以復言中和?鄭答以此中和非上每懷,自是周忠信,是鄭曲飾其中和即忠信之謬説,於述毛何與? 其以中和即忠信者,古無謂忠信爲中和,故孫毓云忠信自是周之訓,何得以釋中和? 孔疏轉牽合《中庸》之中和與中心爲忠,人言爲信,以實鄭之謬。況如鄭説,《外傳》懷和爲中和,忠信爲周亦中和,紊兩爲一,欲舉以誣《外傳》,《外傳》不受誣,並欲舉以誣毛,毛更不受誣也。至孔以傳、箋之意,自謂無所及於事,謙虛謹慎,以之爲一,通彼五者爲六德,不知此懷和正解也。孔不以之釋毛,而意在調停毛。鄭不肯祖毛,又不欲徑祖鄭,半昧半明,藏頭露脚,孔豈解人哉? 彼孔亦知"每懷靡及"之解,毛鄭固不可調停者乎?《魯語》之懷和,毛本其説爲有據。《晉語》之懷和爲每,懷和字原不作私字,鄭破和爲私爲無據。黑白涇渭,二者犁然,明眼人自能辨之。毛以中和與懷和相應説,經家棄之不顧。其合周咨爲一統,懷和周咨諏謀度詢爲六德,本無參差。王引之析周咨爲二,以傳列周咨諏謀度詢凡六事,加以懷爲中和之德,應七事,而曰成於六德,不免參差。引之惟誤會毛意,因有是言耳。毛懷和上有每雖二字,似鄭所見本無之,故孔疏云:鄭所據者本無每雖,後人以下傳有雖有中和之言,下篇每有良朋下有每雖之訓,從而加之。《經義雜記》不從王而從鄭,遂以此二字爲王肅私加。第孔疏復云:定本亦有每雖,是毛本又未必果無每雖二字也。鄭作每人,與懷其私相協,毛作每雖,與雖有中和之德相協,茲不具論。論其大者,鄭之破和爲私,可無取焉。

"每懷靡及"解

陳培蘭

傳:"每,雖。懷,和也。"末章又申之曰:"兼此五者,雖有中和,當自謂無所及,成於六德也。"説本《魯語》,與《内傳》"臣獲五善"語相成而不相背，義最精密。蓋此句所以起下四章之意，下文五善皆由"每懷靡及"而來，人惟有中和之德，然後無欲多上人之心，無欲多上人之心，然後有歉然不自足之意，而訪善之殷，自不能已也。箋以"懷"爲懷私，謂戒征夫相稽留之詞，與"載馳載驅"意相貫，亦是欲征夫速於訪善意，第每懷之訓殊耳。按：箋本《晉語》，與傳各有所據，但《晉語》或是斷章取義之法，不如《魯語》爲即訓本詩之爲碻。且《常棣》"每有良朋"句，箋亦據《爾雅》訓爲"雖"，則"每"訓"雖"義，非鄭所棄，何見此詩"每"字獨不可訓"雖"哉？"每雖"之訓定，則"懷"之訓當從傳自決。箋知傳用《魯語》，第不以《魯語》爲是，故云《春秋外傳》曰"懷和爲每懷"也。"和"當爲"私"，是謂《外傳》"和"字當爲"私"，非謂《外傳》即是"私"字，傳自誤爲"和"也。蓋箋正《魯語》之字，因以《易》《詩》傳之說，後之學者正可即箋之所引，以證傳"每雖懷和"之訓之不誤。《正義》本於箋文"懷和"句誤爲"私"，自引《魯語》原文亦誤爲"私"，遂謂《魯語》本是"懷私"，故鄭引以正毛誤。既以"和"爲"私"，援毛入鄭，又礙於"每""雖"之訓，遂謂毛本無此二字。後人加之反復轇轕，毀棄傳文，皆由箋文"懷和"誤爲"私"之所致也。按：《魯語》韋注於"懷和爲每懷"句下引鄭司農云："和當爲私。"是《魯語》本作"和"，作"私"者自是鄭義。箋引《魯語》原句亦當作"和"，下自繫以"和當爲私"句也。毛據《魯語》原文訓"懷"爲"和"，故遂據《爾雅》訓"每"爲"雖"。若《魯語》本作"私"，毛所引亦爲"私"，後來傳寫本乃誤爲"和"，則傳先不容有"每雖"之訓，末章何又有"雖有中和，當自謂不及"之申明哉？且《魯語》以"懷和合諏度詢謀周"爲六德，若訓爲"私"，又何六德之有？以此言之，傳義之精，夫何疑乎？

釋 黻

王元穉

黻，於經典有釋其用者，曰"黑與青謂之黻"見《周禮·考工記》、《書·益稷》釋文、《詩·終南》毛傳、《禮記·月令》"命婦官染采"疏、《左氏》昭二十五年傳"六采"疏、《荀子·富國》篇注、《吕覽·季夏紀》注、《家語·五帝德》篇注；曰"青與黑曰黻"見《爾雅·釋言》釋文；曰"青與黑爲黻"見《淮南·時則訓》注；曰"青與黑相次文"見許氏《説文》；初無異説也。惟《淮南·説林訓》注"青與赤爲黻"，與《吕覽·時則訓》異同，爲高注，此疑有誤也。有釋其形者，曰"黻爲兩已相戾"見《書·益稷》某氏傳；曰"黻文如兩已相背"見《爾雅·釋言》郭注；曰"黻者兩已相背"見《後漢書·蔡茂傳》注；曰"畫形作兩已相背，取其背惡向善也"見徐鍇《説文繫傳》。有用與形兼釋者，曰"黻謂刺繡爲已字相背，以青黑線繡"見《爾雅·釋言》孫注；曰"黻，黑與青爲形，則兩已相背，取臣民背惡向善"見《周禮·司服》注疏；曰"黑與青謂之黻，兩已相背"見《周禮·縫人》黻三列疏；曰"黑與青謂之黻，兩已相戾"見《左氏》桓二年傳注，亦無異説也。惟《漢書·韋賢傳》注紱畫爲弜文，弜，古弗字也。此爲古義。古字之僅見於此，爲可寶貴者。儀徵阮氏創爲兩弓相背之説，郝氏懿行《爾雅疏義》、陳氏壽祺《左海經辨》皆从之。桂氏馥《説文義證》亦有疑於兩已相背之誤。按：《左氏》桓二年《傳》正義曰："兩已相戾，相傳爲説。"蓋首先疑之矣。蒙按：儀徵之論，碻不可易。《説文》無弜字，竊意其字散佚已久；惟《玉篇·丩部》"弗"下出"弜"字，曰古文。希馮之書，原本叔重，今世所傳，久失其舊。顧書爲蕭愷等所删改，孫强所妄增，陳彭年等所重修，真面已失。安知弜古文下，顧氏不明言《説文》，而在後人所删之列耶？近今遵義黎氏得原本《玉篇》於日本，所存言部下數十餘部，其徵引古書名目爲今本所删者甚夥，即此可證。《説文》𢎘字既佚，後人不識𢎘字，譌爲亞字，致有“兩已相背，必不可通”之訓。若知有𢎘字，細辨其形，首尾兩畫斷而不連，何致譌弓爲已也？更以《夏書》日、月、星辰、山、龍、華蟲作會宗彝、藻、火、粉米、黼黻、絺繡證之：日、月、星辰、山、龍、華蟲、宗彝、藻、火、粉米、黼十二者，明指爲物；黻爲兩已相背，將何物可指耶？竊謂弓爲純形之字，亦爲最初古文。《又部》“厷”下重文出𠃋篆，曰古文厷，其字象形。象形者，象人臂曲之形。古人製弓，以其形曲似人之厷，無以名之，亦名之曰弓。是厷、弓本無異字。後人以其易溷，加𠂇作“厷”，又加月作“肱”。古人有名馯臂字子弓者，足以證也。是兩弓相背亦當爲純形之字，最初古文也。繡宗彝、藻、火、粉米者，繡宗彝、藻、火、粉米之形，黼以同音而作“斧”形，“黻”亦同音而作“𢎘”形，“𢎘”爲何形，兩弓相戾也。即形即字，似此者蓋鮮。《書·益稷》某氏傳“火”爲“火”字，蓋火亦爲純形之字。竊疑𢎘爲“弗”之古文，亦當爲“黻”之古文，然無有似《玉篇》之碻證，不敢逞肊。閩縣陳氏《左海經辨》亦有是疑。又疑兩弓相背爲“𢎘”。古人製是字，必有是事，又必有是物。以兩弓相並爲“弜”推之，桂注引《華陽國志》所謂“弜頭虎子”者，是即今之連弩，故引伸其義爲“彊”也。兩弓相背既爲“弗”之古文，有是字，或有是事，有是物，故引伸其義爲“撟”也。然今不可知矣。繡宗彝、藻、火、粉米者，後人不相沿，故不別製字。“繡斧”與“𢎘”者，後人相沿，故製同音之“黼”字、“黻”字以名之。繡斧之時，適用白與黑線，而或如後世畫工設色，白當斧刃，黑當斧身。《書·益稷》正義引孫炎云：“黼文如斧形。”蓋半白半黑，似斧刃白而身黑。繡𢎘者又適用黑與青線，但𢎘不知爲何事何物，而必用青與黑以設色也。若黑與赤爲文，青與白爲章，則無是物而有是文，又非黼黻比矣。何以知之？以黼黻爲形聲之字。形聲者，皆屬後製也。又以繡粉者製黺字，繡米者製𪓐字。後世繡粉米之服不常用，而黺𪓐之字遂廢，乃僅見於許書矣。然則許何不言黼黻之用？曰：“許以解字，非以釋經。黼黻爲後製之字，當從後起之義。製黼黻字之時，以其形爲斧與亞，而用白與青、青與黑之文。迨其後，凡白與黑皆謂之黼，黑與青皆謂之黻，始與文章相儷，故曰‘相次文也’。若許書猶存亞字，意其説解必曰：‘象形，从兩，弓相背，讀若黻。’而黑與青相次之文在所從畧。然則亞在許書當隸何部與？”曰：“以《玉篇》亞古文弗字言之，當爲弗之重文，見於屮部。以兩弓相背言之，或附見於弓部；以弜之古文弝言之，形聲義均相近屮，爲右，戾居部首，乚爲左，戾即附於部末，則亞字或附見於弜部，終難遽定也。竊因此而有疑於弗之不从弓而僅釋其義，爲橋見於屮部矣。又有疑於桂氏弓部之附遺文弢而釋曰‘弓戾’，《玉篇》之有彌字亦釋曰‘弓戾’矣。”弢字彌字偏旁皆从黻，黻字與亞字形似，弓戾之訓又與弜字相近，然無左證，不敢肊説。然則釋經典者何不聞有兩弓相背之云，而概曰兩已相背？曰：安知古人不本有是説，而後人以不誤爲誤，改以從已耶？又安知彼此傳鈔之致有譌奪耶？惟“臣民背惡向善”之訓，磵指兩已，以臣民對已言也。安邱王氏筠《説文釋例》有補篆之文妄師，其意以爲許書當補亞篆云。

釋　黻

池伯煒

《書傳》及《爾雅》《左傳》《家語》注皆云：“黻形爲兩已相背戾。”古今相傳，無異議也。近人桂氏始謂已當作弓，阮氏始謂已當作弓，竊以爲過矣。二家之爲異説，據《漢書》顏注，畫爲亞文也。然今《漢書》《文選》注皆作亞，謂亞字爲今本之訛，究無確據。且今篆文己字末畫引而長之，安知古人或繡或畫，不蟠屈其首尾以爲相配就合作亞，亦不可謂非兩已字也。況師古又言：“象古弗字，故名爲絨字，亦作黻。”按：弜字，古文从弗，作弙。是古文之弗字，其兩旁一爲已，一爲倒已。兩已相背之形，宛然甚明白也。今人多就已與反已對舉以求之，故不知爲古弗字之形；獨不思已與反已固不若已與倒已之尤爲相背戾也。今篆文弗字多一末句，遂使右旁已字之形稍失。鄙意當取弰字之首以正今篆文之失，則兩已之說不但與古文合，即與篆文亦不離矣。《爾雅》邢疏："黻，取善惡相背。"按班《志》："理紀於己。"《釋名》："己，紀也……可紀識也。"《禮·月令》注："己之言起也。"《說文》"乇"下引《詩》"赤舃已已"。是"已"爲美名，有善義；倒已則爲惡，猶倒子爲去而訓不順突出也。黼，取能斷，謂斷其善惡也。黻亦取善惡分明之意，猶黼義也。豈必以弓對斧而後爲同類耶？陸氏《音義》："凡黻字皆云音弗，音定而義亦見。"實與顏注及古人兩已相背之說爲表裏也。如桂之說，則吕字既不成文；如阮之說，則謂弗字爲兩弓相戾：說尤牽强，皆非善會顏注者也。至於黻之飾在裳而非在衣，《詩·終南》疏云："鄭注：黻皆在裳。言黻衣者，衣大名，與繡裳異文耳。"黻之色黑青而非黑赤、青赤，各書皆云黑與青，惟《吕氏春秋·季夏紀》高注云"黑與赤"，《淮南·時則訓》高注云"青與赤"。然按《漢書》顏注："朱紱爲朱裳畫文。"猶《司几筵》注以絳帛爲質也。既以朱絳爲質，復畫赤文，則色不顯。更不待辨而明矣。

續左海文集義利辨

黄彦鴻

自吾鄉陳恭甫先生作《義利辨》以砭世屬俗，而人心爲之一振，迄於今數十年矣。夤緣攻取，層見迭出，義利之界，日以混淆，而儒衣冠者幾爲當世所詬病，豈非學術之大變，而有心世道者之憂哉！左海之言曰：今語人曰利不可得，則必漠然不應；爲之正告曰凡利皆禍之弿耳，則必變於色而怵於心。嗚呼！是特古風則然耳。若後之人見義忘利，雖父母兄弟不能相顧，何有變色而怵心哉！古之人以利爲利，今之人以義弋利，背乎義者易破，託於義者難知，深謀詭計，蟠固於胸，甚非苦口危言所能奪也。故爲左海計，防於未然，在警貪夫，則辨義利者所以遏其流也；而爲今之計，欲與更始，在勵志士，則辨義利者所以清其源也。"有志者，亦於義利之間，決其在我者而已。"竊以爲亙古以來，未有專利而不招害者，亦未有行義而終蹈不利者。君子不當問事之利不利，而當問義之能安與否。義而安，義固義也，利亦義也。即使逆覩其無分毫之利，亦終不舍此而易彼。將欲任挽神州、迴氣運之責，則必有慎毫釐、嚴取舍之思；將欲收陳俎豆、薦馨香之榮，則必辦甘苦境、狎餓鄉之骨。方今中國之所以異於夷狄者，恃能辨義利而已。機械智巧不如其精，逐臭赴羶不如其捷，操奇計贏不如其專，而欲舍所長，就所短，未有不兩失者也。此其體關乎天下國家，而其要則繫乎蓬累之士，有天下國家之志者。大抵學者處世，一言動舉止，莫不有義利兩途。誠能於寤寐獨知之中，息息體驗，若者爲義，若者爲利，清心以燭其幾，積理以勝其私，養氣以鎮於卒，推而擴之無難。即不然，亦可以介介之操，惘惘之行，爲鄉里矜式也，亦何至貽當世以詬病也。

"既立之監，或佐之史"解

黃彥鴻

飲酒有監史，先王所以備酒禍也。《鄉射禮》：爵畢樂備，將留賓以事。爲有解倦失禮，立司正以監之。《燕禮》：亦使射人爲司正以監賓。此酒監所以糾儀見於禮者也。史以記過，經無明文。然《左傳》：楚靈王享諸侯，使椒舉立於後以規過。《史記》：呂后使劉章爲酒吏，斬亡酒者以軍法。即古人酒史之遺。《史記》：淳于髡謂齊威王曰：大王飲酒，執法在旁，御史在後。即古人二者並設之證。要之，皆立法之善者。毛傳祇云酒監、酒史，不言所以立、所以助之意。箋以爲督之使醉也。胡氏承珙謂監史爲飲酒正法，未必如鄭言督之使醉。不知鄭箋不誤，而不善讀鄭箋者誤也。鄭氏注《禮》，於司正之下皆引《賓筵》，何至自相矛盾？特就《禮》而言，監史自是；就《詩》而言，監史自非也。監史乃家臣私屬爲之，非盡深明禮法，嚴氣正性，不可奪者也。飲酒以禮，則二人者糾儀記過。不然，則縱欲敗度，何必非此輩慫恿而成哉？《詩》若曰：凡天下飲酒之人，或醉或不醉也。自立之以監，又助之以史，於是醉者爲善，而不醉者反以爲恥。是非顛倒，有無限感憤之意。《詩》自傷今，《禮》自述古，兩不相悖。何必如胡氏所云，橫亘此二句，使與下文語氣不屬乎？《正義》解《禮》與《詩》，以爲彼則糾其失禮，此則督之使醉，剖析了當，不可易也。

“既立之監，或佐之史”解

力　　鈞

　　《賓筵》，據毛傳當爲燕畢而射之詩。今以諸侯之《燕禮》《射禮》考之，知不惟燕有監、史，即射亦有監、史。故傳特異其文曰“立酒之監，佐酒之史”，明此章之監、史爲酒設也。《大射禮》“擯者自阼階下請立司正，公許，擯者遂焉司正”，此射有立監之證也。《大射禮》卒畫“太史俟於所設中之西”，此射有佐史之證也。特詩意本先燕後射，射之監、史似不得證燕之監、史。《燕禮》有“射人司正”文，此當即飲酒之監。《燕禮》又有“膳宰徹公俎”文，此當即飲酒之史。何以言之？“司正”之文不惟已見《大射禮》，且已見於《鄉飲

酒》《鄉射》諸禮。據《左傳》"膳宰杜蕢請佐"一事，"佐"字與《詩》
合，"膳宰"字與《儀禮》合，知《儀禮》之"膳宰"即《詩》之"佐"也。且
《周禮·春官》"大史凡射事，飾中，舍算，執其禮事"，是大射以擯者
爲司正謂之監，以大史爲佐謂之史。大射之監以擯者爲之，燕之監
以射人爲之，大射之史以大史爲之，燕之史以膳宰爲之。燕之監與
射異，燕之史亦與射異，其理一也。所以《周禮》大史言射不及燕，
與《大射禮》同；《左傳》"膳宰請佐"言燕不及射，與《燕禮》同。況詩
人用一"或"字疑之而不敢質言，即因將射而燕，以射之監、史爲飲
酒之監、史，亦未可知。

"女酒女漿"解

陳鴻章

《序官》酒人"女酒三十人"，漿人"女漿十有五人"。注："女酒，
女奴曉酒者"；"女漿，女奴曉漿者"。半農惠氏引《戰國策》"帝女令
儀狄作酒"，及《墨子》丈夫以爲僕園脣靡，婦人以爲春酋，謂春酋即
酒人之奚。又引鍾子期母爲公家爲酒，以證古之爲酒皆女奴。其
説是也，而意有未盡。案：《周禮》於醯、醢、鹽、冪及春、抗、饎、槀，
皆以女爲之，微特酒食是議，爲女子之職而已，抑亦以飲食之道以
養陰陽，所以調護王躬者，不可不慎。視婦功絲枲關係，更重歸之
宮內，則后夫人以下得施其檢察，而僉壬不得逞其奸，亦沽酒不食
之意。酒漿必用女奴，其故一也。《禮器》："君親制祭，夫人薦盎；
君親割牲，夫人薦酒。"然則酒者，夫人所以禮於先君，其使女奴爲
之者，靈繅共祭服，季女尸蘋蘩之意。此酒漿必用女奴，其故二也。
酒漿之用最夥，以酒正考之，有祭祀之酒，有王之燕飲酒，有饗士、
庶子、耆老、孤子之酒，賜頒之酒，常秩之酒，又有王致飲賓客之禮。

后夫人致飲賓客之禮，酒用之多，故其爲之亦獨多於他職，而又王后世子日用常需之物，故必儲於宮而爲之以女，而内外之分嚴。此酒漿必用女奴，其故三也。酒正辨三酒之物：一曰事酒，二曰昔酒，三曰清酒。清酒即《内則》之"清事酒"，昔酒即《内則》之"白酒"。辨四飲之物：一曰清，二曰醫，三曰漿，四曰酏。先鄭説以《内則》曰："飲重醴。稻醴清醭，梁醴清醭。"或以酏爲醴、漿、水、醷。后致飲於賓客之禮，有醫、酏、糟。"糟"音與"醭"相似。"醫"與"醷"相似，字不同，記之者各異耳。是《内則》與《酒正》之文互爲表裏，惟其屬諸女奴，故記禮者以歸《内則》。此又以經證經，而知古之爲酒皆女奴，惠氏之説之不誣也。謹爲補其未及者如此。

"女酒女漿"解

力　鈞

《周官》有以女子爲專職者，有以女子爲屬職者。然女子專職之例有二：如九嬪、世婦、女御之屬，皆所以佐王后之内治，男子不得爲之，一例也。王后有女祝、女巫，即王之大祝、小祝、男巫諸官；王后有女史，即王之大史、内史、外史諸官；王后有内宗、外宗，即王之大宗伯、小宗伯諸官。此王后之内治與王異，男子亦不得而爲之，又一例也。至以女子爲屬職者，其例又有二：一則既以女子分官，不得不以女子佐之，如世婦之屬有女府、女史是；一則雖以男子分官，事非男子所長，不得不以女子佐之，如酒人之屬有女酒，漿人之屬有女漿是。按：以女子佐男子，《周官》中最多。求其故，則皆以飲食縫紉之事爲女子所素嫻，故不得不舉以爲佐。内《司服》《縫人》之皆有女御，以女子嫻縫紝也。至於舂人有女舂抌，饎人有女饎，槀人有女槀，以舂抌、饎、槀所以治飲食，故用女子。邍人有女籩，羃人有女羃，以籩、羃所以盛飲食，故用女子。醢人有女醢，醢人有女醯，鹽人有女鹽，醢、醯與鹽所以調飲食，故亦用女子。知惟飲食之故用女子，則女酒、女漿可以推而得其故矣。若夫守祧之有女祧，以衣服粢盛近於縫紉，飲食之事也。飲食之事繁於縫紉，故飲食之官用女子亦多於縫紉。必謂酒漿爲陰類，故用女子，則他官之用女子者，何以解之？

駢體文源流正別説

黄彦鴻

　　駢文與散文，並導源於六經、諸子者也，磅礴於漢、魏，發越於晉、宋、齊、梁之間。《文選》出而其風大盛，實爲駢文總集之極則。自時厥後，若《文苑英華》《藝文類聚》《唐文粹》《宋文鑑》，遴選極精，體雖變而不悖於正，皆千古之法程也。所謂別體者，豈必皆險螯詭詭，蟲唧哇鳴，自起自止者哉！工藻麗者靡，務鏗鏘者佻，鬭雕琢者纖，騁氣機者薄，徵典實者滯，而捨是數者，又無以成其爲駢文也。是故六朝、初唐，駢文之最盛者。然學任、沈而不到，則生矣；學徐、庾而不到，則碎矣；學燕、許而不到，則硬矣；學四傑而不到，則濫矣；況其在樊南以下哉！宋人議論必工，證據必確，然至末流，或多用助語，或彊用硬語，實爲論宋文者所集矢。可知偶有不正，即別體百出，雅鄭之辨，微乎微矣。何也？厚在氣，不在質也；豔在采，不在詞也；鍊在神，不在貌也；腴在骨，不在膚也。自内出者真，自外入者僞。漢人不規規於駢體，而排盪之氣，行乎不得不行，止乎不得不止，雄深蕭括，乃爲魏、晉下人所不能及。我朝駢文，偉然大觀，非無才氣過人，自成一家者；而必以胡稚威爲巨擘，豈非以神歛於内，涵蓋一切，力追漢人哉！不此之講，而險語僻典以爲奇，搗搉塗澤以爲工，一入魔胃，終身纏縛矣。俳優其體，掇拾成篇，尤西堂、陳檢討爲世詬病也，有以夫！

駢體文源流正別說

林羣玉

佻而嚚，悍而恣，格具而情漓，貌襲而意左者，散文之楦也。纖而弱，生而澀，獵采而遺神，繁聲而寡韻者，駢文之楦也。辨散文之楦易，辨駢文之楦難。麗事多，取材夥，即之易眩，味之不出也。溯其源，沿其流，識其正別之所在，雖有巧者，無所用其騭矣。夫駢儷之文，肇於《易》，閒見於《書》《詩》，至《離騷》始有對偶，乃爲賦之初祖。吾嘗讀《騷》而求其聲，微其詞，若仙人凌虛，輿龍驂鳳，而翔於煙霄也；又若萬松交陰，而見靚粧之美人也。以爲枚、賈之麗，馬、揚之奇，皆隱得其宗旨之所在，不特菀鴻裁撼艷詞已也。降及魏、晉，枚、賈、馬、揚之熖微，四六之文作矣。然猶力講鎔裁，櫽括情理，不以華丹亂其窈窕，不以淫詞涅其法度，言情而情，言法而法也。隱侯雖講聲韻，而吹籥之調，媲於陳、潘；柱瑟之和，企乎陸、左。風氣既開，流派遂演。子山、孝穆以倚天拔地之才，視唐後諸家，猶東嶽之於介邱，滄海之於枯澤矣。六朝之觀，於此已極，燕、許、四傑，不能媲也。然而學燕、許而失者，往往神木而氣塞；學四傑而失者，往往音枵而語濫。不知燕、許之宏肆，四傑之遒鍊，亦發源於六朝，遽以樊南概之，亦無得焉。眉山、金陵，去古浸遠，正聲漸微，而世之喜排蕩者猶宗眉山，尚簡嚴者猶重金陵，由其捃理覈，校練精也。元、明以降，遂無嗣響。蓋攗拾煩碎，毛舉細事，綴金翠於足脛，靚粉黛於胸臆，後之學者，宜知所審擇焉。國朝右文，鉅手輩出，吸漢之髓，吾取天游；擷庚之秀，吾取稚存；畬經而發古趣，吾取容甫;隸事而寡俗致,吾取賓谷。四子者,非古所謂心術既形,英華乃瞻者耶？學者沿流溯源,當以蕭氏之選爲的。降而《藝文類聚》、《文苑英華》、《唐文粹》、《宋文鑑》、《元文類》、荆川《文篇》、廣續二《文選》諸書,一一而探究之,則去古不遠矣。若夫不腴骨而腴膚,不鍊神而鍊鬚,誇浮詞,啜餘瀋,張湊響,合懦音,皆所謂偽體也。慎所去取,其庶幾乎！

駢體文源流正別說

周長庚

全椒吳山尊謂暘谷幽都爲屬對,觀閔受侮爲儷言。不知《周易》一書,《文言》多耦,《繫辭》近韻,駢四儷六,此其濫觴。曾賓谷謂駢體一道,爲齊梁人學秦漢而變者,是猶未溯其初祖也。六經而降,纘藻日開。楚之騷文,矩式周人;漢之賦頌,影寫楚世;魏之策制,顧慕漢風;晉之詞章,瞻望魏采。惟執丹漆之禮器,隨孔子而南行者,爲能於歲歷綿曖,洞抉奧府也。厥後宗旨暢於六代,大成集於選樓。蕭氏弟昆,徐庾父子,尤能要約明暢,唧實佩華。論者謂騎省逸而不遒,惟開府能遒逸兼擅,獨有千古。然孝穆子山,終足旗鼓并時,方軌百代。凡文之體,植必兩辭,動有配者,要當踐其履迹,奉爲鍼車。有唐開業,文體沿夫陳隋,延及永徽,燕許鴻軒,崔李豹別。明季淑士,謂其沾習既久,遂成蹊徑。誠哉是言！然如四傑之戛石鏗金,樊南之鏤腑鉥膿,亦自聲理有爛,緟理有餘,不得以藏園愈近愈薄,愈巧愈卑二語概之也。惟是學四傑者,當去其濫;學樊南者,當去其纖。蔣苕生謂不從王李二家討消息,終嫌枯管不花得窾窾矣。宋代四六,雖賣象窮白,鉛黛不華,而其爽氣颷流,内義脉注,亦自源流譜泒,各有師承,惟袁清容能一一辨之。王志堅

謂眉山善藏曲折於排蕩之中，金陵善標精理於簡嚴之內，皆爲唐人
所未有，非虛語也。元代多酬應之文，等之自鄶以下。國朝各家，
或琢璣鏟葩，或鏡靜含態，北江、隨園、江都、曲阜諸子，率皆轉律脣
吻，洪鐘萬鈞，所謂愈唱愈高，去天尺五者。元明缺憾，得此足以補
苴。究之學駢文者，當由散文入手，方無唧梗夐駕之虞。然後取材
於晉史之制疏以成其肆，弋鍊於蕭樓之選理以研其精，若徒獵艷於
《藝文類聚》及《文苑英華》《唐文粹》《宋文鑑》《元文類》等編，掇摭
浮英，旃盂古貌，有不貽誚於記室襴褕、同館碎割者鮮矣。即便刊
落羣集，專治一家，而學任、沈者或誤撞夫啞鐘，學江、鮑者或結驪
於頑響，學庾者或弃腴而習爲佻，學徐者或謝艷而失之弱，雖使刻
形鏤法，聯璧其章，而布采失倫，轉舛典式，庸有裨乎？竊謂千古能
以散行步伐、盪決排偶者，得兩書焉：曰《史通》，曰《文心雕龍》。

光緒辛卯年

《禹貢》言過言會言至于釋例

王元穉

古書之體例謹嚴者，莫若《禹貢》稱最，故《史》《漢》備引其全文。厥後顏注《地志》、劉注《郡國志》、酈氏《水經注》、許氏《説文》，自河至洛百餘篆之説解，皆畧彷彿之。

《禹貢》言"過"者六：二爲九江，一爲洛汭，一爲濘水，一爲三澨，一爲漆沮。蔡傳云："過，經過也。與導岍'逾于河'之義同。"朱子云："過九江，至于東陵者。""是水之流橫截乎洞庭之口，以至東陵也。"是與酈氏"逕某水"之"逕"字畧同。以是推之，洛汭、濘水皆爲河之分支，而河水橫截之；漆水、沮水皆爲渭之分支，而渭水橫截之。"澨"者，《説文》："埤增水邊土，人所止也。"三澨，非水名，釋《禹貢》者莫指其處，大約爲漢水之所橫截者近是。又以字義辨之，過者，不一過也，必爲水或地之大名而不可没者，故前志屢言過郡幾，酈注沮水過馮翊祋祤，皆是義也。此《禹貢》言"過"之例也。

諸侯與諸侯相見曰"會"。《禹貢》言"會同"，言"朝宗"，儗以四瀆視諸侯矣。而"會同"與言"會"又不同。"會同"者，會而同之。"灉、沮會同"，謂二水會合而入於雷夏之澤也。"四海會同"，言諸水無不會歸于四海也。其單言"會于"者，必所會之水與來會之水適相等，如諸侯之勢均體敵者。曰"東迤北會于滙"者，言江、漢二水會於彭蠡也。又"東北會於汶"者，濟與汶合也。"東會於泗、沂"者，沂入於泗，泗入于淮，蓋淮與泗、沂二水合也。"東會于灃"，又"東會于涇"者，灃水自南，涇水自北，而合流于渭也。又東"會于澗、瀍"者,澗、瀍二水皆入洛,所謂澗水東、瀍水西也。"又東會于伊"者,承上文澗、瀍而言之也。若酈注則變會言合矣。此《禹貢》言會之例也。《正義》引鄭氏康成以此"《經》言過、言會者,皆是水名",似已;又曰"言至于者,或山或澤",亦不盡然。岳陽、南河、鳥鼠、豬野、龍門、西河、荆山、太岳、王屋、碣石、太華、陪尾、大別、敷淺原、合黎、三危、華陰、底柱、大伾、大陸、東陵、菏,誠爲山爲澤矣,而"至于衡漳""東至于灃",不仍屬水名乎? 大抵至于者,自此至彼,必止於是之稱,水多流而山澤多止也。是以多出山澤,少出水名也。胡氏渭《禹貢錐指》曰:"至于者,所以聯絡其兩頭,見中間相去之遠。"其言良是。是故或相距數百里,以至數千里,斷無至近而言至于者。其例又可考矣。

《禹貢》言過言會言至于釋例

丁 芸

《禹貢》用字皆有義例。所紀水道,自此通彼曰"達",自小之大曰"入",順流而下曰"沿",橫流而濟曰"亂",同出枝分曰"別",泛溢旁覆曰"被"。"導弱水"以下,或曰"過",或曰"會",或曰"至于"。鄭注云:"言過言會者,皆是水名。言至于者,或山或澤,皆非水名。"即發明用字之例,考之經文,參之傳注,知鄭氏之言,固至當不易也。

《經》言"過"者五,"導河"下云"東過洛、汭""北過洚水";"導漾"下云"過三澨";"導江"下云"過九江";"導渭"下云"東過漆、沮"。

言"會"者五,"導江"下云"東迆北會於滙";"導沇水"下云"又東北會於汶";"導淮"下云"東會于泗、沂";"導渭"下云"東會于灃,又東會于涇";"導洛"下云"東北會于澗、瀍"。洛、汭、三澨、漆、沮、汶、泗、沂、澧、涇,水名。惟"東迤北會于滙",馬、鄭皆無注。或疑滙非水名,於例不合。然上文"東滙澤爲彭蠡",鄭注云:"滙,回也。漢與江鬭,轉成其澤。"滙即指漢水、江水言,漢水滙於此,江水亦滙於此,專謂之漢不可,專謂之江不可,不得已以滙字代之,此正古人用字精當處。滙雖非水經文,直作水解,故鄭注言"過"與"會""皆是水名"也。

《經》言"至于"者九:"導弱水"下云"至于合黎","導黑水"下云"至于三危","導河積石"下云"至于龍門""至於大伾""至于大陸","導漾"下云"至于大別","導江"下云"至于醴""至于東陵","導沇水"下云"又東至于菏"。合黎、三危、龍門、大別爲山名,醴爲陵名,東陵爲地名,菏爲澤名,故鄭注言"或山或澤,皆非水名"也。

二例既明,而所以言"過"、言"會"、言"至于"之例,亦因以明。凡言"過"者,皆小水所在,大水衡流而過之,如河之過雒,江之過九江是也。凡言"會"者,皆他水別行,此水奔流而會之,如沛之會汶、淮之會泗,沂、渭之會澧是也。凡言"至于"者,皆由水所發源之處,溯及水所究竟之區,或千里,或數百里,如弱水之至于三危是也。言"至于"者,獨舉山澤之名而不及水,則又有例:川流浩渺,茫無涯涘,所至之處,未易區分。且滄海桑田,亦難逆料。有前日爲水道,至今日而夷爲平地者矣。有今日爲水道,至後日又湮爲廬舍者矣。惟山之特立,終古不變。《禹貢》於州之所至,既以山爲分界;於水之所至,又以山爲樞紐。所至者正面無山,則舉旁面之山。"導河積石"下云:"南至于華陰,東至于厎柱,又東至于孟津。"此又一例。若夫"導岍及岐,至于荆山"四節,就導山言,與水無涉,則不在此例,故鄭注第自"導弱水"以下言之。大抵古人著書,皆有義例。《春秋》之五十凡,《周禮》《儀禮》《禮記》之言凡者,皆例也。特散見於書中,不詳列於篇首,非好學深思者,無由心知其意耳。鄭氏注經,亦詳於例。《士冠禮注》:"凡奠爵,將舉者於右,不舉者於左。""凡薦,出自東房。""凡醴事,質者用糟,文者用清。"皆舉其例《聘禮注》最多,不僅《禹貢》一篇已也。即所舉者爲之箋釋經文,皆融會貫通,無所疑滯矣。近人孫觀察《尚書今古文注疏》、江徵君《尚書古文集注》,采輯鄭義,具見苦心,於所舉之例,尚未發明,故既爲之釋,又推論之如此。

《禹貢》言過言會言至于釋例

高 蒸

《禹貢》治水,或言"過",或言"會",或言"至于",此亦如言"朝宗",言"會同",皆以人起例也。以此水過彼水,兩水會矣,謂過爲會,胡不可? 以此水會彼水,此水已至彼矣,謂會爲至,似亦可通,然而義例自別。

"過"者,徑過,其水強,而所過之水爲弱,且不入其境,如《左傳》"過我而不假道"之"過",無所謂會也。大川至于小川,或僅至小川之界,而不並之而行,故但言過,而不言會,亦不言至。朱子云:"過九江至于東陵者,言導岷山之水,而是水之流橫截乎洞庭之口,以至東陵。"橫截,可見其強截乎洞庭之口,足爲不入境之證。又云"過九江,至于敷淺原"者,言導岷陽之山,而導山之人至于衡山之麓,繞越洞庭之尾,東取山路以至敷淺原也。此則以人而言,與水無涉耳。洛水較大,然視河爲小。河之南,洛之北,其兩閒爲汭。洛、汭在今河南府鞏縣之東,洛之入河,實在東北。河則自西而東過之,洛終入河,而河不會洛,從洛、汭徑過,其悍急亦可見矣。北過洚水,洚亦不能遏河之衝,故得奔流直下。漢之過三澨,渭之過漆、沮,胥此例也。

"會"者，兩水合而爲一，其勢將有所注。如左氏公會宋公、陳侯、鄭伯、許男，如楚之會，雖入其境，即挾之而行，故言會而不言入。往會者，其水大，勢得自主，而所會之水爲小，故爲其所挾。以江會滙，則滙同江而流；以濟會汶，則汶同濟而逝。推之淮之于泗、沂，渭之于澧、涇，洛之于澗、瀍，亦此例也。蔡氏云二水相敵曰會，詳經文，則滙不能與江敵，汶不能與濟敵，泗、沂不能與淮敵。不特四瀆之大，非他水所敵，即渭、洛二水無四瀆之名，亦非澧、涇、澗、瀍所及。兩水相敵者，惟灉、沮耳。故二水言會同，而他水皆言會而不言同。蔡説非也。

"至"，止也。人之行，期于所至而止。若水逝然長往，至海則定其所歸，至山至澤則倏然而止，此必然之勢也。鄭康成云："自'導弱水'以下，言'過'言'會'者，皆是水名；言'至于'者，或山或澤，皆非水名。"故以合黎爲山名，澧爲陵名。《正義》駁之，言"餘波入流沙"，則本原入合黎，合黎是水名。又據《楚辭》言"澧亦水名"，不知鄭注碻有可據。考合黎山在今陝西甘州，亦名要塗山，其下有水名合黎河。漢、隨《地理志》皆云"弱水出刪丹縣"，縣在甘州東。按其地亦合。知合黎本山名，因弱水所經，其下方成河，非先有合黎河爲弱水所至也。以澧爲陵者，《郡國志》"長沙郡有醴陵縣"，鄭意以陵爲縣，馬、王以爲水名，故字從水。據《史》《漢》"澧"皆作"醴"，裴駰注引鄭亦作"醴"，醴不從水，其爲陵名無疑。其餘言"至于"者，非山即澤，或至焉而水之流折而入於他處，或至焉而水之勢分而散爲旁支，或縱其所至而水之形遂伏，或導之以至而水之力已微。合黎、三危、龍門、華陰、底柱、大伾、大陸、大別、澧、東陵，皆山屬，菏與孟津澤也。山澤爲水所經，雖是地名，亦有水名。鄭注賅洽，孔説近泥。

總之，言"過"者，一水也，主弱客強，未嘗會合。言"會"者，二水之詞也，水有大小，而趨向不異，故無論會數水會一水，而皆同其所往。若專言"至于"，則是獨流，此《禹貢》之例也。

《春秋傳》"縮酒"許氏以爲"茜酒"古文作疕，因有以茆爲縮者，然《爾雅·釋草》茜義又別，其間異同通假必可辨證，試詳考而折衷焉

王元稈

　　許書"酉"部之字，皆从酒取義，不曰从酒省，而曰"从酉"，疑酉即古酒字也。段注："凡从酒之字當別酒部。解曰从酒省。許合之，疏矣。"蒙按："酉下曰就也，酒下亦曰就也，曰从水酉。"段注以水泉於酉月爲之，終嫌牽强。竊疑酉或未成之酒，如今制酒之麴蘖然。酒曰"从水酉"，茜曰"从艸酉"，皆爲會意兼形聲之字，酒下曰"酉亦聲"，茜獨否而切"以所六"，考朱氏駿聲《説文通訓定聲》酋字與从酉聲之字，均在"孚部"，弟六是古音，本通不，特《爾雅》之茜音，猶者爲形聲也。會意兼形聲之字多後起，段氏以爲"縮"者，古文叚借字，"茜"者，小篆新造字是也。《三禮》《春秋傳》皆言"縮酒"，不言"茜酒"。"縮"之本義爲亂，又爲蹴，以茅沛酒，茅必亂。又《論語》"足縮縮，如有循"，鄭注曰"舉前曳踵行"也，曳踵行不遽起，故曰縮縮。"以茅沛酒"，亦曳而不遽起，音本同而無正字，假"縮"爲"茜"，即所謂本無其字，依聲託事是也。小篆孳乳益繁，遂多別製以代假借。而有會意兼形聲之字如"茜"者，許氏收之，其入"酉部"不入"艸部"者，重酉也。人第見今義之縮，《通俗文》曰："物不申曰縮。"《廣韻》曰："歛也，退也。"皆今義也。與茅之茜酒相近，遂疑"茜"爲古字，"縮"爲今字。

　　不知叚借之字，沿用既久，雖別出正字，終不見用者，在許書中爲甚多。如"攬，朋羣也"，"黨，不鮮也"，今經傳"朋攬"字皆作"黨"；"專，六寸簿也"，"嫥，壹也"，今經傳"嫥壹"字皆作"專"；媎，

"減也","省,視也",今經傳"減婚"字皆作省；"秝,百二十斤",今皆假山石字爲之；翮,水音也,今皆假羽毛字爲之。夫攬、嫥、婚、秝、翮,既從黨、專、省、石、羽之聲,不應假借字反在正字之後。大抵後人製攬、嫥、婚、秝、翮等字以代假借,迨沿習既久,不復更改,而攬、嫥、婚、秝、翮等字,僅見於許書,"茜"猶是也。茜字又見《周禮》鄭注。蕭字或爲茜,讀爲縮。

至"酉"古文作"丣",蒙按：此當專指干支之酉,以丣爲酉,古文已屬假借。古文《尚書》遂以"茆"爲"縮"。段氏斥之,以爲汗簡所載古文《尚書》皆妄人所爲,良是。"茆"在"艸部",解曰"鳧葵"。經典之"茆",漢儒每讀爲"茆"。蓋"卯"爲"丣"之隸變,"丣"本從丣,畱、劉、茆等字,皆當從丣,不當從卯,隸變之訛,乃爲"卯"字,致有卯金刀之謠,此皆漢時俗字,杜、鄭諸儒之所由正,而許氏《說文解字》之所由作也。是"艸部"之"茆",當從干支之"丣",不當從從酒之"酉",許分居二部,豈無深意,而詎可牽合歟？《爾雅·釋草》"茜,蔓于",郭注"多生水中,名軒于",陸氏《釋文》"茜"音猶,與許書之切"所六者"音義迥異。

《爾雅》之"茜",蓋"蓲"之省也,許"艸部",録"蓲"曰"水邊艸也",《漢書·子虛賦》音義即以"軒于"釋蓲艸,許列茜於"酉部",義例謹嚴,不可得而淆溷也。《玉篇》收茜於"艸部",曰"全留切",水草。又"所六切",茜茅、茜酒也。混而一之。蓋疏不若《廣韻》蓲入十八,尤茜入一屋之爲優矣。是則"縮"與"茜"同,"茆"與"茜"異,"茜"於"蓲"爲通用,"縮"於"茜"爲假借,辨別之明,固班班可考也。

孟嘗平原信陵春申四君論

丁　芸

人臣事君,必先破除自私之見,使國家之事,一如髮膚手足之切於身而不容自已，然後無所往而不浩然，其氣不餒，時勢雖窮，而智勇觸事而生，即天下之智勇，亦莫不各出其力以相授，幸而成，天下安，不成，亦可大白於千秋萬世。吾於信陵之捷，竊歎孟嘗君、平原、春申其誤於自私之見不少也。孟嘗私其邑，平原私其名，春申私其身家。黃歇以六千里强楚之相，而其智乃出於陽翟賈人之所爲，悖矣。平原居其國而不能增重，長平一敗，其存者皆四十萬之孤也。觀其對魯仲連之說，一則曰勝也何敢言事，再則曰勝也何敢言事，豈非慮一言不當而身敗名裂哉？

嗟夫！天下無萬全之策，信陵君當約車死趙時，亦不能保其名之不敗也。平原在趙，視信陵之不得其君者有間矣，胡鬱鬱若此？孟嘗相秦在赧王十七年，卒於三十六年，其間扣關攻秦，誠爲大舉，然二十年中，齊國一敗塗地，微田單，齊不祚矣。吾不知文置身何地，抑泰然擁薛公自重也。四君子無忌所處最難，國最小，心最苦，而功亦最大。得君者莫如黃歇，而最不足齒數，雖曰天意，豈非自私者有以誤之哉？嗟乎！藺相如一匹夫耳，唯不私其身，而叱秦王如稚子，秦卒無如何。設三君者挾相如之心，以齊、楚、趙之勢，長驅咸陽，扼其吭而拊其背，吾知其功視信陵當更奇特也。不知出此，是則暴秦之幸，而三君之不幸也。故曰：人臣必先破除自私之見。

孟嘗平原信陵春申四君論

池伯煒

四君以待士相傾，食客各數千人，可謂極千載之盛矣。然迹其所得之士，不過游俠無賴之徒耳，求所謂賢豪長者，蓋未之見焉。孟嘗之雞鳴狗盜，王荆公譏之，當矣。平原之游徒豪舉而不求士，信陵之論亦不爲無見。然信陵之救趙也，藉侯、朱之力，其救魏也，用毛、薛之言，此其最彰明較著者。究之請如姬，殺晉鄙，皆非正道，即所謂公子何面目立天下，亦專爲公子計，未嘗爲魏王計，非與臣言忠之義，宜乎魏王不信公子而再奪其權也。春申之客李園，乃教之以潛移國祚，悖逆不道，孰甚於此？由此推之，三千珠履皆狗彘之不若矣，卒以殺身滅宗，豈不哀哉！且當是時，非無賢士也。魯連、荀卿二子，非所謂知義守道之人哉！

　　魯連生長於齊，未嘗聞孟嘗客之。及之趙，平原亦未之奇。迨爭帝秦一事，論絀新垣衍，而後欲以利結之，宜其去不復顧也。況魯連未去，信陵已至趙矣。何乃從博徒賣漿者游，而不一過魯連，與議天下之事耶？荀卿趙人，平原視若蔑如。五十游齊被讒，而孟嘗弗救。及仕楚，位復不顯。韓子云：荀卿守正，廢死蘭陵。謂非春申之罪歟？吾嘗論戰國人才，孫、吳以兵，蘇、張以辨，皆古聖之罪人也。即如韓非、慎到、田駢、環淵、騶衍之徒，各有著作，亦多偏駁不純，無足取者。蓋孟子外，獨魯連、荀卿耳。而四君不知引重，築宮擁篲之典不加焉，豈知士者哉！嗟乎！士之賢者，往往不求人知，而人遂多忽之。故曰：人固不易知，知人亦不易。吾於四君何責焉！

釋　必

黃　增

　　《説文》"必"下云："分極也。"段氏惟泥於"木部"棟、極互訓，不知"極"字之解，故於"必"字未能晰其旨。不知分極者，分之極也。《説文》"宙"下云："舟輿所極覆也。"舟輿所極，猶云舟車所至覆也。則以宙之聲爲訓，援彼證此，極義自瞭。凡事造其極則偏。"言必信，行必果"，謂必別於不信之言而信造其極，必別於不果之言而果造其極也。孔子所以"毋必"者,蓋過爲分之,而善之中有其惡,惡之中有其善,分之極則必偏。預爲分之,而善有時而爲惡,惡有時而爲善,分之極則必偏。此所以足以有别之難,惟聖人爲能如鑒之空,如衡之平耳。繹必字之恉,當以即於偏而言,因引伸爲詞之必然。若夫从八从弋之義,已具於前人所説矣。

釋　必

王元穉

《説文》"必"下曰:"分極也。"大徐本"从八弋,弋亦聲",是爲會意兼形聲之字。小徐"从八,弋聲",專屬形聲。《繫傳》曰:"必,分别之極也。"竊以從小徐之説爲長。《玉篇》"必"下亦曰:"極也。極則。"《玉篇》《廣韻》皆云:"中也,至也,窮也,高也,遠也。"是爲今義。而《説文》古義之棟也,亦見之《説文》。既棟、極爲轉注,今義爲所引伸。

許書之例,古義每見於本字。引伸通用之義,别散見於他字之説解者爲最夥。本字用正他字,説解用漢時通用之俗字,許書亦屢見之,段氏概從改訂,殆非許書本以訓俗也。若如段氏之注分極曰:"極,猶準也。""木部"棟、極二字互訓。注"从八弋"曰:"樹臬而分也。"則誤認極爲古義。不知説解中之用極字者凡數見:"穴部""窮"下,"極也";"心部""忏"下,"極也";"憨"下,"一曰極也";"尸部""屆"下,"一曰極也";"穴部""窕"下,"肆極也";"辵部""逮"下,"自進極也";"長部""肆"下,"極,陳也";"人部""僥"下,"短之極也"。段皆不主古義,何獨於"必"而主之?則誤於大徐本之"從八弋",乃以"必"爲會意之字。弋通作杙,又與㮰互訓。所謂極者,不得不主棟、極矣。

今以文義辨之:許凡言分者,"林部""㭊"下曰"分離也";"刀部"

"劉"下曰"分解也";"冎部""別"下曰"分解也";"又部""夬"下曰"分決也",皆連緜易憭之字。"斗部""料"下曰"量",物分半也。分半分極,正對舉矣。若以分極爲所分之棟、極,無論取棟、極而分之,必無是事,且復不成文理。必如段説,當以"弋"爲部首,而必字隸之。其説解曰:"極之分也。"乃稱《繫傳》申明之,加一之字,《玉篇》删分字,僅曰極也,文義最顯。然許書何不曰分之極也,而轉以分、極二字啓後人之疑?曰:是亦未熟許書,如箸大也、記微也之類,不勝枚舉,又何之字之可加?況極之訓解,又有窮、忓、懇、屈、宛、建、肆、僥諸字之可參稽互考乎?

釋　必

池伯煒

《説文》大徐本:"必,分極也。从八弋,弋亦聲。"此確不可易者。小徐與大徐異,竊以爲誤矣。"厂部":"弋,槷也。象形。"明指一物,不訓弋射。其訓爲弋射者,段借義也。弋通臬,見《爾雅·釋宮》及《考工記·匠人》置槷注。《説文》:"臬,射準的也。"弋射之義由此叚。"木部""極""棟"二字互訓。亦明指一物,"橦"訓"帳極",小字本作"帳柱"。《玉篇》:"橦,竿也。"是極亦指物。不訓極盡。其訓爲極盡者,引申義也。古書極多訓中,又有高遠盡致等訓,竊謂皆由棟義引申。必篆从弋而訓極,此決確有所指。弋非僅聲,本書杙劉,劉杙从木,弋聲,與必篆例異。而極不訓盡。鍇乃以弋爲聲,而引孔子之"毋必"以分極爲分別之極,豈不過歟?且本部:"八,別也。象分別相背之形。"不已極其分別乎?況又有从重八之兆,八已分別,而又重之,其分別不更極乎?果如鍇説,是必篆可删矣。

竊謂此與分同意。分从刀,物以刀分也;必从弋,地以弋分也。

《列子》：“今據有此鹿，請二分之。”此物之以刀分者也。《爾雅》：“樴謂之杙”“在地者謂之臬”。《冬官·匠人》“置槷以縣”，杜云：“槷當爲弋。”鄭注：於所平地，樹臬以正之。此地之以弋分者也。分中刀而旁八，必中弋而旁八，皆象形字也。其引申爲必然之詞者，亦以弋在八中，有一定之處故也。鍇殆習見引申之義，而忘其从弋之本意，故曰弋聲。《玉篇》必極也，去分字，失許意矣。《廣韻》先列審也、然也二訓，而後引《説文》，皆狃於引申義而忽其本義也。近人桂氏从之，亦坐此耳。段氏謂从八弋爲樹臬而分，其説甚確。但改弋亦聲作八亦聲，尚未可憑。蓋必从弋得聲，未嘗不可。與其改字而舍弋以从八，何如仍其舊文之爲愈乎？

王若曰猷解

陳祖新

《大誥》篇首：“王若曰：猷！大誥爾多邦。”馬、鄭、王本“猷”皆在“誥”下，“猷”訓爲“道”。王莽擬《大誥》，亦道在誥下。莽文雖不足數，亦可見猷在誥下，西漢之本已然矣。僞古文移猷於上，顯與馬、鄭相背。説經家以莽誥之外，鮮可證馬、鄭之本者，故不能大明馬、鄭之是，即不足深折僞孔之非。不知善讀者無證之中，未嘗不更有其證。何者？猷，道也。猷在誥下，於義爲誥道。今試以《書》證。

《書·酒誥》云：“文王誥教小子。”《召誥》云：“誥告庶殷。”誥教、誥告連用，與誥道字法正同。《立政》云：“乃敢告教厥后。”連用告教字，亦與誥道一例。《周官》云：“訓迪厥官。”訓即誥，迪即道，義亦相近。是經作誥猷，訓爲誥道。得此數證，而知馬、鄭之本決不可廢。且《大誥》云：“猷！大誥爾多邦。”倒其語即爲“大誥，猷爾多邦"。推之《多士》之"猷告爾多士",倒其語即爲"告猷,爾多士"。《多方》之"猷告爾四國",《多方》"猷告爾有方多士",例其語即爲"告猷爾四國多方""告猷爾有方多士"。誥猷、告猷皆一例,則亦皆馬、鄭本不可易之證。或欲援《微子之命》"猷,殷王元子",以駁誥猷連文之非,不知《微子之命》其篇特出於僞古文,而不列於今文,其不足以攻馬、鄭也久矣。

劉更生不交接世俗論

黄　增

班史於劉更生,稱其不交接世俗,如以爲丰裁之峻,則與簡易無威儀相反。且世之高潔自標者多矣,何獨以譽更生?由班史之言思之,而知其意固有在也。夫更生宗室也,其位則大臣也,所謂交接世俗者,豈至於隨波逐流,與卑賤之人爲伍哉?蓋亦謂恭顯之流,庸污非善類,更生不與爲周旋而已。今夫大臣之志節,較小臣爲尤難,故更生有足多者。世或見更生使人上書,因而訾之,謂其有爭競之心。嗟乎!更生者固不能無失,而訾之者究不足以服其心也。君子自有君子之過,而不同於小人。更生之爲人,有勵志節之實,而養氣之功則未也。故其使人上書,亦見君國之事有不平,而激於氣之所爲,以視乎鄙夫患失而力事傾排者迥異矣。然則更生之不肯附和恭顯,與不能調和恭顯,悉具於斯語之中,僅以高潔美之,烏知更生之深哉!

劉更生不交接世俗論

沈翊清

　　更生邃於學者也，救周、張不得請，日與恭顯、王鳳輩旅進退，相周旋，蓋亦落落寡合矣。雖然，非廉静樂道如更生，仍不免依違之見焉。歆，向之子，非不湛深經術也，擇交不慎，爲莽所屈，子且不逮父，無怪《劇秦美新》之隨其後也，雖著作等身，何取焉？顧所接不可有俗人，所居尤不可有俗地。更生以中壘校尉、膺天禄校書之榮，此非庸夫俗子、朱輪華轂者流所可身履其地而上下議論也。士大夫處世，往往冒讀書談道之名，以文其勢利贪緣之術。酒肉徵逐既敗之，傾軋詆毁又敗之，至目染耳濡，皆言行不經之輩。人望我若浼，何暇擇人！今試與觀耿介拔俗之標，好學深思之士，嘯歌斗室，手自一編，結圖史之歡，慕聖賢之志，時而讀《周易》，如施、孟、梁丘之從容坐論也。展觀詩書，右接伏生之徒，延之入室；左揖申公之屬，登之上座。后倉、二戴，忘年之契也；公、榖、鄒、夾，曠世之交也。淵淵乎斯經學薈萃已！否即兀傲空山，翛然寡侣，從耕夫野老游則喜，處富貴功名地則厭，何也？其素不相習也。

　　嗟夫！治經貴專精，讀書貴澹静，無世俗之見在吾意中也。曩游鼇峯時，聞書聲從鑑亭來者，心樂之。及讀其學規，藹然仁者之言；接其人，多謹飭自愛之士，覺闤闠中有出塵想焉。今登兹堂，曠然遐思，側聞使者軺車所至，將羅十郡經生以實其中。他日者切磋琢磨，將有嗜學之士掃除糟粕，毃核仁義，以追古作者之林，此亦取友必端一助也。更生復起，尚許吾言歟？

《韓詩·汝墳》辭家述義

黄彦鴻

詩以道性情，即性情之深長者繹之而得其旨，而古人不死矣。《汝墳》，《韓詩》謂爲"辭家"，雖遺説僅存，然其義可得而述也。詩之言孝子者多矣，蓋臣亦衆矣，然《陟岵》《皇華》《四牡》諸篇，或盡於此而缺於彼，未有以事王事爲事親者。以《汝墳》爲"辭家"，蓋一舉而數善備焉。孝子無不可事之親，即無不可事之君。君雖暴虐，不敢以獨夫目之。襲聖明之稱，而沈吟反覆於未見既見，忠愛流溢，雖有家不遑處矣，況又有父母飢寒迫於後哉！然而出處之際，不能内度身，外度世，得罪於君，即貽憂於親。今夫亂淆慘刻，不可爲之世也；瀡髓旨甘，不可缺之供也；而身逢明主，家席素封，又人生不可得之遭也。當此晨昏堂上，風雨淒然，白首兩人，起居蕭索，其出乎如時事何？其處乎如懟父母何？惟父母亦將愀然而起曰：行矣，勉之！移孝作忠，得升斗供旦夕，於願足矣。惘惘牽衣，慘然色變，亦人情也。詩人以爲爲養親而仕，而後可通其權；知閱世之艱，而後可以免於難。是故《汝墳》言辭家，所經之路也；條枚、條肄，言辭家就途所見之景也；君子，言辭家所事之人也；魚勞尾頳，言辭家勞苦之情狀也。斯時家事方殷，王事伊棘，欲留躊躇，欲行趑趄，蒿目時艱，迴腸九轉，迫而爲"王室如燬，雖則如燬。父母孔邇"數言，覺絶裾之温嶠，固千古之罪人；迴車之王陽，亦偶然之愚孝。求其毫髪無憾，處亂世而能委曲以全其孝者，斷歸《汝墳》之詩矣。此周磐讀之，所爲流涕太息，解韋帶而起夫。

《韓詩·汝墳》辭家述義

池伯煒

《韓詩·汝墳》篇已無全文，惟《後漢書注》引之曰："《汝墳》，辭家也。"並卒章《薛君章句》而已。然觀《薛君章句》，與《小序》義正合。其曰："魴魚勞則尾赤，君子勞則顔色變。"此即《序》所謂"閔其君子"也。其曰"王室政如烈火，觸冒而仕，爲父母迫近飢寒"，此即《序》所謂"勉之以正"也。首章曰"未見君子"，次章曰"既見君子"，則《薛君章句》所謂君子，當即指此，皆婦人稱夫之詞。其曰"辭家"者，亦婦人言其夫之辭家也。由卒章《薛君章句》推之，上二章當與鄭箋無異。箋言遵《汝墳》，伐枚肄，非婦人事，以言賢者不當處勤勞之職。又未見曰"惄如調飢"，恐其死亡而思之也。既見曰"不我遐棄"，知其生存而喜之也。既閔其勤勞，又懼其死亡，而仍勉之使辭家而仕者，以君子顧父母之養，不當以勞悴辭也。故其卒章"魴魚赬尾"，言勞悴之極也。"王室如燬"，推勞悴之由也。"雖則如燬，父母孔邇"，則勉以不當辭勞悴之意也。此皆賢婦人纏綿曲折之苦心，故劉向、王應麟諸人皆曰大夫妻所作，而或以爲大夫自作，過矣。毛義"捧檄而喜"，不自言爲親故也。及親殁而徵不起，人乃知其向者之爲親耳。人子自言因父母而觸冒如燬之政，父母聞之何安？不能安父母之心，人子之心其能安乎？故決知其非出於大夫也。

頭顨顨頭頊頊謹兒釋

林師望

顨顨、頊頊，蓋古語"頭顨顨""頭頊頊"，則許君之所加，以明顨顨、頊頊皆言頭之古語"謹兒"者。許君言古之言顨顨、頊頊，皆有端謹曲謹之兒也。

何以言之？本書以疊字爲訓者，惟頁部爲夥。"顟"字下云："面瘦淺顟顟也。"面瘦淺斷句，顟顟亦古語。以此而知頭顨顨、頭頊頊，頭爲許君之所加也。"䫟"下云："小頭䫟䫟也。"小頭，亦微讀䫟，䫟亦古語。以此而愈知"頭顨顨""頭頊頊"之"頭"爲許君之所加也。推之"頵"下云"頭頵頵"，"顅"下云"面色顅顅"，皆此類也。顨顨訓謹，頊頊亦訓謹者，顨字由耑得聲。耑，多官切，與端音同。立耑爲端，則頁耑爲顨，義可互印。立耑言足容，頁耑言頭容。端字義有謹意，則顨字亦含謹兒可知。今大徐本孫愐音作職緣切，後人多從叀字紬義以叀專。《説文》云："小謹也。"語似誠確。然耑叀乃旁推字，又轉叀爲專。今人用顨權、顨國等字，此其確証。然亦顨之餘義，其本義則顨謹也。頊字玉聲者，本義爲謹，引伸爲正。《白虎通》云："頊者，正也。"《風俗通》引《大傳》云："頊者，信也，愨也。"正、信、愨俱有謹意。殊不知玉、曲同韻。𡆥下云："𡆥曲也。"𡆥曲即委曲，亦謹兒。曲本篆作𠃊，加玉爲𡆥字，訓委曲，則頊省𡆥作頊，理亦可通，音無不轉。《白虎通》又云："顨頊者，寒縮也。"寒、縮亦有曲意。殊不知寒、耑同聲，縮、曲亦同聲。《白虎通》以疊韻字解此顨頊二字，今人多忽讀之，殊可惜矣。顨頊字大抵如頵顥字、顅顥字，二字並辭而義自見。《説文》析之爲顨顨，爲頊頊，更不煩言而無不自明矣。

頭頵頴頭項項謹兒釋

池伯煒

許書頵項二字説解，即《禮記》"頭容直"之義也。頵頵項項，重言形況以爲頭兒，所謂頭容也。其曰謹者，即所謂直也。人有敬謹之心，頭容必直，此胡安定所以詔徐仲車也。《易》曰："敬以直内。"敬謹未有不直者。《禮》曰："不傾聽。"傾聽則頭不直，而敬謹之意失矣。《史記·五帝紀》稱：顓頊治功巍巍。《白虎通》亦曰："能專正天之道。"其得力可知矣。觀其頭容而見其心德，此顓頊之稱所由起歟？本部"頊，直項也"，項直則頭自直，義猶顓頊。高陽氏之帝曰顓頊，而黄帝之臣曰倉頡，其命名皆此意也。頵，耑聲；項，玉聲。竊謂耑、玉皆兼義。本書："耑，物初生之題。"凡物初生，其末必鋭而直，故端字訓直。頵之從耑，猶端義也。玉有五德，其一曰不撓。不撓者，直之謂也。項從玉，當亦取此義。頵項本有敬直之義，重言之，所以極其形容也。本部：頭頔頔大兒，頭䫂䫂小兒。與頵項二字同例。"顥，謹莊兒"，曰莊，亦直義也。"頓，傾首"，"頗，頭偏"，"頼""頄""顡"，"頭不正"，曰傾，曰偏，曰不正，皆不直義也。顥與頵項同，頓、頗、頼、頄、顡則與頵項反也。《白虎通》："顓，專也；頊，正也。"與謹兒義合。其説是矣。又曰"冬其帝顓頊"。顓頊者，寒縮也，則因時令而傅會之耳。顓頊水德，故以司冬，豈有古帝畏寒而縮首者？至重言形況，《漢書·賈捐之傳》："頵頵獨居一海之中。"《莊子》："天地項項然。"注"頵與專同"，而項項爲自失兒。皆與謹義可通。本書"嫥"下云"女嫥嫥"，當與頵頵同意。而《莊子》之項項，亦有作旭旭者，則以音同而通轉耳。

頭頵頶頭項頂謹兒釋

王元穉

《説文》凡重言形容，即以本字爲訓解之字。自"艸部""芮"至部首"庚"，凡八十七見，朱氏駿聲《説雅》輯之最詳。其關人形體者，"口部"二見，"嘬"下"聲嘬嘬也"；"噎"下音"聲噎噎然"。"走部"一見，"趬"下"蹇行趬趬也"。"辵部"三見，"连"下"连连起也"；"邇"下"行邇邇也"；"逮"下"行謹逮逮也"。"彳部"二見，"徥"下"徥徥行兒"；"袖"下"行袖袖也"。"夊部"一見，"延"下"安步延延也"。"言部"三見，"詽"下"詽詽，多語也"；"訮"下"静語訮訮也"；"謷"下"一曰哭不止，悲聲謷謷"。"目部"一見，"矕"下"目矕矕也"。"人部"三見，"僷"下"長壯僷僷也"；"佑"下"佑佑力兒"；"傮"下"癡行傮傮也"。"欠部"三見，"歊"下"歊歊，氣上出兒"；"欨"下"欨欨，戲笑兒"；"歄"下"歄歄，气出兒"。"髟部"一見，"鬌"下"髮鬌鬌也"。"允部"一見，"尣"下"尣尣，行不正也"。"立部"一見，"竱"下"短人立竱竱兒"。"心部"一見，"恖"下"趣步恖恖也"。"女部"一見，"媜"下"閑體行媜媜也"。惟"頁部"七見爲最多，頵、項二義外："顙"下"頭顙顙大也"；"顚"下"面色顚顚兒"；"頤"下"面前頤頤也"；"顝"下"面瘦淺顝顝也"；"蘇"下"小頭蘇蘇也"。是皆經典罕見，別無異義之字。惟頵、項二字者，古帝王因以爲號，引伸盛行，世或昧其本義，許君故特著之。

許君解字，初無定見，或據方言，或據俗語，有明言方言者，自"艸部""蔆，青齊兖冀謂木細枝爲蔆"以下，不勝枚舉。有明言俗語者，如"王部""皇"下"今俗以始生子爲鼻子"；"聿部""聿"下"俗語以書好爲聿"。有不明言方言俗語，無非方言俗語者，此類是也。如《説文》引經，顯言假借，垩、枯、圛、莫等字，盡人知之。而近人雷氏浚乃謂《説文》引經説假借者，自"王部""璪"引《虞書》曰，下有一百二十四文之多。方言俗語初無正字，"示部""禀"下"讀若春麥，爲禀之禀"，大徐以非異文爲疑，後人遂欲改禀爲禀。安邱王氏筠以爲諺語在人口中，未嘗著於竹帛，許君欲人以口中之音識目中之字，本無可疑。如此類者，彙集有十九文之多，均所謂讀書能會其通也。重言形容，即本字訓解之字，不見經傳，其爲方言俗語無疑。而在六書爲形聲，又字屬後製。"頁部"頵、顛、頤、顲、䐔五文，"頵"下"頭頵頵大也"，頵當爲頭大之皃，未必可引伸大義。至"顛"下"面色顛顛皃"，"頤"下"面前頤頤也"，今祁刻小徐、孫刻大徐、段本、桂本皆作岳岳，惟朱氏駿聲作頤頤，《玉篇》亦作"面前頤頤"。竊以本書之例例之，从頤爲長。"顲"下"面瘦淺顲顲也"，"䐔"下"小頭䐔䐔也"，不特不見經傳，并無引伸之義。惟顓之引伸爲專，項之引伸爲正，見於《淮南子》《白虎通》諸書。顓項帝之號，尤昭然在人耳目，引伸行而本義遂廢矣。不知字隸頁部，斷難舍頁他指，所謂"頭顓顓謹皃""頭項項謹皃"者，又與頵、顛、頤、顲、䐔不同。彼五字者，方言俗語，在人口頭，許君不必再爲疏解。而顓、項二本義，或時代移易，言語不同，許君別有所受，不必盡在人口頭，故必加以"謹皃"也。又或許君見其字引伸之義言謹，而其字从頁，以意會之，因以叠字形容之曰"頭顓顓謹皃""頭項項謹皃也"。考《白虎通·五行篇》"顓項者，寒縮也"，味寒縮二字，猶今言縮頸縮頭，顯有从頁之意。而《莊子》釋文"項項自失皃"，爲所引伸與許書暗合，又可知"頭顓顓""頭項項謹皃"之爲古義矣。

募抄鄉先正著述收藏書庫議

黄彦鴻

各直省名都會，常設書局，以時採輯而梓之，事輕而易舉。而吾閩獨以貧瘠，不能先正著述之行世者蒇焉。雖然，棗梨之費不貲也，楮墨之功可或吝哉！曩者郭兼秋先生有《閩明詩傳》之役，校刻未畢而没，鴻以末學襄竟其事。竊見明人之登是集者，凡九百四十餘人，其著述之目則幾倍之，或當日未梓，或梓而旋滅，專集之至今存者無幾，其餘則率藉是書以傳。藉非鄭昌英抄之於前，何道甫藏之於後，則是書之不湮没無傳者，又幾何哉！

　　然則由唐、宋以迄國朝，其不幸不見抄、不見藏者，又不知凡幾也。是抄藏之功大矣，而抄之弊亦不容不除。何則？傭書之輩，苦無卓識，遺字脱簡，訛謬百出。即以閩詩論，兼秋先生以晚年從事，汲汲顧影，日不暇給。而鴻生也晚，不能通知先正之事，其訛謬間有專集者，則檢更之；其散見他集者，則綴而足之。然竟有深思力索，不得原書，而不能臆造者。迫於卒業，至今耿耿然也。方今左旗右鼓，書庫敞然大開，未必非先正之靈所式憑也。竊願嚴校讐，備副本，廣蒐羅，善庋閣，使後學有所考訂，鼠蠹不能爲災。而又擇其行世之尤亟者甲乙之，異日有留心文獻之有司，書局一開，即可次第刊行。但使有力，即非深入其中者，亦可任其事。鬼神呵護，傳之無窮，豈特先正之幸，抑亦後人之幸矣。謹議。

讀《載馳》

陳景韶

　　諸侯夫人父母終，惟得使大夫問於兄弟，義不得歸，此禮之正也。然《禮》云："婦人非三年之喪，不踰封而弔。"又云："三年之喪，君夫人歸……以諸侯之弔禮。"是夫人得奔父母之喪也。若君死國滅，廟社爲墟，其變有百倍於三年喪者，何不可援以三年喪之例？然則許穆夫人之欲"歸唁衛侯"，權也，未爲失禮也。宋伯姬之待姆，君子以爲不知權；魯敬姜之不哭其子，君子不以爲廢禮。禮容以一定拘乎哉？戴媯之大歸於陳，卒能陰用良謀，雪讎討賊，《燕燕》之詩可證也。許夫人雖一女子，若令得返宗邦，安知不能籌所以救衛之策？觀五章以"控於大邦"爲言，則夫人胸有成算可想。假而許君閔念衛宗之隕，赫然興師，攘狄復衛，則義聲震天下矣，夫人復何歸唁之求？否則自度不逮，能以興滅繼絶之義説盟主，連與國合，從而大舉濟河，何患不掃狄氛而紓衛難？夫人又何不歸唁之怨？今觀此詩，"視爾不臧"云云，則知許人聞衛之亡，袖手不救，而夫人思親之念，亡國之悲，愈沈痛迫切，而不能以一刻置。既曰許人，又曰"大夫君子"，既曰"衆穉且狂"，又曰"無我有尤"，語意忽激忽婉，如怨如慕，抱難割之私痛，紆不盡之餘思，夫人之苦心篤孝，是豈拘拘繩尺之儒所得持其短長者？《泉水》之詩，亦義不得歸，不如《載馳》之關繫爲大；《河廣》之作，亦義不得反，不如《載馳》之哀痛爲切。嗚呼！孔子録其詩，左氏紀其事，孟子稱其行中孝，慮中聖，一女子咏歎之辭，烈於秦庭之九頓首，則戴媯、秦穆姬不得專美於前，而雍姬、盧蒲姜不當愧死無地哉！

九竅九藏解

丁　芸

九竅者何？陽竅七，陰竅二也。九藏者何？正藏五，胃、膀胱、大腸、小腸四也。鄭注分晰最精，諸書所言，多與鄭異。《淮南子》謂：肝竅於目，心竅於耳，肺竅於鼻，腎竅於陰，胃竅於口，竅只有五數，與《周禮》不符，即謂腎竅耳，心竅舌。然舌非竅，不得謂之竅也。《内經·素問》"六節藏象論"謂："形藏四，神藏五，合爲九藏。"數雖與《周禮》相符，王砅注以頭角、耳目、口齒、胸中四者爲形藏，與鄭注不合。夫所謂藏者，氣之所藏也。頭角、耳目、口齒、胸中非藏氣之所，不得謂之藏也。且鄭注於陽竅、陰竅、正藏第言其數，胃、膀胱、大腸、小腸獨舉其名，蓋恐人誤以頭角、耳目、口齒、胸中及膽與三焦解之，因本《黃帝八十一難經》胃爲"水穀之府"，膀胱爲"津液之府"，大腸爲"行道之府"，小腸爲"受盛之府"，以足九藏之數。此正注之精審處，後人於此何容更贅一辭哉！竅與藏，其辨既明，治病者兩之以變，驗其開閉之非常；參之以動，驗其脉之至與不至，而病無不治矣。鄭注謂："脉之大候要在陽明寸口。"考人身動脉之處有九，《内經·素問》所云兩額動脉、兩頰動脉、耳前動脉、手太陰、手陽明、手少陰、足厥陰、足少陰、足太陰是也。古人診脉之法亦有九，《内經·素問》所云九候是也。其後九候之法不傳，醫者診脉，專於寸口求之。《史記·扁鵲傳》："至今天下言脉者，由扁鵲。"後世專診寸口之法，其殆起於鵲歟？然寸口屬肺脉，《素問·經脉別論》："肺朝百脉，輸精於皮毛。"三部之脉，具見於此。切而求之，竅之變，藏之動，亦可意會而知。故注云："大候要在陽明寸口。"陽明與寸口，皆脉之名。細繹此注，康成蓋亦精於醫者。何以言之？《周禮注》兼存諸家之説，天官醫師至獸醫，杜子春、鄭司農、鄭大夫皆無注。康成於内外諸證，原原本本，縷析條分。注疾醫既言治之之法，且舉治之之人，如"以五味、五穀、五藥養其病"注："其治合之齊，則存乎神農、子儀之術。""以五氣、五聲、五色眡其死生"注："審用此者，莫若扁鵲、倉公。""九竅九藏"注："能專是者，其惟秦和乎！岐伯、榆柎，則兼彼數術者是也。"非精於醫者，何能如是乎？且其注《考工記》，間及算法，則精於算學也。注《三禮》，或引緯書，則精於讖緯也。注尚書，能言星宿，則精於曆象也。醫學一道，當亦素所究心。瘍醫注引醫方，亦精醫之證。注九竅九藏，故擇精語詳如此也。其能專知竅藏變動者，註以秦和爲最。周人慎疾重醫，設官以掌其政令，稽事以定其廩祿，考之既嚴，習之必精。平王東遷，周地悉爲秦有。意古人療疾之法，民間尚有存者，秦醫如和如緩，其術皆非後人所能及，其以是乎？今之醫者，於九竅九藏之辨，懵然不知，且執《內經素問》註以攻鄭注，不知康成之說，固足以正諸注之譌也。故既爲之解，又推論之如此。

釋　話

王元穉

話字之見經傳者，《書·盤庚》某氏傳乃話民之弗率，《詩·板》篇出話不然，《抑》篇慎爾話言，毛傳《禮記·緇衣》鄭注慎爾出話均曰善言也。《左傳》杜注曰善也，凡三見。文六年《傳》：著之話言。十八年《傳》：不知話言。襄元年《傳》：告之話言。《爾雅·釋詁》舍人注："話，政之善言也。"孫炎注："善人之言也。"是漢晉經師，互相傳授，初無異辭，自許君《說文》出，始有合會善言之訓。話字从昏，《說文》"昏"下云："塞口也。"無合會之義。譮之可訓合會善言者，疑屬古義，然於六書無當。惟重文籀文作譮，而切以胡快，則爲形聲包會意之字。大徐本籀文譮从會，小徐作从言會。臣鍇曰："會，意也。"不言會亦聲。今按《集韻》《韻會》，話下均作戶快切，音薈。閩省漳、泉人之評話尚如此，閩故多古音。話在《集韻》有胡化、胡快二切，胡化爲今音，胡快爲古音，段注亦云昏會，同在十五部。是話之與譮可曰同音假借，何能定其爲篆籀重文，而以解譮字者解話字？其疑一也。

許書籀文凡一百四十五，此據胡氏秉虔《說文管見》，今核之，尚不止此數。徧考之，籀文多緐縟，小篆從減媌，其大較也。形聲之字，籀與篆異，多在偏旁。如从匸之籀多作𠥓，匸下明言籀文作𠥓。尚緐縟也。从竹、从木之籀文亦从𠥓，籧篕，籀作𠥓𠥓。楇，籀文作𠥓。匚以盛物，字義已明，改从竹木，蓋後之分別文也。籀體从𩫖，小篆从土，𠅘、𩫧、𩫖之小篆作垣、堵、城。然𩫖下明言古埔字，是𠅘、𩫧、𩫖等字本从墉，今从土，亦減媌也。从瓦、从鬲之字，籀多从甒，小篆甄，籀文爲甒。小篆鬻，籀文鸏。亦就婚也。从佳之字，籀多从鳥，小篆雞、雛、雕、雁、隹、雒，籀作鷄、鶵、鵰、鷹、鴯、鵅。以長尾、短尾之分，籀不審而篆多審也。其有所異，不在偏旁，在所从之聲者，如妘之籀文作歟，頌之籀文作額，然員爲古云字，頌爲古容字，猶婚也。是篆之異籀，皆有意義可尋。今昏與會全無意義，細考全書，惟姻籀作媔，與此同。其疑二也。

許書之例，古籀不見重文者，或散見他字說解中。如"馨"下、"聲"下均言"殸，籀文磬"；"圂"下"厠，籀文鋭"；"纛"下"录，籀文魅"；"綷"下"弅，籀文弁"之類。此類雖多後人篆校竄入之語，然其爲古籀文無疑。何以从昏聲之字幾二十字，褡、菩、遳、齰、鵨、䐈、刮、楉、楉、偌、啟、鬠、湣、聒、揩、婚、鋯之類。从會聲之字亦幾二十字，獪、薈、噲、膾、劊、檜、郐、旝、稽、襘、廥、獪、黵、澮、燴、繪之類。從未言及會之與昏爲籀文，是二字迥不涉。同爲形聲之字，昏、會不同，而譮、譮反同。其疑三也。《詩》檜楫之檜，即《書》栝柏之栝。狡獪之獪亦作狤，足以證其爲同音假借，不足以證其爲籀文也。合會善言，許君明解譮字。許書説解之例，詳於本字，畧於重文。然不應重文之説解乃見於本字，而本字之説解反以晦。其疑四也。

《玉篇》《廣韻》與《説文》相表裏。《玉篇》"言"部"話"下"胡卦切"，善言也，"譮"下同上，"譮"下"許界切，怒聲"，音義皆異。又云：《説文》云，籀文譮。《説文》云者，《説文》所云，異乎《玉篇》之自以爲籀文也。《廣韻》十五卦"譮"下"許界切，怒聲"，"話"下"下快切"，語話又作譮，音義亦異。并不以譮爲籀文，顯與許異。其疑五也。

有此五疑，蒙更按九經字樣，言部譮話並列。曰善言也，上《説文》，下隸省。是唐本《説文》僅有善言二字，與漢晉經師合，亦與《玉篇》合。因此以悟譮之爲字，必非譮重文。曰合會善言也，許以解譮字，非解話字，不知何以竄亂至此。許書多失舊有，不得而知之矣。

"有夏不適逸，則惟帝降格。"《正義》謂古書亡失，桀之災異未盡聞考

陳景韶

《多士》經文"降"兩見。下言降罰，上自言降災，義無可疑。《湯誥》云："天道福善禍淫，降災於夏。"知明明有降災之事也。《正義》謂："桀之災異未得盡聞。"夏書半亡，夏詩又逸，其所得聞者亦僅耳。據《竹書紀年》，桀"十年，五星錯行，夜中，星隕如雨，地震，伊、洛竭。"《周語》伯陽父曰："昔伊、洛竭而夏亡。"其一證也。

《竹書》桀"二十九年，三日並出"，"三十年，瞿山崩……冬，聆隧災"。《周語》內史過曰："昔夏之興也，融降於崇山；其亡也，回禄信於聆隧。"又其一證也。

《史記》夏后氏之衰，有二龍止於夏廷，而言余褒之二君也。左疏虞、夏、商、周皆有句，亦引及之。《前漢書·五行志》引"嚴公二十年'夏，齊大災'。劉向以爲齊桓好色，聽女口，以妾爲妻，故致大災"。而桀之棄元妃，納妹喜，致聆隧之災，猶是也。又嚴公七年辛卯，"夜中星隕如雨"。劉向、董仲舒以爲衆星，萬民之類也。衆星隕墜，民失其所，而桀之率遏衆力，有衆率怠弗協，致星隕之變，猶是也。《國語》陽伏不出，陰迫不升，於是有地震。又曰："周德如二代之季，其原又塞，塞必竭，川竭，山必崩。"桀惑妹喜，幽亦惑褒姒，故桀有地震、洛竭、山崩之異，猶之周也。《白虎通》："天所以有災變何？所以譴告人君，覺悟其行。"與傳義同。《大戴禮·誥志篇》記孔子云："聖人有國，則日月不食，星辰不隕，河不滿溢，川澤不竭，山不崩解。"夏氏滅德，妖異沓至，雖書缺有間，而軼事見於他説，不可窺一斑乎？

受小共大共解

陳景韶

共，傳："法也。"箋："讀爲拱，執也。猶所執揖小球、大球也。"馬融、王肅皆從傳。按：傳義較碻。《虞書》"《九共》九篇"，王、馬皆訓"法"，"九法"猶《周官》之言"八則"也。近人王氏引"九共"申小大共之義，不爲無見。此詩二章，"受小國是達，受大國是達"，以啓土言；上章"受小球大球"，以正位言；此章"受小共大共"，自應以體元立制言。章異文，文異義，不必疑"共"之即"球"也。蓋受共云者，即申"上帝命式九圍"之意，謂帝命用事者，必當受法於帝也。《春官》："五命賜則。"鄭司農云："則，法也。"臣受法於君，君受法於天，情何以異。《易》："乾元用九，乃見天則。"《詩》："天生烝民，有物有則。"言法必稱天，以示非自我作法，何疑於受共之非受法乎？雖然法一而已，何小大之分？然有子言禮曰："小大由之。"孟子亦有"小德役大德""小賢役大賢"之言。蓋"小共"爲細目，而"大共"爲宏綱，即如《虞書》"九共"，有先後之序，即有大小之分也。《荀子·榮辱篇》曰："先王案爲之制義禮以分之，使有貴賤之等，長幼之差。"引"受小共大共"句爲證，則知義、禮二字，即毛公訓法之所本；貴賤長幼云云，即本經小大之的實注腳也。然《臣道篇》稱傳曰："斬而齊，枉而順，不同而壹。"引"受小球大球"句以證之，似亦以"球"訓"法"，義小別於毛公。故《廣雅·釋詁》："捄、拱，法也。"義即本於此。而捄、拱破字，非故書之舊，説《詩》者其且守毛公乎？

受小共大共解

陳祖新

　　説經家多以"受小共大共"句，蒙上"受小球大球"來，致成誤解。箋云："共，執也。小共、大共，猶所執揾小球、大球也。"是箋解此句蒙小球、大球言之，箋之誤也。傳云："共，法也。"疏申傳云："言小法大法，正謂執圭揾珽，與諸侯爲法也。"是傳解此句不必蒙小球、大球言，而疏蒙小球、大球言之，傳不誤而申之者誤也。近人王引之雖知毛訓"共"爲"法"，非必定指執玉，然仍株守共球同物之見，故必待駮球之訓玉，以伸共之訓法，詳見《經義述聞》。是王又不誤中之誤也。不知"受小共大共"句不蒙"受小球大球"言，而實與"受小球大球"並，蒙"受小國是達，受大國是達"。言"受小國是達，受大國是達"，毛無傳，箋云："元王廣大其政治，始堯封之商爲小國，舜之末年乃益其土地爲大國，皆能達其教令。"推此以説小共、大共，則小大字亦宜作小國、大國解。言湯始居亳爲小國，其後十一征無敵於天下爲大國，皆能共其典。則小大之共與小大之達正相類，何得謂專與小球、大球句相類，而泥執玉爲説乎？且"受小共大共"訓爲受小國是法，受大國是法，湯事有可證者。考《仲虺之誥》言"天乃錫王勇智，表正萬邦"，即繼以"茲率厥典，奉若天命"。"表正萬邦"者，受小國、受大國也；"率典"者，小大之國是法也。《湯誥》言"凡我造邦，無從匪彝，無即慆淫"，即繼以"各守爾典，以承天休"。"凡我造邦"者，受小國、受大國也；"守典"者，小大之國是法也。以《書》證《詩》，其義自見。必依球玉説之，致失毛義，過矣。

受小共大共解

黃元晟

《商頌‧長發》"受小共大共"，毛傳："共，法。"考《尚書》逸篇有《九共》，"共"，馬曰："法也。"訓"共"爲"法"，本兩漢經師相傳古義，故馬注《書》、毛注《詩》竝同。但共法法字，毛不明指何法。孔疏申毛，謂湯"受小玉之法，受大玉之法"，受玉有何法？

上文已言受玉，此奚必復贅言受玉之法？孔又因《釋文》"共，毛音恭"，謂傳讀共爲恭敬之恭，故爲法。夫毛於共字音自從恭，義自從法，二者無涉。孔以毛音從恭，義從法，毛當謂湯受玉之法必恭，是毛衹訓共爲法，孔更於毛訓法外贅訓爲恭，其誤益甚。鄭箋："共，執也。猶所執搢小球大球。"特是湯既受玉，何事復執玉？湯即執玉，執玉義明包在受玉內，何事言受玉復言執玉？孔與鄭皆以受共承受球說，下受共當仍指受球說，因而一則妄申毛義，一則妄解詩義，毛義乖，詩義亦乖。竊謂上下章共、球對言，兩章確有兩義，斷不可以下之受共爲仍指上之受球。毛以玉訓球，以法訓共，兩義誠符合矣。惟法字尚未明指，申毛者宜與《書‧無逸》"惟政之共"參看，其義始明。今本《無逸》"以庶邦惟正之供"與"以萬民惟正之供"即《說文》"供"字，《書》傳以"正"爲正道、正身，以"供"爲供待，於義尤謬。其實真本作"政"不作"正"，作"共"不作"供"，《楚語》引作"惟政之恭"，《後漢書‧郅惲傳》注引作"以萬人惟政之共"，人字避唐諱。

觀此，知今本作"正"作"供"者係僞孔所改真本，則《無逸》之"共"與《長發》之"共"同。《無逸》"共"上有"惟政"，尤可與毛"法"字相發明。蓋"惟政"之"政"作奉行政事解，倘取《無逸》以證《長發》,則毛所謂法者,即指下國所行政事之法也。如此説,法字較有着落。何則? 湯時諸侯必先有所行政事之法,湯命録其法而受之,爲之釐定其可否是非焉。況《無逸》之"共"與《長發》之"共"無異字,《九共》之法亦與《長發》之法無異解,安知《無逸》之"共"不即可作《長發》之法解乎? 毛義簡奥,非證明而疏通之,不知其説無可易也。至王引之據《廣雅》"拱、捄,法也",謂"球"讀爲"捄","共"讀爲"拱",解既近鑿,且如是解,則受共是受法,受球仍是言受法耳,與孔、鄭之失將毋同?

蟈氏蟈讀蛶辨

王元穉

《周禮》蟈氏,先鄭"蟈讀爲蛶,蛶,蝦蟇也。《月令》曰螻蟈鳴,故曰掌去鼃黽"。後鄭謂"今御所食蛙也,字從虫,國聲,蛶乃短弧與"? 幾疑先、後鄭説各不同。而段氏《説文解字》注"虫部"蛶重文"蟈"下首先辨之,以爲《周禮》本作"蛶氏",司農本云"蛶",讀爲"蟈",康成乃屬引申之語。阮氏《校勘記》云:古文經當本作"蛶氏",司農讀爲"蟈"。蓋"蛶"古文,"蟈"今文,故《夏小正》《周官》作"蛶",《月令》《吕覽》作"蟈",而千古之疑以釋。

竊謂不明小學,不足以釋經典。"蛶""蟈"古今字,原本"或""國"古今字,"國"者,"或"之分别文,猶"雲"之於"云"也,"供"之於"共","殠"之於"臭","像"之於"象",所謂正義爲借義所奪,因加偏旁以别之者也。今經典"蛶"訓"短弧","蟈"訓"蝦蟇",而許書合"蟈"於"蛶",皆從短弧之訓,《周官》合"蛶"於"蟈",皆從蝦蟇之訓,幾滋聚訟。苟明小學,不足疑矣。然則古有"蛶"字無"蟈"字,"蛶"果可兼短弧、蝦蟇二義與? 曰:是猶古有"虫"字無"蝮"字,古有

251

"鱓"字無"黿"字，虫爲蟲省，故足以領部。今《説文》僅曰"一名蝮，博三寸"云云，其上顯有奪文。"鱓"下云："鱓，魚也。皮可爲鼓。"段氏删此四字，非是。是虫、蝮、鱓、黿爲二名，爲一名，古合今分，亦猶蜮、蟈之例歟？

蟈氏蟈讀蜮辨

丁　芸

古無反切。漢人註經正讀，其例有四：一曰讀如，一曰讀若，一曰讀曰，一曰讀爲。讀爲者，易其字也。既易其字，下即舉所易之字，此定例也。《秋官》"蟈氏"，司農讀"蟈"爲"蜮"，下云："蜮，蝦蟇也。"按之全書，其例正合。其讀"蟈"爲"蜮"者，案蟈从國，蜮从或。《説文》"口部""國，邦也"，"戈部""或，邦也"，"國"與"或"義同，加虫之"蟈"與"蜮"，其義亦同。觀《説文》"虫部"不列"蟈"字，"蜮"下重文作"蟈"，云"蜮又从蟈"，是"蟈"與"蜮"義同。司農此讀，以其義同易之也。且不特此也，讀"蟈"爲"蜮"，雖爲易字，亦屬諧聲。或謂康成注"蟈从虫，國聲"，《説文》"蜮从虫，或聲"，二字音不同。案王氏貞吾云：二鄭與許君三家之義各異，其音當同爲于逼切。《毛詩》國字與上下文爲韻，皆爲于逼切。後鄭所謂"字从虫，國聲"，乃于逼切，音域也。是"蟈"與"蜮"聲同。司農此讀，以其聲同易之也。

司農生當西漢，精於音學，其注《周禮》言讀爲者，其例有二：讀爲用本字者，如"遺"讀爲"棄予如遺"之"遺"，"鷖"讀爲"鳧鷖"之"鷖"，"乏"讀爲"匱乏"之"乏"，"駔"讀爲"駔疾"之"駔"，"提"讀爲"攝提"之"提"，"萍"讀爲"萍號起雨"之"萍"，"冥"讀爲"冥氏春秋"之"冥"，"蔟"讀爲"爵蔟"之"蔟"，"旅"讀爲"旅於泰山"之"旅"，

"秅"讀爲"秅秭麻荅"之"秅","訝"讀爲"跛者訝跛者"之"訝","鮑"讀爲"鮑魚"之"鮑","掔"讀爲"紛容掔參"之"掔","藪"讀爲"蜂藪"之"藪","契"讀爲"爰契我龜"之"契","需"讀爲"畏需"之"需","潏"讀爲"潏酒"之"潏","卷"讀爲"可卷而懷"之"卷","迆"讀爲"既建而迆"之"迆","笴"讀爲"竹笴"之"笴","緄"讀爲"竹中皮之緄","菑"讀爲"不菑而畬"之"菑","栗"讀爲"榛栗"之"栗","幨"讀爲"車幨"之"幨","憚"讀當爲"憚之以威"之"憚"是也。

讀爲有易他字者,如苦讀爲鹽,接讀爲澀,檟讀爲柳,馴讀爲訓,槀讀爲犒,連讀爲輦,立讀爲涖,賙讀爲周,幽讀爲黝,壇讀爲墠,健讀爲蹇,耡讀爲藉,比讀爲庀,坒讀爲皇,棟讀爲引,頌讀爲班,九讀爲軌,篆讀爲瑑,勛讀爲勳,貉讀爲禡,綱讀爲亢,禆讀爲祀,眦讀爲漬,卒讀爲物,庫讀爲罷,萍讀爲蛢,翄讀爲翅,掎讀爲摘,獨讀爲濁,佣讀爲朋,辯讀爲別,幾讀爲庪,脊讀爲漬,廬讀爲纑,泐讀爲扐,旄讀爲甫,迆讀爲移,輚讀爲僕,眼讀爲限,柞讀爲唶,溓讀爲黏,隊讀爲燧,鰒讀爲緒,頒讀爲懇,典讀爲珍,垸讀爲丸,剢讀爲奕,幝讀爲剸,鄰讀爲磷,穿讀爲空,縠讀爲斛,髻讀爲刮,暴讀爲剝,翌讀爲翮,廢讀爲撥,飛讀爲匪,但讀爲彈,絹讀爲悁,椑讀爲鼙,校讀爲絞,奠讀爲亭,紾讀爲抮,簡讀爲揀,測讀爲惻,液讀爲醳,荼讀爲舒,帛讀爲禘,恆讀爲緪,茭讀爲激,剿讀爲漂,敝讀爲蔽,定讀爲掌,是也。此注讀蝱爲蛈,即易以他字也,而易字之故,一以同義,一以諧聲,與他註之易字者異,此又一例。

近儒段氏撰《周禮漢讀考》,臚舉既備,闡發亦精,獨此注第辨及"蝱"與蝦蟇、短弧、蠅蠅之同異,於所以讀"蝱"爲"蛈"之故,尚未之詳,故特爲之辨,以明司農之讀,且以補段氏之闕。

蟈氏蟈讀蜮辨

陳培蘭

　　蟈爲黽蛙，蜮爲短狐，夫人能知之也。先鄭"蟈氏"注，謂"蟈讀爲蜮，蜮，蝦蟆也"，後鄭則以蟈爲蛙，以蜮爲短狐。諸家之解蟈氏，皆據後鄭義以辨先鄭之非，説固自爲有理，但似于先鄭注之文法猶未細審，遽從而辨駁之也。

　　竊以爲先鄭語未誤，有諸家之説出，則先鄭之語不可不辨，辨非以摘先鄭之非，正以明先鄭之是也。何則？先鄭云"蟈讀爲蜮，蜮，蝦蟆也"，似謂蟈之音讀爲蜮，其物爲蝦蟆。蓋所謂蝦蟆者，其字或爲蟈，或爲蜮，故先鄭引蜮以定蟈之讀，非遂謂蝦蟆之蜮，即短狐之蜮，無二物也。《釋文》蟈，古獲反，蜮亦古獲反，蟈又音國，蜮又音或。夫同爲古獲反，則蟈與蜮本一音，即一音國，一音或，亦相近之音，安見不可以蜮爲蟈之讀乎？且使先鄭于蟈讀爲蜮之下，徑云"蜮，短狐也"，則真以蟈爲短狐，而與"掌去黽蛙"之事不合，可以直指其誤。今仍解爲蝦蟆，是爲短狐之蜮，自與蝦蟆之蜮同名。而此注之以蟈爲蜮，以蜮爲蝦蟆，固非有所錯認也。《説文》"蜮"篆下云"短狐也"，又繫以蟈篆云"蜮又从國"。是短狐之"蜮"，其字亦或从蟈，則蝦蟆之"蟈"，其讀爲蜮，當無不可。若謂先鄭讀蟈爲蜮，實誤以短狐爲蝦蟆，豈許氏謂蜮又从國，亦誤以蝦蟆爲短狐乎？因諸家多斥先鄭，謹紬繹其文義，證以《説文》，而爲之辨明其旨如此。

邶鄘衛在二南後王風前説

黄 增

邶、鄘、衛詩之序,成氏伯瑜以爲本殷畿内地,比列國爲大,故序王風前。所謂地大者,《毛詩稽古篇》已駁之矣。且如其説,則鄭之始封已小於齊,何爲反先之乎? 馬氏永卿以爲本商之舊都,存二代之後,故序王風前。案平王東遷以後,周之舊都入於秦,《詩》所採之秦風,大半多在平王後,不以周之舊都而别之於列國也,豈獨以商之舊都而别之? 且頌不以商先魯,何獨至於國風而以商之舊都先王乎? 竊謂《詩》之分地,皆以最初之制爲準。唐風皆晉之詩,不系晉而系唐,依乎唐叔以立名而從其初。陝東、陝西爲二公分治之地,邶、鄘、衛爲三叔作監之地,皆周最初之制也。周初封建諸侯,惟二公所治、三叔所監之地屬王官而不屬諸侯,故詩之採於其地者,特别之於列國。三監既撤之後,盡以邶、鄘、衛畀康叔,所採者無非衛詩,乃不没邶、鄘之名,必與衛並列爲三者,明以見最初之制,王官之所治,實有其三,不使儕於列國矣。《尚書》"微子之命""蔡仲之命""文侯之命",皆爲命臣之詞,宜可相連。然微子封宋,蔡仲封蔡,後雖列爲諸侯,而當未就封之始,尚爲王官,故命詞厠於王朝之篇。若文侯則已國於晉,故命詞退居列國之篇也。《春秋》之序盟會,必列王人於諸侯之上,亦即《詩》序邶、鄘、衛之意也夫。

邶鄘衛在二南後王風前說

陳俊灼

衛爲康叔之後，其地殷之舊都也，聖人於衰周之日，姬姓之侯足以扶王室者，深屬意於衛焉。嘗觀編《詩》之次而知之。或謂國風之名，皆存太師之舊，采於商都者繫邶、鄘、衛，采於東都者繫之王。果爾，則編次何以後於二南而先於王乎？或以爲變風而先之，則二南以下皆變風也，何獨先衛？

竊謂衛風次第之例，於《周書》篇次見之。二南爲風始，周之所以興也，猶《泰誓》《武成》原周有天下之始，故取以冠《周書》。《洪範》爲存殷而作，殷叛而《大誥》作，即《毛詩》邶、鄘併衛之始，《地理志》云三監叛，遷邶、鄘之民於洛邑，故邶、鄘、衛同風是也。《康誥》《酒誥》《梓材》詳言封衛之事，知《洪範》《大誥》序在《武成》後，《康誥》諸篇序在《微子》後，則邶、鄘次於二南，衛之次於邶、鄘，猶是矣。王，周之東都也，《召誥》《洛誥》卜遷東都而作，王風之次於邶、鄘、衛，正猶二誥在《梓材》後也。

然則《微子之命》《蔡仲之命》，何以雜列其間？曰：王官出守故也。夫王官出守，則鄭重其事，而列於天子之篇，正與邶、鄘立國之初，三監出守義同。觀此，愈知邶、鄘、衛先後之故，非漫然而列矣。夫十五國之風，備列於《詩》，邶、鄘、衛所採最多。《費誓》《文侯之命》，僅一及於《書》，而告衛特詳，聖人加意於衛也可知。康叔、武公以來，賢君之德澤浹於人心者未泯也。且其地居九州之中，幅員所屬者廣，得賢而理，可以號召天下。乃入春秋來，君德不修於上，國亂民怨，視他國尤甚。懿公滅於狄而廬漕，幽王滅於戎而東遷，聖人次王於衛，傷之也。然衛幸有文公而中興，周自是不振，聖人三至衛，豈無意哉？

邶鄘衛在二南後王風前説

黄彦鴻

邶、鄘、衛以侯國而在王風前，説者疑焉。孔疏以爲土地既廣，《詩》又早作，所以爲變風之首也。或曰：傷周也。衛懿公滅於狄，周幽王滅於戎，衛文公能再造國家，而周不能振，先衛後王，傷周也。

嗟呼！孔疏之言，庶乎近之。若以傷周論，則齊、晉皆狎主齊盟，其風當躋邶、鄘、衛而上之矣，獨不思邶、鄘、衛之地何地乎？武王克商，分朝歌而北謂之邶，南謂之鄘，東謂之衛。三國者，乃殷先王之故都也。周之天下得之於商，故其待殷人也在諸侯上。武庚始封於衛，甚不忍殷先王之去其國也。三監叛，始不得已而封於宋。《左氏傳》曰："於周爲客。"頌曰："有客有客，亦白其馬。"儼然有敵體之義焉。

豈若後世之勝國，必痛加裁抑哉！宋之風既不聞，則視邶、鄘、衛如視殷，次於二南，自無疑義。王風所以次者何？或以爲王不有其地，故降而夷列國也，而不盡然也。《柏舟》之作在夷王時，《黍離》之作在東遷後，變風既不入二南之列，《柏舟》次二南，又業已編次，故綴其後焉。詘衰周於殷遺，不可謂失體；冠王風於列國，無損於正名。上體先王敬客之心，下警子孫失國之恥，先後之間，三致意焉。不以列國輕三國，而以殷人重三國，而其説得矣。然則商頌何以不先於魯也？曰：魯文之昭，所用者天子之禮樂。魯猶周也，虞、夏無頌，而商獨有頌，商固已異矣。且衛風皆東遷後詩，而《柏舟》獨前，其駕王風，亦有天意焉，而非删訂者所能顛倒也。

"季春出火""季秋內火"解

林師望

《周禮·夏官》司爟"季春出火""季秋內火",鄭注:"火所以用陶冶,民隨國而爲之。鄭鑄刑書,火星未出而出火,後有災。"司農云:"以三月本時昏,心星見於辰上,使民出火;九月本黃昏,心星伏在戌上,使民內火。"賈疏申鄭云:"知出火、內火據陶冶者,以其上經四時變國火據食火。明此《春秋》據陶冶,故引《春秋傳》爲證。"又駁司農云:"心星、大火辰星也。三月諸星復在本位,心星本位在卯。三月本之昏,心星始時未必出見卯南;九月本始之黃昏,心星亦未必伏在戌上。"

蒙按:鄭以火爲陶冶所用之火,引《左傳》爲証,説似誠碻。惟專指陶冶一火,尚有未盡宏括者,而司農此注,則於天官家未甚了了,祇隨文釋之,故爲賈疏所訾,然賈疏亦未能瞭如。蓋出火、內火,固以天象火星出没爲斷,陶冶雖出火、內火之一端,而民閒以火糞田,以火獵狩,均關火政之大,不獨陶冶一節爲足禁令也。《月令》季夏"燒薙行水",正出火之時,心星主令,讀者當於注外補之。又《月令》仲春禁"毋焚山林",仲春禁焚,明季春火星出而須焚也。經下云"時則施火令",鄭自注亦云"焚草萊之時",可見火所用者廣,不僅陶冶如鄭氏之所云也。

鄭固小疵,而司農則不免近謬。蓋春分之月,日在奎婁,初昏之時,井鬼在午,柳星張在巳,軫翼在辰,推之季春,大約相同,何有心星"出於辰上"之説?而秋分之月,日在角亢,初昏之時,斗牛在午,女虛危在巳,室壁在辰,更何有心星"伏在戌上"之説?惟仲夏日在東井,初昏之時,角亢在午,氐房心在巳,尾箕在辰,此時心星畢見，可以行火政。蒙據左襄九年宋災傳，杜注以申此義，而二鄭之失，自有不煩言而解者。杜注云："建辰之月，鶉火星昏在南方，則令民放火。建戌之月，大火星伏在日下，夜不得見，則令民禁放火。"杜説令放火、禁放火二語，足括諸火政之目，豈若鄭之泥於陶冶爲畢乃義也。而以建辰月爲"鶉火星昏在南方"，不從司農"心見辰上"之説，以建戌月爲"大火星伏在日下"，不從司農"心伏戌上"之説，尤爲精於星學。

孔穎達彼疏云：建辰之月即月令。季春之月，日在胃昏七星中，南方七星有井、鬼、柳、星、張、翼、軫，七者共爲朱鳥之宿，星即七星也，咮即柳也。《春秋緯文耀鉤》云：咮謂鳥陽，七星爲頸咮，與頸共在於午者，鳥之正宿，口屈在頸，七星與咮體相連接故也。鶉火星昏而在南方，於此之時，令民放火。咮星爲火之候，於十二次咮爲鶉火。此以証三月本之出火，乃鶉火之火，非辰上心火之火也。孔疏又云"季秋之月，日在房"，東方七宿，角、亢、氐、房、心、尾、箕，七者共爲蒼龍之宿。《釋天》云：大辰，房、心、尾也。大火謂之大辰。大火，心也。九月日體在房，房、心相近，與日俱出俱没，伏在日下，夜不得見，故令民禁放火。此以証九月本之内火，乃心火伏於日下，非伏於戌上也。杜注得孔氏此疏，尤爲明白，而二鄭之注，有不煩辨駁而自見矣。蓋杜嘗推衍長曆，於天官家尤能言之鑿鑿，孔疏更疏剔曉現，識者於此知賈、孔二疏之優劣焉。

十三經註疏孰爲最優孰宜先讀論

丁　芸

讀書必當讀經，讀經必當讀註疏，夫人而知之也。然十三經註疏多至數百卷，非先治一二經以爲根柢，泛騖紛馳，終無頭緒。欲先治一二經，必取最優者讀之，而後事半功倍，能融會通貫而得其全。《詩》《禮》註疏最優，治經者當先讀《詩》《禮》，此前人之言也。芸竊謂讀《詩》必先讀《禮》，何則？毛傳在注家中爲最古，鄭氏箋《詩》在註《禮》後，説之誤者，或爲更正。而孔疏繁徵博引，彌見洽聞，讀之可以考制度，辨名物，通詁訓，理性情，固治經者所宜先及。然疏中申毛，間與毛違；申鄭，間與鄭違。毛、鄭兩通，疏或分而二之；毛、鄭兩歧，疏或合而一之。且《詩》中言《禮》者多，疏中言《禮》亦多，不先讀《禮》，何以讀《詩》？而讀三《禮》註疏，則又以《儀禮》爲先，《周禮》次之，《禮記》又次之。《儀禮》十七篇，一篇專言一事，不相混雜。

鄭注發凡起例者數十條，如《士冠禮》注："凡奠爵，將舉者於右，不舉者於左。""凡醴事，質者用糟，文者用清。""凡薦，出自東房。""凡牲，皆用右胖。"餘諸篇，注皆有之。賈疏分析常例、變例，究其因由，詳其同異，有鄭發凡而疏申之者，有鄭不發凡而疏補之者，有疏不云凡而無異發凡者。讀者舉一反三，《禮》之根本節目，無不瞭然矣。而《儀禮》所行，皆周之禮。《周禮》注兼采杜子春、鄭大夫、鄭司農之説，疏雖專主後鄭，三家之註，間爲辨證，去其短，取其長，獲益豈淺鮮哉！《禮記》徵實者少，蹈虛者多。《儀禮》有冠禮，《禮記》有冠義；《儀禮》有昏禮，《禮記》有昏義；《儀禮》有燕禮，《禮記》有燕義；《儀禮》有聘禮，《禮記》有聘義；《儀禮》有少牢、特牲禮，言大夫、士之祭，《禮記》有祭義，兼言君、大夫之祭。朱子謂《儀禮》爲經，《禮記》爲傳，非虛語也。鄭注推次差約，足以補苴罅漏。孔疏雖主《禮記》，而實貫串三《禮》及諸經。有因《禮記》一二語而疏多至數千字者，如《王制》"制：三公，一命袞"疏四千餘字，"比年一小聘，三年一大聘，五年一朝"疏三千餘字；《月令》《郊特牲》篇題疏皆三千餘字。此外一千餘字者尤多。有因《禮記》一二語而疏括他經之全文者，如《郊特牲》"三加彌尊，喻其志也"，疏全括《士冠

禮》文；"舅姑降自西階，婦降自阼階，授之室也"，疏全括《士昏禮》
文。有《禮記》未言而疏爲之推次者，如《禮器》云"三獻爓，一獻
熟"，注云："三獻，祭社稷五祀。一獻，祭羣小祀。"疏云："以冕服差
之，《司服》'祀四望山川則毳冕，毳冕子男之服，子男五獻，以下差
之也'。祭社稷、五祀，則絺冕，宜三獻也。祭羣小祀，則元冕，宜一
獻也。"有《禮記》未言而疏爲之補經者，如《昏義》"祖廟未毀，教於
公宮，祖廟既毀，教於公室"，疏："此《記》謂君之同姓，若君之異姓，
始祖在者，其後亦有小宗大宗，其族人嫁女，各於其家也。"《閒傳》
"齊衰之喪，既虞、卒哭，遭大功之喪，麻、葛兼服之"，疏："'兼服'之
文，據男子也。婦人則首服大功之麻絰，要服齊衰之麻帶，上下俱
麻，不得云'兼服之'也。"注與疏擇精語詳如此，烏容不先讀哉！三
《禮》既熟，當及三傳，此外羣經注疏，擇要讀之可矣。《孟子疏》雖
題孫奭，朱子謂邵武士人段託，皆敷衍註意，如鄉塾講章，雖不讀未
爲失也。若夫近儒所箸，有可補證舊疏者，如陳氏《毛詩傳疏》、胡
氏《儀禮正義》、陳氏《公羊義疏》；有優於舊疏者，如劉氏《論語正
義》、焦氏《孟子正義》、邵氏《爾雅正義》、郝氏《爾雅義疏》、孫氏《尚
書今古文注疏》，亦不容不讀也。而讀之之法，當以《學記》所云"離
經辨志"爲則。鄭注"離經，斷句絶也；辨志，謂別其心意所趣嚮
也"。信能行斯二者，書之優劣可以一望而知，而心之放蕩者亦無
不治矣。

同瑁解

歐　駿

　　按《周禮・玉人職》："天子執冒四寸，以朝諸侯。"冒，《説文》作
"瑁"。所以冒諸侯之圭。康王既繼體爲君，自當以徵信諸侯爲先，

故奉以瑁。"同"乃"鍾"之叚借。《周禮·大司樂》掌"六律六同"，《漢書·郊祀志》下作"六律六鍾"，是"同"與"鍾"通也。鍾，《説文》云"酒器也"，朱氏駿聲謂"疑圭瓚之屬可盛鬯酒者"，殆取王光禄《尚書後案》與江徵君《尚書音疏》皆以圭瓚爲義也。王氏之説曰："鄭注，其詳不可得聞。推鄭意，同'蓋圭瓚可盛鬯酒者'，故鄭以爲酒梡也。"江氏之説曰："以同爲圭瓚者何？蓋鄭君酒梡，或更有説以申其義。虞翻欲援爲口實，不敢詳稱其注。今不得詳，故言圭瓚以增成鄭義也。"然二家之説是矣，而其義猶未盡顯也。

經意果爲圭瓚，則當言"瓚"不言"同"。且瓚並無通同者，今既名同，必自有説。朱氏故不敢直決曰圭瓚，而曰"疑圭瓚之屬"，亦以二家之説有不可盡信者，而要其於所以爲同之義，則仍未明也。今按禮書所記圭瓚，皆是祭神之用，惟典瑞有祼賓客。成王在殯，喪服猶未成，不得以神道祀之。康王爲成王之子，繼體立極，亦何敢以賓客之禮從事？則圭瓚之用，於理必不可也。然當祭之時，必有進酒奠酒，而受酒之器，則爵、散、角、觶、觚之類，又必不可用，故不得不別用一受酒之器以爲祭，此其所以必取夫鍾也。鍾與同通，故以同爲之。而諸書不見有同者，蓋各書所紀，皆祭神之事，而繼體爲君之時之祭，只此《顧命》，並無他見。細揣其義，當是此意。故孔安國云："同，爵名。"鄭康成云："同，酒梡。"名雖異而實則同，故兩家無異義也。後人不知此解，遂以同作銅，以同瑁爲副璽。或謂本無同字，因瑁古作珇，誤分珇爲二字。不知按之下文，皆無可通者矣。

星言夙駕解

陳培蘭

　　古人言時之早晚，多指星爲言。蓋黎明即起，既昏便息，爲常候。若未黎明而起，既昏而猶未息，則其候之遲早過矣。而刻漏更籌之制，古所未有，則其過遲過早之候，無可指者，故必以星言之。如《東門之楊》篇："昏以爲期，明星煌煌。"是言其甚遲而星見也。如《女曰雞鳴》篇："子興視夜，明星有爛。"是言甚早而星在也。其見於他書者，如《左傳》："旦而戰，見星未已。"《禮·奔喪》："見星而行，見星而舍。"皆以星而言其遲早之過其候。此《詩》欲言文公夙駕之勤，正宜以星言之。箋"雨止星見"四字，並無奇異之解，而詳審精密，甚有義味。李黼平、姚鼐、馬瑞辰、胡承珙、陳奐諸家，乃引夝字，謂星爲假借，非言星，實言晴。按鄭於《詩》多破字，星果夝之叚借，箋宜先易之，何待諸家？則叚借之說，非鄭意也。而諸家所爲以夝爲星者，亦自有故。蓋誤謂"雨止星見"四字統解一星字，而星字無雨止之說，夝字則有雨而夜除星見之解，遂以《說文》合之鄭箋，而以夝爲星，衆口附會，並爲一辭，牢不可破矣。不知箋"雨止"二字，自承"靈雨既零"句說下。上文一"既"字，已是雨止。本文只言戴星而行，箋冠"雨止"於"星見"上者，所以連絡上下文意，非以星爲夝也。

　　第"星"字不知爲何星，則"雨止星見"不知爲何時。若入夜而雨即止，雨止而星即見，夜色沈沈，重門扃鑰，亦將命駕適野乎？必不然矣。竊謂此星字非泛說，當是啟明。天未曉而啟明先見，啟明見而即駕，則其行當在侵曉之時，非早而何？曰：鄭只言星見，指爲啟明，恐無徵不信也。曰：箋固未嘗寔指爲啟明，然不曰雨止有星，而曰星見，是其爲確有所指之詞可知。且下文特下一晨字於早駕之前，更已自下注腳也。《左傳》楚子爲右廣，"雞鳴而駕"，雞鳴在明星見之前，兵事宜備不虞，故必當雞鳴而駕。星見則爲遲。若勸農之駕，時值承平，事非用武，星見而起，爲已早矣。鄭恐星見之説未明，故下文又下一晨字，以明其爲晨星，所以指明鳳駕之時。若爲泛然並出之星，則其時或當中夜，而命駕乃在早晨，將詩之指星以言鳳駕者謂何？若謂舉星見以著其時之晴，然雨止即晴，不待星見而知。且雨止星見，亦無定時，何以決鳳駕之候乎？《説文》"雨而夜除星見"，據段注雨夜止星見之説，則泛指他星而言。蓋姓字從夕，下又言夜除，彼處並無言晨之意。而夜在夕後，亦非鄉晦之時。則所謂星者，必非將曉之啟明，亦非方夕之長庚，其爲泛舉星見以著夜晴之意可知。是許書之説，與箋意不相合。諸家乃以釋此詩，是不惟於"雨止星見"四字未理會，且於"晨"字没照顧也。

褻私服《詩》曰是褻袢也解

池伯煒

褻，從衣，自當就服而言。其音與私近，故訓爲私服。引申爲凡狎褻之偁，亦就私服而推言之也。許君引《詩》，是褻袢也。今《詩》作絏，許所引古文也。袢下引作絏，寫者緣今文而誤耳。許書引經，雖有兩處互見之例，然絏下引《春秋傳》"臣負羈絏"，不引此詩，則此詩自當以褻字爲正也。按褻有二義，王肅《論語注》謂："私居，非公會之服也。"此一義也。顏師古《漢書注》："褻，謂親身之衣也。"此又一義也。韓非《五蠹篇》："古者蒼頡之作書也，自環者謂之私。"本書"厶"下引作自營。營，猶環也；厶，即私也。古人制衣服，所以束其體。觀自環義，則所謂私服，當以親身之説爲長。

《鄘》詩傳："禮有展衣者。"箋："此以《禮》見於君及賓客之盛服也。"正言公會之服,非私居也。與《葛覃》毛傳"私燕服也"自別。特當夏時,則以縐絺爲親身之服,而外蒙展衣耳。《論語》之褻服,當以私居言;《鄘》詩之褻袢,當以親身言。許不引《論語》而引《鄘》詩,意固主於親身也。《秦風》箋釋"褻衣近汙垢",即此親身之私服也。《左傳》:"皆衷其衵服。"杜注:"衵,近身衣。"本書衷下引之。褻篆列衵下衷上,許意明矣。《論語》鄭注"褻服"謂"袍襗",袍襗即《秦風》袍澤;本書袍,襺也,襗,絝也。袍爲私居之服,襗爲親身之服。是鄭注《論語》兼王肅、顏師古二義,而箋《詩》則第曰褻衣縐絺,專主親身,猶許意也。其字通緁通褋,束縛狎暱之義,皆親身引申也。袢訓無色,正承褻而言,親身不餙,而且屢澣,故無色也。

鄭高密師友弟子考

鄭猷宣

兩漢經師,各守家法,惟鄭司農囊括大典,網羅諸家,甄表二十四賢狀,其於康成云:"學無常師。"嗚呼!盡之矣。

雖然,古人之學,必有本原,康成雖不名一師,要其師資所自,不容没也。考范史本傳,師事第五元,通京氏《易》《公羊春秋》《三統曆》《九章算術》,又從張恭祖受《周官》《禮記》《左氏春秋》《韓詩》《古文尚書》,又事扶風馬融。《晉書·律曆志》云:"建安元年,鄭君受劉洪乾象算法。"是皆高密之師也。然其於《易》則以費氏爲宗,於《詩》注《禮》多用《魯詩》,箋《詩》專主毛義,《周官》則讚辨二鄭,《小戴》則校以古經,則又不守一家之學,而能自得師也。至《喪服小記》"庶子不爲長子斬,不繼祖與禰故也",注云:"言不繼祖禰,則長子不必五世。"孔疏云:"馬季長注《喪服》云:'此爲五世之適父,乃爲之斬也。'"鄭是馬之弟子，不欲正言相非，依違而言，曰不必也，此尊其師之法也。其事馬融也，因涿郡盧植。《後漢書·盧植傳》云："修禮者，應徵有道之人，若鄭（元）[玄]之徒。"《世説》："鄭君注《左傳》未成，以與服子慎。"則子幹、服虔皆康成之友也。至若著《公羊》墨守以箴何休，則康成又爲邵公之諍友。《答臨孝存周禮難》，則孝存亦康成之畏友。

至鄭君弟子，《經義考》所載王基、崔琰、國淵、任嘏、趙商、張逸、泠剛、田瓊、炅模、焦喬、王權、鮑遺、陳鏗、崇精諸人，又有郄慮。夫慮承望曹操風旨，枉狀奏殺孔文舉，乃鄭門之敗類者，宜削去。其未載者，氾閣屢見鄭志。又《三國志·程秉傳》云："逮事鄭（元）[玄]……與劉熙考論大義。"《孝經》唐（元）[玄]宗序並注邢疏云："宋均《詩譜序》云：'我先師北海鄭司農。'則亦康成之傳業弟子也。"又《三國志·許慈傳》云："師事劉熙，善鄭氏學。"程秉逮事鄭君，與熙考論大義。許慈師事劉熙，善鄭氏學。則劉熙似是鄭君弟子。熙，北海人，固當受學於鄭君也。《薛綜傳》云："從劉熙學。"則綜與慈皆鄭君再傳弟子矣。《姜維傳》云："好鄭氏學。"又孫叔然受學康成之門人。王肅集《聖證論》譏短康成，叔然駁而辨之。則維與叔然皆師承於鄭氏者也。

外如許叔重《説文解字》，當世未見遵用，獨鄭君註《禮》嘗三稱之，則許亦鄭之師資。其於異義則爲之駁，則鄭又許之諍友。此則即師友而推言之，至應劭則欲爲弟子而亦不可得矣。夫治經以漢學爲始事，漢學以康成爲大宗，欲治康成之學而不知其授受之源流，可乎？謹爲考之如此。

釋斗 釋器

池伯燁

斗之爲器，一爲量名，所謂斗粟可舂是也；一爲飲器，所謂一斗亦醉是也，皆容十升。《漢書・律曆志》"十升爲斗"，言量名也。《周禮・梓人》疏："一升曰爵，三升曰觶。"又引馬説"一爵三觶爲一斗"，言飲器也。《説文》斗篆在斛斝上，斛爲量名，斝爲飲器，則斗固兼之也。解曰"十升"，亦就量名與飲器言之。"魁"下云："羹斗也。"此斗在量名飲器之外，當即《史記・趙世家》之科，《張儀傳》之斗。魁爲北斗，前四星羹斗象之，當是無柄。《張儀傳》：乃令工人作爲金斗，長其尾。必襄子欲以擊代王，故創爲之。蓋所以進熱啜者，特以形類量名飲器，故亦謂之斗，其所容固不必十升也。賈昌朝《羣經音辨》云："斗，升十之也。"此即《説文》之斗也。又云："斗，沃器也。"此猶《説文》之魁斗也。按《月令》："角斗甬。"米斗非十升不可也。《考工記》："鄉衡而實不盡，梓師罪之。"酒斗非十升不可也。若羹斗沃器，則以意爲大小可也。故斗之主名，當屬量名與飲器，其餘皆由二者而推之耳。

篆文作𣂈，段、朱二家皆云象北斗形，其説是矣，然尚未分析言之。《春秋運斗樞》："北斗七星，前四星爲魁，後三星爲杓。"按《象緯》："魁四星作兩行。"今斗篆首三畫，鄙意上下兩畫，象魁之四星；中一畫，當與勺篆之一同意。象中有實，勺形圓，故從勺，斗形方，故從二；其中有實則同也。𠃌則象杓之三星耳。古人觀星以制器，觀器以制字；制字之意，實在器不在星也。後人無以名星，乃復取名器者以名星耳。故斗篆無星之説，解但言十升也，象形有柄而已。"料"篆下云："从斗，米在其中。"所謂米在其中，即指斗篆中畫

267

爲米也。不然，料字之形，斗、米並列，安有所謂在中者耶？明於斗之象形，則夫人持十爲篆之俗體，豆斗并爲隸之俗體，自不待辨而明矣。

釋　斗

王元稚

斗有三：一爲飲器，一爲斟器，一爲量器。飲器之斗，《考工記》："一獻而三酬，則一豆矣。"注豆當爲斗是也。《詩》"酌以大斗"，毛傳："長三尺也。"陳氏奐《毛詩傳疏》："酌者，勺之假借；斗者，枓之假借。"柄長三尺，是仍指斟器之枓。斟器之字，或從木作枓，《史記・趙世家》"厨人操金枓"，《説文》"木部""枓"下"勺也"，"勺"下"挹取也"是也。量器之斗，即《説文》所謂"十升"也。《説文》又云"象形，有柄"，許蓋誤合斟量而一之矣。段注"斗有柄者，蓋象北斗"，此亦有誤。

竊以製器、製字之先後論之，器在字先，不待言矣。夫人生而知飲食，聖人制爲火，化而爲羹，爲酒漿之用，以出汗尊抔飲，太古之風不可久也，而斗之器以彰。飲器之斗，必較小於斟器之斗，故不必有柄。斟器之斗，必較大於飲器之斗，所斟既屬酒漿，人或難於奉持，必有柄以操之者，勢也。厨人或以之進饌，其柄之不短又可知。今雖不用，仰觀天象，可以意會得之。蒙謂以三器先後論，必先有斟器，繼有飲器，而量器之斗爲後出。《詩》"維北有斗，不可以挹酒漿"，明以星象之斗，取似於斟器之斗，而斗以名。許氏語焉弗詳，段氏誤會其意。蓋天文取象於器用者，杵、臼、矢之類實繁，未聞製杵、製臼、製弧矢者有取於天文也。安邱王氏《説文釋例》"象形篇"云：星名，由人所命，先有斗斛，而北斗南斗象之，故皆名以斗。是也。是必有斟器之斗，乃名星象之斗，因製象形有柄之斗字，故其製爲最先。斗以之斟，或以之飲，或飲器適似斟器，即因以斗名。後人另製从木之科字，專屬之斟器之斗，此所謂分別文製字之先，必不然也。

量器之斗，見經傳者，惟《論語》"斗筲之士"，《月令》"角斗甬"，乃爲先秦之書。《周禮》㮚氏爲量，而斗之名不詳。夫飲食而後爭訟興，謹權量者，先王所以防姦僞也。其事殆出於季世，剖斗折衡，使民不爭，老氏有慨乎言之矣。至若者爲斗，若者爲升，古人豈昧昧然製之，蓋必有所本。觀於尺寸，有取於人身，斗豈獨不然。《考工記》又云："飲一豆酒，鄭注：聲之誤，當爲斗。中人之食也。"上文："爵一升，觚三升，獻以爵而酬以觚，一獻而三酬，則一豆矣。"是爵一而觚三，爲升之數十，明以十升爲斗，中人之量可盡一斗，因製爲十升之量器。此又飲器在先，量器在後之明證也。《説文》斗與料誤分爲二，斗下説解"十升也，象形，有柄"，又誤合爲一。或淺人見下文"斛"下有"十斗也"三字，因以十升也屧入許書，不然，以後起之義加諸最先象形之字，文義又不聯貫，許君殆不然矣。

惟其塗曁茨解

陳景韶

《傳》"塗墍"連文，《正義》二文皆言"斁"即古"塗"字，明其終而塗飾之。《羣經音辨》"斁"音"徒"，"又同路切"。《説文》有"涂"字，無"塗"字，而腏字引《書》作斁，丹腏斁則云閉也。然則由《説文》之引斁觀之，知今古文本作"斁"，非《正義》之私言也。

由《説文》訓閉觀之，知腏字之引"斁"，"丹腏"本作"斁"，而斁乃傳寫之譌也。據莊氏云隸古定本，"塗"本作"斁"，而傳訓"塗墍茨蓋之""又塗以漆丹以朱"，疏謂"斁"即古"塗"字，是未改塗之先，孔傳已讀斁爲塗，孔疏即以故書之爲斁，而亦謂斁之即塗，異文不異義也。《釋名》："塗，杜也。杜，塞孔穴也。"此別一解。案《說文》："斁，解也……一云終也。"無通塗之義。近人劉氏斁讀如字。據《說文》終義，言"墍茨""丹臒"所以終"垣墉""樸斵"之事，起下"用斁先王受命"用斁，今本作懌。《釋文》云："又作斁。"義最碻。何則？墍字即塗，無事複言塗。

丹臒即實字而虛用，與左丹桓宮之楹意同，亦無事複言塗。以斁爲終，正與上既字爲對文。室家之終事在墍茨，梓材之終事在丹臒，正與下和斁、用斁爲正喻對舉之體。和懌者，言迷民之不和，而以和終之。用斁者，言先王始受命，今當要之於終，與上既勤、用既付兩既字亦隱隱相對。故終篇曰："欲至于萬年，惟王子子孫孫永保民。"其歸宿在此，知其所命意者專在此。正喻合參，前後互勘，乃見其訓終之義之不可易也。其訓斁爲塗也，始於傳。而衛包之改斁爲塗，特仍其誤。《說文》本不誤，祇以斁戝混形聲之似而誤。《正義》雖沿傳舊，然能存故書遺文於萬一，爲後人考古之階梯，其有功於經，不可沒也。

"溝洫以十爲數，井田以九爲數"說

王元穉

凡數以十爲體，以九爲用，由百而千而萬，推之億、兆、京、垓，皆由十積數。故五權五量，莫不由十而加，而算之術可施焉。其不以十者，如二十四銖爲兩，十六兩爲斤，亦必通之以十而數始合也。究之以數言之，無所謂十，十則進位以作一矣，故九數之名以彰。今觀《遂人》溝、洫、澮、川，以十夫、百夫、萬夫爲數；《匠人》則一井九夫，一成九百夫，一同九萬夫，其數用十用九不同。

朱子云："溝洫以十爲數，井田以九爲數，必不可合。"蒙謂近人欲溷溝、洫、井田而一之，由不明數有體用之殊。今案程氏瑤《田溝洫疆理小記》有云："遂人位置溝、洫、澮、川，以十夫、百夫、千夫、萬夫爲數；而匠人則溝、洫、澮、川，即位置於此。"兩用位置，字義不同，一動一静，一體一用之謂也。千夫、百夫、萬夫，猶數有百、千、萬、億，而乘、除、加、減可施；位置於此者，猶有百、千、萬、億之數，而欲乘、除、加、減之，非用九數不可。譬之機杼，有經有緯，其爲縷也則同，而動、静、體、用斷不能同。是即以十爲數，以九爲數之微意也夫。

治經必守家法，漢儒善説經只説訓詁論

鄭獻宣

世之爲漢學者，詆宋儒即兼訾朱子，其誣朱子實甚。竊嘗受朱子書而讀之，《語類》云："漢儒各專一家。看得極子細。"《策問》云："漢世專門之學，今皆亡矣。其僅有存者，又已列於學官，其亦可以無惡於專門矣。"其重漢儒家法如此。《論語訓蒙口義序》云："本之註疏，以通其訓詁；參之釋文，以正其音讀。"《語類》云："某尋常解經，只要依訓詁説字。"又云："訓詁則當依古注。"《答李公晦書》云："先儒訓詁，直是不草草。"其重漢儒訓詁如此，曷嘗廢漢學哉！

然漢、宋之所以異者，則自有故。漢儒以訓詁説經，名物制度，去古未遠，所見較精，故各守師説，不敢輕變。宋儒舍訓詁而尋義理，智者見智，仁者見仁，故各持一説，日引不窮。然漢儒只説訓詁，而義理即在其中，此則漢儒之簡括，而宋儒不及也，而訓詁之所以不可廢也。家法之變，自晉已然，不得歸咎於宋儒。且詆宋儒猶之可也，奈何詆朱子？朱子之於宋，猶康成之於漢也。康成網羅百家，不名一師，朱子亦然。蓋康成集漢學之大成，朱子集宋學之大成也。朱子於三《禮》最折服鄭君,隱然以自況也。故衆人治經,皆當守家法,朱子則不必守家法,蓋非家法之所得囿也。若後人治經,則必先通一經,而後可以通衆經,先知古人之訓詁,而後可以知古人之義理,故治經仍以漢學爲宗焉。

令妻壽母説

劉祖烈

詩人祝慶之詞,類皆掠美,而於頌揚巾幗爲尤甚。蓋女子足不出閨閫,無奇才異能之可見,誦之者漫爲夸誕,而求懿行之足以相稱者,百不得一焉。不知古人絶無掠美之言,而經文之頌婦德者,曾寥寥不數覯,即閒有肇錫嘉名者,要必其當之而能無愧,斯古人祝慶之不苟,可於此乎昉。閒嘗讀《閟宮》"令妻壽母"之文,而嘆詩人美僖公有令德之妻、壽考之母之無諛詞也。

何則?《閟宮》一詩,亦頌公能光復周公之宇,爲伯禽以後所罕覯,而僖公所以能成其功者,實賴其母有以啓之,妻有以贊助之也。當乎哀姜孫邾,閔公無禄,魯之宗社,不絶如綫,使成風不屬僖公於成季,則僖公不立,僖公不立,則魯且亡,是魯之宗社賴成風以復振,此成風之大有造於魯也。如邾滅須句,成風雖因念親親之誼,勸公復其國,然觀其言曰:"崇明祀,保小寡,周禮也;蠻夷猾夏,周禍也。"夫成風一婦人,而能勗其子以尊周如此,然則僖公之佐齊桓,懲荆舒,又安知非出於母教耶?是成風不僅有造於魯也。成風能壽民壽國,即爲致壽之由,正詩人以壽稱之之意也。當齊人之止公也,聲姜嘗爲公故會齊侯於卞矣,是時微聲姜,僖公且不能反國。由是推之,則前此之會齊侯於陽穀,殆亦因齊、魯有釁,須姜一言以解之也。爲公之故,而甘冒踰閫之譏,謂之曰令,信乎其爲令矣。

後世以庶子承大統者,多屬英明之君,若漢之文、武、孝、昭,宋之仁宗,明之孝宗,皆生自側室,然其母多不獲其壽,其有壽母兼有令妻者更鮮。如薄、竇爲漢文母、妻,均有懿行而享大年,正與"令妻壽母"事後先輝映,然二后僅可目爲仁慈,以視成風、聲姜之才智,固猶有未逮歟?蓋成風以側室而能洞悉事理,聲姜能不染淫亂之俗而貞静練達,故詩人所以稱之者,獨不遺餘力。至"思齊大任""思媚周姜""大姒嗣徽音"等句,綜舉三世賢媛,與"令妻壽母"之例適合,而姜、任與太姒又實有其德,亦猶令、壽二字之非諛詞,古人慶祝之不苟,固如是哉?嗟夫! 此後人之所不能及也。

令妻壽母説

陳鴻章

《閟宫》頌魯僖公曰:"魯侯燕喜,令妻壽母。"箋云:"喜公燕飲於内,則善其妻,壽其母。"疏申之云:"謂爲之祝慶,使妻善而母壽也。"吾嘗讀之,未嘗不廢書三歎也,曰:於乎家庭之際,亦難矣哉!夫天下無不愛子之親,亦斷無不愛親之子,然而孝每衰於有室者,何也?燕暱之欲勝,則敬愛之情薄,閨房之地日以親,則庭闈之地日以疏,而長舌者因得乘乎其日疏之跡,以聞其日薄之情,有不爲所惑者鮮矣。而爲之親者,鞠育顧復,既勞之於中年,拂鬱煩憂,復擾之於晚景,金石可銷,而况人乎?故夫樹欲静而不能者,風之咎也;親欲壽而不得者,子之咎也。七子不能安其母,而歸咎於"我無令人"。夫子不令,未有能令其妻者也;母不安,未有能壽其母者也。矧夫人主之子,居則異宫,長由阿保,出入有節,燕見有時,禮嚴地隔,百倍於庶人,危疑震撼之念,亦百倍於庶人,而乘閒搆隙者,其勢亦倍易,其人亦倍多。晉惠帝之於楊后,唐肅宗之於明皇,宋光宗之於孝宗，豈必生而不孝？皆由受制悍后，因之失禮於親，獲罪萬世。今僖公獨以"令妻壽母"見美於詩人，雖亦由聲姜之賢，然必公型于之化有以致之可知。故經惟言"令妻壽母"，而鄭知爲"善其妻，壽其母"，而不云令德之妻，壽考之母者。此詩專美僖公，則令壽自當指僖公能使之善且壽言。不然，子雖齊聖，不先父食；妻雖令德，顧可先於母乎？然則"令妻壽母"云者，詩人以爲不使妻善，則無以壽其母也。吾蓋推之以里巷之情，例之以後世之事，而知箋、疏之不可及。而詩人一時之頌，至可以爲萬世規，又有如是其深遠者，謹從而爲之説。

周公戒成王作《無逸》作《七月》詩書義相發説

陳望林

《無逸》即《七月》之序也。凡序詩者，必述所以作詩之意。周公之所以作《七月》者，其意具見於《無逸》，此其旨毛傳知之。

毛於《七月》詩序，不過綜括《無逸》之旨耳。何以言之？《無逸》凡三言稼穡艱難，至於"舊勞于外，爰知小人之依"，即康功、田功等語，皆申明此意。而《詩序》則綜之以"王業艱難"，謂非括《無逸》之意乎？大抵周公以成王未知王業之艱難，而作《七月》之詩。《七月》所陳，皆稼穡之事也，而周之王業本之。其遠引殷三王者，以爲法，即以爲戒也。且其咨嗟惕厲之意，有一往情深者，如"乃逸乃諺""否則侮厥父母及民""否則厥心違怨""否則厥口詛祝"，皆有創鉅痛深不能自已之意，不特可以通於《七月》，並可以通於《鴟鴞》。而《詩序》又綜之曰："周公遭變故。"非遭變故，何以如是思之深、慮之遠乎？故曰《無逸》即《七月》之序也，而《詩序》則又能括《無逸》之旨。云至於《無逸》舉其綱，《七月》詳其目，中間用意相類處，則其義甚顯，故不贅述。

內饔辨體名肉物解

劉祖烈

鄭注："體名脊、脅、肩、臂、臑之屬，肉物截燔之屬。"賈疏云："體名脊、脅、肩、臂、臑之屬者，案《少牢》解羊豕前體肩、臂、臑，後體膊、胳，又有正脊、脡脊、橫脊，又有短脅、正脅、代脅，是其體十一體。云肉物截燔之屬者，案《公食大夫禮》'十六豆有截，截謂切肉'。又案《少牢》'主婦獻尸以燔從，傅火曰燔云云'。"案內饔係"掌王之膳羞"，則體名肉物，自指王所常膳者而言。蓋有骨者爲體名，無骨者爲肉物。考下文"辨腥臊羶香之不可食者"，賈疏："庖人職注腥謂雞也，臊謂犬也，羶謂羊也，香謂牛也。""牛夜鳴則庮羊泠毛而毳羶，狗赤股而躁臊，鳥麃色而沙鳴貍鳥似指雞言，豕盲眂而交睫腥，馬黑脊而般臂螻"，則體名肉物，似專指六畜説。下文"陳其鼎俎，以牲體實之"可證。

六畜之牲，體宜實於鼎俎，其肉物則或實於俎，或與庶羞同實於豆也。疏："知體名有十一體者，蓋"肱骨三，肩、臂、臑也；股骨三，肫亦作膞、胳亦作骼、觳也；脊骨三，正脊、脡脊、橫脊也；脅骨三，代脅、長脅、短脅也。正脊之前隘也，肫之上則髀也。左右肱之肩、臂、臑，與左右股之肫、胳、觳，而爲十有二。脊骨三，與左右脅骨六而爲九。二觳。正祭不薦於神尸，主人之俎，兩髀，不升於主人，主婦之俎。臑，不升於吉祭之俎，則去髀、臑而二十有一，去二觳而爲十九。"《少儀》："凡膳告於君子"，"大牢以牛左肩、臂、臑折九箇，少牢以羊左肩七箇，牷豕以左肩五箇"，"肩以左不以右者，右以祭也"。肩以左不以右，則脅骨與膞、胳。其不以右，可推除右肩與脅、膞、骼,則十九除八,而適爲十一體也。疏:知切肉爲戴,傅火爲燔者,如《楚茨》之"或燔或炙",《鳧鷖》之"燔炙芬芬",《禮運》之言"熟其殽",繼以"薦其燔炙",皆以燔爲傅火。

又《曲禮》"左殽右戴",注:"殽,骨體也。戴,切肉也。……殽在俎,戴在豆。"《内則》:"醢,牛炙。醢,牛戴。醢,牛膾。羊炙,羊戴。醢,豕炙。醢,豕戴。"注:"庶羞,二十品也。"皆可爲骨體實於俎戴,實於豆之明證。又"膾炙"處外注云:"膾炙皆在豆。"膾炙與燔同類,膾炙在豆,則燔亦在豆,可知無骨皆得爲肉物,則五臟與腸胃應亦在内。然五臟則俎豆並用,腸胃則專在鼎,故言體名並舉肉物也。究之骨體專指六畜,而皆實之鼎俎,庶羞不專屬六畜中之肉物,故分別言之也,則本經之例也。

内饔辨體名肉物解

陳鴻章

鄭注:"體名脊、脅、肩、臂、臑之屬,肉物戴燔之屬。"賈疏:"案《少牢》解羊、豕前體肩、臂、臑,後體膊、骼,又有正脊、脡脊、横脊,又有短脅、正脅、代脅,是其體十一體。云肉物戴燔之屬者,案《公食大夫禮》:'十六豆有戴。'又案《少牢》:'主婦獻尸以燔從,傅火曰燔。'"謹案膳夫職云王"膳用六牲","羞用百二十品",鄭彼注:"此饋之盛者,王舉之饌也。六牲,馬、牛、羊、豕、犬、雞也。羞出於牲及禽獸,以備滋味,謂之庶羞。《公食大夫禮》《内則》:'下大夫十六,上大夫二十,其物數備焉。'天子諸侯有其數,而物未得盡聞。"以是言之,是膳自膳,羞自羞。此句上文云"掌王及后世子膳羞之割亨、煎和",割亨,謂肆解烹煮,膳之事也。煎和,謂齊以五味,羞之事也。然則體名肉物者,膳所用也,實於鼎俎者也。下句"百品味之物",羞所用也,實於籩豆者也。經言體名,則自非豚解。然體解自十一至十九加二殻爲二十一體,賈必知爲十一體者,禮以右爲貴,故不升左胖之肱骨三、股骨二、脊骨三而爲十有三,又去二殻而爲十有一,二殻正祭不薦於神、尸、主人之俎,則亦非王所宜食。此賈疏之無可議者也。因鄭云"菹、爓之屬",而即引《公食大夫》"十六豆有菹"以實之,此賈之不無可議者也。蓋俎固有爓,《有司徹》所謂"次賓羞羊爓,縮執俎,縮一爓于俎上"是也。菹則專在于豆,鄭于注已言之。《曲禮》《内則》"醢,牛菹"云云,鄭又明以爲"庶羞二十豆"不容菹爓並舉,使合膳羞爲一,致經文上下均不可通意。鄭特便文類舉,偶有未檢,賈遂從而實之,亦已泥矣。若爾,豈經文所謂肉物果只有一爓乎?是又不然。

夫王鼎十有二,其三爲陪鼎,其四爲魚腊。鮮魚、鮮腊合體解之,牛羊豕三鼎而十,合牛羊腸胃、豕膚二鼎爲十有二。然則體名指牛羊豕,肉物指腸胃、豕膚可知。經意肉則可以賅膚與腸胃,而心肺亦可由以推焉。體以左右上下爲貴賤,故必辨其名;肉有用膚、用腸、舉肺、祭肺、肝從、爓從之不同,故必辨其物。要皆用之於膳,實于鼎俎,與庶羞之實于籩豆迥不相涉,故特加兩辨字以别之。下云:"王舉則陳其鼎俎,以牲體實之。"體名肉物,辨而後可陳而實之也。又云:"選百羞、醬物、珍物以俟饋。"百品味辨而後可選以俟饋也。義例昭然,正不必以鄭注菹字,强爲牽合遷就也。

孺子其朋孺子其朋解

黄元晟

"拔茅"占茹彙,《易》著泰交,《伐木》燕廷僚雅歌求友,誠以堂陛之驪,誼同膠漆。故自古言君臣相得,每取喻於得朋,推之"錫我百朋”“三壽作朋”，皆此意也。如是則朋字本從美不從惡，其以朋字作從惡解者，在《尚書》自《益稷》“朋淫于家”始。乃周公必以其朋戒成王，且重言其朋以戒成王，何哉？後漢爰延上封事云：“其朋其朋，言愼所與。”蓋人主愼所與，則所謂朋者，即師保疑丞之佐；不愼所與，則所謂朋者，咸便辟側媚之流。一有不愼，肇端於宮寢甚微，貽禍於國家甚大。下文戒無若火，正猶《六韜》之“熒熒不救，炎炎奈何”。周公垂警，著明深切，誠有慨乎其言之。顧周公所以重戒其朋者，當日避居東都，流言本不獨管、蔡也。其時左右近習，必有譖公於王，使王懷疑而不信，幸而天威震動，故執書以泣，感悟郊迎耳。今而新邑既營，公將歸政，未言明農，先戒朋黨。及成王親政，公作立政，復戒以其又惟吉士，勿用憸人。立政之憸人，即《洛誥》之其朋也。

不然，公雖致政後，顧命所列六卿，如太保奭等，並在朝端，本不少正人，公而必深謀遠慮及此，得毋誚其迂耶？嗟乎！孺子愼朋黨，原爲君與臣言也，三代後則以朋黨二字加諸臣下矣。漢之黨錮，宋之元祐黨籍，明之東林黨人，莫非小人欲害君子，因巧借名目，肆其排擠傾陷，使善類一空，馴致流毒搢紳，蔓延宗社。讀《板》《蕩》《[何]草[不]黃》諸作，不啻長歌當哭，殷鑒不遠，職此之由。其實臣下無朋黨，反誣爲朋黨；君上有朋黨，反諱言朋黨。何則？漢誣蕃、武、膺、滂，因其與節、甫輩爲朋也；宋誣司馬、蘇、黃，因其與京、卞輩爲朋也；明誣顧、高、楊、左，因其與客、魏輩爲朋也。視僉壬如魚水，嫉方正若仇讎。一爲尚論興亡，究言始末，然後知周公、鄭之重之，果不得已，其必深謀遠慮及此者，非迂也。遠賢親佞，痛恨桓、靈，諸葛上書，正與周公同一鼻孔出氣。欲察微知著者，盍三復乎斯文。

孺子其朋孺子其朋解

陳望林

《周書·洛誥》"孺子其朋"二句，僞孔傳言："少子慎其朋黨，少子慎朋黨，戒其自今以徃。"鄭康成注："孺子，幼少之稱，謂成王也。"則孺子之稱成王，當無疑義。惟經第言"其朋"，解作"慎其朋黨"，終屬強經就我。且以爲"少子慎其朋黨，戒其自今以往"，語意仍欠分明。近人《羣經平議》以"朋"爲"倗"，又以"倗"訓"不"，引《廣雅》《玉篇》等書。但"倗"本訓"輔"，段氏玉裁謂"朋"即"鳳"字，其朋黨義當正作"倗"，則訓"不"者，朱氏駿聲以爲叚借，是矣。今謂"朋"當作"倗"，"倗"叚借之義爲"不"，詞甚紆曲。且作"孺子其不"，詞亦生強。當依馮氏雲伯《十三經答問》作"明"爲"近"，其引《古文苑正》作明示確據，今爲引伸之。凡《尚書》中言"其"者，多屬冀望之詞，今即《周書》中略引之。《召誥》："王其疾敬德"，又"其稽我古人之德""其有能稽謀自天""其丕能諴于小民""其自時中乂""節性惟日其邁"。肆"惟王其疾敬德"，即《洛誥》本文"其基作民明辟"，又"其作周匹休""公其以予萬億年敬天之休"，凡此皆冀望之詞。

其用爲反語者，當別加反語字。如《洛誥》兩言"不其延"，必加"不"字。又其"惟王勿以小民淫用非彝"，必加"勿"字。今"朋"字若作朋黨解，則當云孺子其勿朋，方合語氣。故曰朋黨之說，似不可從。其作"明"字解者，明與朋形近，音近易訛。《古文苑》既引作明，當有確據。今即《洛誥》本文繹之，而知其說之切而賅也。上文云"丕視功載，乃汝其悉自教工"，言其任之重，貴夫明也。下文"其往無若火，始燄燄，厥攸灼，敘弗其絕"，言其幾之危，貴夫明也。語氣甚貫。且篇中言明者，不一而足。首紀周公云"朕復子明辟"，示之以明也。再言"其基作民明辟"，重言明而不厭也。又云"明作有功"，著明之效也。王之答書亦云"公明保予沖子"，知周公以明訓之也。又曰"惟公德明光于上下"，即以明尊周公也。末又及"明禋休享"等語，明之詞不獨用於君臣交勉，並交神之道，不外乎此。則以朋爲明，非臆説矣。故曰可從。

寝衣解

黄　增

《論語》"必有寝衣"，孔安國曰"今被也"，鄭注"今小卧被是也"。申其説者，以爲衾被之被，遂不可通。衾被人所必有，何獨異於孔子？考《周禮》玉府注云："燕衣服者，寝衣袍襗之屬。"是鄭固以寝衣爲衣服。其云"今小卧被"者，蓋漢人猶沿古稱，從乎被之本義，而以爲寝衣之名，非與玉府之注歧異也。《説文》"被"下云："寝衣，長一身有半。"與衾大被連文。"被"之本義爲寝衣，因爲寝時之用，故引伸其義爲衾被。漢時尚知被爲寝衣，而引伸之義已行，故許君於"衾"解爲"大被"，從乎俗之稱也。段氏泥看大字，以爲寝衣爲小被，則衾是大被。不知衾有厚薄之分，無大小之分，是以經典皆言衾，無有言被者。被自屬之寝衣，漢初猶然，故孔安國徑以"今被也"釋之。至鄭君時，説被者多用引伸之義，故注《論語》特加小、卧字，以別於衾被之被。後漢寝衣之義廢，而以被專屬衾被，遂誤會孔、鄭之説而疑其未當矣。案"寝衣，長一身有半"，蓋即《説文》"褚，短衣""襡，短衣""襦，短衣"之類。世人暑天畏熱，莫不脱衣而寝。既以寝衣爲可廢，至天寒用被之時，或以爲脱衣就寝，反覺其熱，亦未必有此寝衣。孔子所以必有者，在暑時不欲其露體而褻，猶表而出之意也；在寒時防其猝起而受風，猶褻裘長之意也。

肆故今也説 《詩》傳箋屢見皆故今連文與雅訓合否

黄　增

《爾雅》"肆故今也"之文，在"治肆古故也"下，郭注釋以"故又爲今"。郝氏《義疏》據《詩·綿》及《思齊》毛傳，《大明》及《抑》鄭箋，皆以"故今也"連文駁郭注。拆開讀之，説實爲有見。但其謂"故今"即"肆今"，猶未了徹。故今之訓雖與"故也"相連，其實"故今"之"故"與"故也"之"故"不相蒙，而別爲一義。"故也"之"故"乃静字，即"新故"之"故"也；"故今"之"故"乃動字，即"是故"之"故"也。"故今"之爲"肆"，猶"每有"之爲"雖"，蓋古人習用之語詞。郝氏謂"故今"即"肆今"，是猶以"故今"之"故"。蒙上"故也"爲訓，而不知其有別矣。

竊嘗取《詩》《書》之文繹之，"故今"與"今"，大意原無甚異。有所指陳而意與上別，則曰"今"，如《書》之"今在予小子旦"，《詩》之"今我來思"是也。有所指陳而意與上連，則曰"故今"，如《書》之"肆朕誕以爾東征"，《詩·大明》之"肆伐大商"，《綿》之"肆不殄厥愠"，《思齊》之"肆戎疾不殄"，《抑》之"肆皇天弗尚"是也。後人之用於是者，即古人用肆字之意耳。

常平倉法本《周禮》考

陳鴻章

　　常平之名，始於漢沇，唐、宋、元、明，代有損益，以至於今。其法蓋詳於李悝，而原本於《周禮》。嘗試爲考之。常平之要，莫先於積貯。而倉人，掌粟人之藏，辨九穀之物，以待邦用。若穀不足，則止餘灋用，鄭注：“餘灋用，謂道路之委積，所以豐優賓客之屬。”有餘則藏以待凶而頒之，此常平置倉之所本也。遺人，掌邦之委積，以待施惠。鄉里之委積，以恤民之囏阨。門關之委積，以養老孤。郊里之委積，以待賓客。野鄙之委積，以待羈孤。縣都之委積，以待凶荒。中除賓客委積不足則止，餘皆恤民之事。則遺人者，諸道分貯之常平倉也。常平所積，莫患於有名無實，廩人以歲之上下稽核之。常平所積，莫要於推陳出新，旅師以春頒秋斂宣節之。常平之事，不外乎平糶、平糴。旅師職所謂平頒其興積者，平糶之所本也。司稼所謂以年之上下出斂法，又云平其興者，平糴之所本也。常平之用，莫大於救荒。大司徒以荒政十有二聚萬民，一曰散利。先鄭云：散利，貸種食也。蓋既予之種，以謀其將來之生；復予之食，以救其目前之死。賑荒之策，包括於此，故特董之以司徒，而爲荒政之首。雖然，賑荒之通弊，在官者二，在民者二。其在官者，莫敝於飾災以冒賑也，否則匿災而不報也。有司稼以巡野觀稼，而宜賑與否，不難周悉靡遺，而在官之二弊絕矣。其在民者，莫敝於戶口不實，以少報多也。有司民以掌登萬民之數，異其男女，歲登下其死生，則內而比閭族黨州鄉，外而鄰里酂鄙都遂，固可即其所從之主，與有司。據泉府而言。以周知其眾寡之數。抑猶恐其濫也，於貸之時，旅師又必以質劑致之，注：謂以質劑致民。案：入稅者，名會而貸之。而無患其浮濫矣。又莫敝於去來無定，已賑而復來也，有修閭司門司關之幾嚴無節者，不得以徑達。其有移以就穀者，環人以節導之，斯民不得擅離鄉曲，而無患其流徙矣。夫未荒則豫儲其積於前，既荒則慎防其弊於後，常平之良法美意，大略具矣。抑猶使五族相救，五黨相賙，以補其不及。賈師禁貴價，泉府售滯貨，以平其物賈。故雖無常平之名，實無往不得其平。後世徒有其名，而實不盡，故利害半焉，甚則因以爲民害焉。先儒謂無《關雎》《麟趾》之意，不可以行周官之法度。其實周官法度，何一非《關雎》《麟趾》之意？舍周官法度，又何以爲《關雎》《麟趾》哉？

三山吴玉田鎸字